Linguagem e Cultura 4
direção de
Sandra Nitrini
Etienne Samain

LINGUAGEM E CULTURA
TÍTULOS PUBLICADOS

Os Mortos e os Outros, Manuela Carneiro da Cunha
Cavalaria em Cordel, Jerusa Pires Ferreira
Marxismo e Filosofia da Linguagem, Mikhail Bakhtin
Linguagem, Pragmática e Ideologia, Carlos Vogt
Crítica e Tempo, O. C. Louzada Filho
Prosa de Ficção em São Paulo: Produção e Consumo, 1900-1920, Teresinha Aparecida Del Fiorentino
Do Vampiro ao Cafajeste: Uma Leitura da Obra de Dalton Trevisan, Berta Waldman
Paciente Arlequinada: Uma Leitura da Obra Poética de Mário de Andrade, Vitor Knoll
Estética e Modernismo, Maria Célia de Moraes Leonel
Primeiras Jornadas Impertinentes: o Obsceno, Jerusa Pires Ferreira & Luís Milanesi (orgs.)
Na Ilha de Marapatá: Mário de Andrade Lê os Hispano-Americanos, Raul Antelo
A Cultura Popular na Idade Média e no Renascimento: o Contexto de François Rabelais, Mikhail Bakhtin
Videografia em Videotexto, Júlio Plaza
A Vertente Grega da Gramática Tradicional, Maria Helena de Moura Neves
Poéticas em Confronto: Nove Novena e o Novo Romance, Sandra Nitrini
Psicologia e Literatura, Dante Moreira Leite
Osman Lins: Crítica e Criação, Ana Luiza Andrade
Questões de Literatura e de Estética: a Teoria do Romance, Mikhail Bakhtin
Man'yôshu: Vereda do Poema Clássico Japonês, Geny Wakisaka
Fazer Dizer, Querer Dizer, Claudine Haroche
Encontro entre Literaturas: França, Portugal, Brasil, Pierre Rivas
The Spectator, o Teatro das Luzes: Diálogo e Imprensa no Século XVIII, Maria Lúcia Pallares-Burke
Fausto no Horizonte: Razões Míticas, Texto Oral, Edições Populares, Jerusa Pires Ferreira
Literatura Europeia e Idade Média Latina, Ernst Robert Curtius
Cultura Brasileira: Figuras da Alteridade, Eliana Maria de Melo Souza (org.)
Nísia Floresta, O Carapuceiro e Outros Ensaios de Tradução Cultural, Maria Lúcia Burke
Puras Misturas: Estórias em Guimarães Rosa, Sandra Guardini T. Vasconcelos
Introdução à Poesia Oral, Paul Zumthor
O Fotográfico, Etienne Samain
Processos Criativos com os Meios Eletrônicos: Poéticas Digitais, Julio Plaza & Monica Tavares
Vidas Compartilhadas: Cultura e Coeducação de Gerações na Vida Cotidiana, Paulo de Salles Oliveira
Conversas dos Bebês, Geraldo A. Fiamenghi
Aquém e Além Mar, Sandra Nitrini (org.)
A Visão do Ameríndio na Obra de Sousândrade, Claudio Cuccagna
Ruínas da Memória: Uma Arqueologia da Narrativa. O Jardim sem Limites, Therezinha Zilli
A Natureza na Literatura Brasileira. Regionalismo Pré-Modernista, Flávia Paula Carvalho
Diálogos Interculturais, Pierre Rivas
Cone Sul: Fluxos, Representações e Percepções, Ligia Chiappini & Maria Helena Martins (orgs.)
A Formação do Romance Inglês: Ensaios Teóricos, Sandra Guardini Teixeira Vasconcelos
A Intertextualidade, Tiphaine Samoyault
Imagens na História: Razões Míticas, Alcides Freire Ramos, Rosangela Patriota & Sandra Jatahy Pesavento (orgs.)
A Construção Francesa no Brasil, Jacques Leenhardt (org.)
Ficção e Razão. Uma Retomada das Formas Simples, Suzi Frankl Sperber
Construções Identitárias na Obra de João Ubaldo Ribeiro, Rita Olivieri-Godet
O Romancista e o Engenho. José Lins do Rego e o Regionalismo Nordestino dos Anos 1920 e 1930, Mariana Chaguri
Transfigurações. Ensaios sobre a Obra de Osman Lins, Sandra Nitrini
Utopismo Modernista. O Índio no Ser-Não-Ser da Brasilidade (1920-1930), Claudio Cuccagna
Musas na Encruzilhada: Ensaios de Literatura Comparada, Marcelo Marinho, Denise Almeida Silva & Rosani Ketzer Umbach (orgs.)
A Palavra Perplexa: Experiência Histórica e Poesia no Brasil nos anos 1970, Beatriz de Moraes Vieira
Um Teatro que Conta: a Dramaturgia de Osman Lins, Teresa Dias
Cinensaios de Agnès Varda: o Documentário como Escrita para Além de Si, Sarah Yakhni
Quero Falar de Sonhos: Textos Críticos do Autor anteriores a Avalovara, Hugo Almeida & Rosângela Felício dos Santos (orgs.)

LINGUAGEM, PRAGMÁTICA E IDEOLOGIA

HUCITEC EDITORA

Diretora
MARIANA NADA

Editor
FLÁVIO GEORGE ADERALDO

UNICAMP

UNIVERSIDADE ESTADUAL DE CAMPINAS

Reitor
JOSÉ TADEU JORGE

Coordenador Geral da Universidade
ALVARO PENTEADO CRÓSTA

EDITORA UNICAMP

Conselho Editorial
Presidente
EDUARDO GUIMARÃES

ELINTON ADAMI CHAIM – ESDRAS RODRIGUES SILVA
GUITA GRIN DEBERT – JULIO CESAR HADLER NETO
LUIZ FRANCISCO DIAS –MARCO AURÉLIO CREMASCO
RICARDO ANTUNES – SEDI HIRANO

CARLOS VOGT

Linguagem, Pragmática e Ideologia

3ª edição

EDITORA UNICAMP

HUCITEC EDITORA

Assessoria editorial
Mariangela Giannella

Capa
Estúdio Hucitec

CIP-Brasil. Catalogação-na-Fonte
Sindicato Nacional dos Editores de Livros, RJ

V872L
3. ed.

Vogt, Carlos, 1943-
Linguagem, pragmática e ideologia / Carlos Vogt. - 3. ed. - São Paulo : Hucitec ; Campinas, SP : Ed. da Unicamp, 2015.
240 p. ; 21 cm. (Linguagem e cultura ; 4)

Inclui índice
ISBN 978-85-8404-035-3 (Hucitec Editora)
ISBN 978-85-268-1299-4 (Editora da Unicamp)

1. Lingüística. 2. Semântica. 3. Pragmática. I. Título. II. Série.

15-27332   CDD: 410
                                                  CDU: 81'1

Direitos reservados e protegidos pela Lei 9.610 de 19-2-1998.
Proibida a reprodução total ou parcial sem autorização, por escrito, das editoras.
Depósito Legal efetuado.
Impresso no Brasil - dezembro de 2015

© 1989 Carlos Vogt
© 2015 Hucitec Editora
© 2015 Editora da Unicamp

Direitos de publicação reservados por

HUCITEC EDITORA

Rua Águas Virtuosas, 323
02532-000 – São Paulo, SP – Brasil
Tel./Fax: (11) 3892-7772/7776
www.huciteceditora.com.br
comercial@huciteceditora.com.br

EDITORA DA UNICAMP

Rua Caio Graco Prado, 50
Campus Unicamp
13083-892 – Campinas, SP – Brasil
Tel./Fax: (19) 3521-7718/7728
www.editoraunicamp.br
vendas@editora.unicamp.br

Sumário

Nota da segunda edição	V
Nota introdutória	VII
Epígrafe	1
1. A palavra envolvente	7
2. Indicações para uma análise semântico-argumentativa das conjunções *porque, pois* e *já que*	41
3. Os dois labirintos	61
4. Linguagem, língua e poder	77
5. Estrutura e função da linguagem	91
6. De *magis* a *mas*: uma hipótese semântica (em colaboração com Oswald Ducrot)	103
7. Por uma pragmática das representações	129
8. Dois verbos *achar* em português?	165
Referências bibliográficas	211

Nota da segunda edição

A segunda edição deste livro de artigos sobre *Linguagem, Pragmática e Ideologia* traz poucas novidades. Uma, na verdade, nem tão nova assim: um artigo que publiquei, em 1984, na coletânea *Estudos de Semântica Aplicada ao Português,* em colaboração com Rosa Attié Figueira amiga e colega no Departamento de Linguística da Unicamp. O artigo — "Dois Verbos *Achar* em Português?" — desenvolve alguns aspectos teóricos e outros de análise semântica e pragmática já apresentados no artigo "Por Uma Pragmática das Representações", retomando também o trabalho que Rosa já havia apresentado em sua tese de mestrado.

Como a primeira edição do livro se esgotou e como o artigo que ora acrescento teve circulação mais ou menos restrita, levando-me um e outro a reproduzi-los em xerocópias para atender a procura de professores e estudantes, resolvi juntá-los nesta segunda edição que tão gentilmente a Hucitec me propôs fazer.

Carlos Vogt

Nota introdutória

Os sete artigos que compõem este livro foram escritos e publicados em diferentes épocas, a partir de 1973. São trabalhos cuja preocupação básica é, antes de tudo, a procura de expressão para alguns sustos e algumas intuições diante da linguagem humana, em particular diante das questões semânticas e pragmáticas envolvidas na e pela atividade linguística.

Talvez não seja possível seguir uma linha horizontal de desenvolvimento que ate as pontas de cada artigo e conforme uma progressão linear das análises e reflexões aqui empreendidas. Creio, entretanto, ser possível, ainda assim, enxergá-los na perspectiva de uma certa unidade temática, que se vai escavando em espiral até apresentar-se claramente, se não como solução, ao menos como formulação explícita do reconhecimento da grande complexidade própria das línguas naturais. O aspecto mais perseguido desta complexidade é, neste caso, o da relação entre linguagem e ideologia. Em torno deste problema giram, de fato, os artigos. Em alguns ele aparece apenas sugerido, como, por exemplo,

XI

em "A palavra envolvente" e em "Os dois labirintos", para em outros, enfim, mostrar-se de corpo inteiro, como a figura obsessiva dessa perseguição. E o que acontece, notadamente, com o último dos trabalhos aqui apresentados — "Por uma pragmática das representações" — que além de procurar tratar mais de frente a questão das relações entre linguagem e ideologia busca ainda definir o domínio da pragmática exatamente como o do estudo destas relações. Na verdade, o que se propõe ao longo destes artigos é uma concepção da semântica das línguas naturais que não pode ser dissociada de um estudo pragmático. A esse domínio complexo da significação da linguagem humana dá-se o nome de semântica argumentativa e é por isso que os trabalhos que aqui aparecem têm como interlocutor privilegiado a obra, hoje vasta, do prof. Oswald Ducrot e, numa escala menor, o meu próprio livro de 1977, *O intervalo semântico — contribuição para uma teoria semântica argumentativa*.

É ao prof. Oswald Ducrot a quem devo agradecimentos especiais. Não só por uma dívida que não encontra moeda que a pague — aquela que se constitui e vai se constituindo na própria medida de minha formação e desenvolvimento intelectuais, como linguista —, mas também por ter concordado com a publicação neste livro do artigo "De *magis* a *mas*: uma hipótese semântica", que juntos escrevemos em setembro/outubro de 1978.

Como disse, os trabalhos que aí vão têm tons diferentes. Alguns são mais analíticos, outros pendem para o ensaio. Em todos está presente, contudo, a convicção de que o estudo do fenômeno da significação em língua natural não pode prescindir do estudo das relações discursivas que se constituem no e pelo uso efetivo dos enunciados. O encadeamento discursivo dos enunciados de uma língua não se faz, obviamente, segundo as regras de uma sintaxe, *strictu senso*. Entram também nessa combinatória fatores de ordem semântica e pragmática. Ao conjunto destas relações discursivas, que envolvem fatores de ordem pragmática, semântica e sintática proponho, ainda no último artigo, definir como constitutivo do domínio do que chamo macrossintaxe das línguas naturais.

Deste modo, ao lado do reconhecimento e expressão da complexidade que caracteriza a linguagem humana, cada trabalho é, a seu modo e timidez (ou será ousadia?), a proposta de traços para um perfil: o da semântica linguística.

Faltam-lhe, no entanto, detalhes e até mesmo contornos. Ou, quem sabe, a própria intensidade da luz que o projeta em sombras. Fica, pois, o desafio de descobrir-lhe o rosto. Ou melhor, a necessidade de, efetivamente, conhecer-lhe ao menos algumas das máscaras.

Campinas, janeiro de 1980

Epígrafe

Pour vivre, il faut toujours trahir des fantômes...

(Bachelard, *L'intuition de l'instant*)

Cuando los malos lectores de novelas insinúan la conveniencia de la verosimilitud, asumen sin remedio la actitud del idiota que despues de veinte dias de viaje a bordo de la motonave "Claude Bernard", pregunta, señalando la proa:
"C'est-par-là-qu'on-va-en-avant"?

(J. Cortázar, *Los premios*)

A experiência que se faz vale por si e como hipótese para outras aventuras. Este livro tem a pretensão de preencher os limites de sua

limitação. Não é nem a voz profética do definitivo — que é sombra — nem o grito nostálgico do insofismável — que é passado?
Seria, talvez, do interior do círculo fechado do trabalho acadêmico, o olhar menos complacente das conversas doloridas, mas tranquilas, que o discurso contesta?
Talvez. Mas então o fechamento não é a fala que o tempo elegeu? O nosso tempo. Não é o discurso uma tarefa de Sísifo esgotando a força primitiva da desconfiança? E o seu planejamento, a sua organização, não seriam o testemunho de confiança do homem na verdade que ele substitui?
Quanto talvez.
Assumir a dúvida, a ambiguidade, a coisificação e de dentro do cansaço de decifração da esfinge responder-lhe com o arremate do espelho: decifra-me ou deixa viver.
O silêncio é signo de confiança. E se a linguagem atravessa a verdade com a máscara da neutralidade é porque ela é palco e aí cabem outras representações. Por que não a do compromisso com seu tempo e com sua gente?
É preciso logo ir à toca do dragão antes que ele desperte a fraqueza da cidadela do homem e amanheça no seu quarto. Se há determinações do animal humano pela ordem simbólica, como quer Lacan, se o indivíduo, servo da linguagem, traz, desde o nascimento, o estigma dessa servidão no nome próprio que carrega, onde, então, falar de força, de criatividade, sem experimentar o ranço da frase feita?
Estamos condenados à concentração de interesses abstratos? Servimos, aos modelos que nomeiam o mundo com a credulidade de nosso próprio espanto. Produtores da produção, qual linguagem responderá pelo homem e pela coisa, distanciando-os sem o engodo da autoridade?
A objetividade é um mito quando os fatos que a verificam já são dados no disfarce da linguagem que a necessita. As abstrações encantam porque explicam. A generalização na ciência é um preço caro.
A transparência do mundo é o espaço ambíguo que a técnica pode penetrar. E a linguagem aí está, disponível tanto para o neutro como para o comprometido. Disponibilidade incrível, capaz da indiferença e do grito.
O jogo é a regra. Os meios de comunicação, o limite da ironia do homem solitário. A metáfora doente da sociedade tribal esconde a fala viciosa da sociedade controlada.
É preciso dizer. Aqui, em toda parte. O intelectual e o professor universitário já não preenchem necessariamente as mesmas funções,

.embora a categoria os confunda. Os técnicos do saber prático, segundo a denúncia de Sartre, ocupam as universidades e o produto mais sofisticado de sua atividade é a burocratização da inteligência. É preciso falar, desconfiando. O definitivo esconde o seu autor. O autoritarismo, o silêncio, a morte são personagens que participam da sua elaboração. Não há ilusão possível da ciência a este respeito. O único definitivo possível é o provisório. Não há modelo, por mais coerente que seja, que não traia a sua ideologia, e tornar o homem um mero acidente do discurso é praticar uma das grandes sofisticações que o capitalismo pôde produzir.

Mas sua denúncia é tão antiga quanto a sua existência: Marx criticando o idealismo de Proudhon mostra o absurdo da história concebida como satisfação de categorias abstratas, e de princípios. No entanto, o esquecimento.

De que a ciência é pausa e não eternidade; de que é preciso refazer constantemente o caminho que levou a este intervalo, para chegar a novos espaços sem a ilusão mórbida do definitivo. O tempo é um leitor insatisfeito. Toda síntese guarda no espaço em que ela se configura o rumor da análise que a precedeu e da que a procederá. Por mais que se tente fixar o espaço, não há como sufocar o residual do vivido: a violência, sobretudo quando oficial, procura esconder o intumescimento de sua própria verdade. Mas como uma flor, que a história fecundasse, o cristal estoura e multiplica em caleidoscópio o testemunho de nossa omissão:

Uma flor nasceu na rua!
...
É feia. Mas é uma flor. Furou o asfalto, o tédio, o nojo e o ódio.,

escreve Carlos Drummond de Andrade. Estranha flor que o peso e a dureza das coisas e dos sentimentos não conseguem conter. É à expectativa de seu nascimento que é preciso responder. Porque o seu olhar fará a primitiva pergunta: Permitiste a vida? Tentaste, ao menos?
Agora, todo cuidado é pouco.
A cautela é o único comportamento sensato.
Mas pode o homem viver no recuo de suas ações?
E quando às suas costas erguer-se o muro caiado de seus limites, e os tiros de seu medo apontarem para o seu coração?

3

Quase sempre a metáfora adormecida parece viva ao leitor noviço, diz L. Olbrechts-Tyteca.

O ouvido habituado ao silêncio de sua própria voz pode tornar-se surdo à própria razão e encantar-se com "a mágica revelação" de qualquer ruído.

Por que chamar o medo do que ele não é e, escondendo-se atrás da palavra, insistir na farsa?

Não é preferível, com o poeta, vê-lo, dizê-lo, tocá-lo, sujar as mãos de sua viscosidade, antes que ele se transforme no fantasma de toda precaução?

Provisoriamente não cantaremos o amor,
que se refugiou mais abaixo dos subterrâneos.
Cantaremos o medo, que esteriliza os abraços,
não cantaremos o ódio porque esse não existe,
existe apenas o medo, nosso pai e nosso companheiro,
o medo grande dos sertões, dos mares, dos desertos,
o medo dos soldados, o medo das mães, o medo das igrejas,
cantaremos o medo dos ditadores, o medo dos democratas,
cantaremos o medo da morte e o medo de depois da morte,
depois morreremos de medo
e sobre nossos túmulos nascerão flores amarelas e medrosas.

"Congresso Internacional do Medo". Ainda uma vez, Carlos Drummond de Andrade.

O circunstancial domina o poema. As flores, amarelas e medrosas, provisoriamente. Mas elas nascerão, apesar de toda tentativa organizada para impedi-lo.

Outra vez a flor a atravessar o inconveniente da morte, que é absoluto, e a estourar, ainda que timidamente, a denúncia de outra inconveniência, que é o medo.

Os livros poderão ser livres? Lidos?
Isto soaria estranho, se fosse uma apresentação?
A atitude do apresentado poderia, talvez, desfazer a sensação.
É possível.
Como responder pela intenção e pelo gesto?
Que leitor se representa no contorno arredondado em timidez?
A sequencia dos artigos dirá do conseguido.

Mas e do perdido, quem dirá que se perdeu?
As apresentações se consumam no ato de apresentar. Os indivíduos que preenchem o ato, enquanto tal, são ecos que muitas vezes escondem a origem.
Talvez seja o caso.
Mas por isso é difícil responder, ainda que se disponha de uma incrível confiança no homem.
Uma certeza.
Se houver consentimento, haverá mistificação.
O possível, como diz Bachelard, é uma tentação que o real acaba sempre por aceitar.
É preciso tentar preenchê-lo antes que consigam soterrá-lo. Jogo de palavras?
Discurso.

Campinas, maio de 1973/janeiro de 1980

A palavra envolvente[1]

O objetivo deste artigo é traçar o perfil de uma forma de descrição semântica que pode, segundo nosso ponto de vista, apresentar ao semanticista algumas alternativas interessantes para o tratamento do complexo problema da significação. Ao contrário da semântica que se praticou por volta dos anos 50, preocupada sobretudo em identificar as propriedades imanentes do léxico de uma dada língua e a sua consequente organização — trabalho paradigmático por excelência — e cujas filiações permanecem até mesmo na concepção do componente semântico da Gramática Gerativa, esta forma de descrição semântica abre-se, preferencialmente, para o sintagmático, sabendo que o risco que corre é o de desembocar nas águas turvas e atraentes do discurso.

São os trabalhos do linguista francês Oswald Ducrot que representam, ao nosso ver, a forma mais amadurecida de tal proposta. Toda

---

[1] Publicado nos *Cadernos do IFCH* — Unicamp, nº 2, Campinas, 1974.

uma série de artigos acumulou as *démarches* necessárias para a elaboração de uma sistemática deste procedimento semântico, sistemática cuja expressão maior se encontra no livro *Dire et ne pas dire*².
É a perspectiva teórica e as implicações práticas desta visão da semântica que este artigo pretende apresentar e discutir. Para tanto, obedeceremos ao seguinte roteiro:

I — Sentido e Significação: uma distinção metodológica.
II — Organização interna desta forma de descrição semântica: o Componente Linguístico e o Componente Retórico.
III — Implicações metodológicas e epistemológicas deste comportamento teórico: relação da concepção de língua que dele decorre com outras concepções atuais, Chomsky e Saussure, principalmente.
IV — Algumas motivações empíricas que sustentam tal concepção.
V — Variáveis referenciais e variáveis intencionais.
VI — Pressuposição e posição de um enunciado.
VII — Sugestão para uma explicitação do Componente Linguístico: o Componente Estrutural e o Componente Lexical.
VIII — Conclusão.

I — A distinção entre sentido e significação não deve ser arbitrária, quando se pretende utilizá-la sistematicamente. É, no entanto, sabido que o cotidiano as elegeu como sinônimas. Nosso primeiro objetivo deve ser, então, desenhar o espaço em que esta diferença ganhe corpo. Este espaço não pode ser senão aquele que a teoria semântica, que pretendemos discutir, determina. Em outras palavras, estou afirmando que entendo tal distinção como uma hipótese cuja validade, ou não validade, só poderá ser dada no interior da teoria que a elaborou.

---

² a) Para uma boa visão geral do desenvolvimento dos estudos em semântica, ver a "Introdução" de Todorov, T., 1966, ao n.º 1 da revista *Langages,* assim como a coletânea de artigos e a bibliografia.
b) Para o problema do componente semântico na Gramática Gerativa Transformacional, ver Katz, J. J. & Fodor, J.; 1964; Katz, J. J. & Postal, P., 1964; Chomsky, N., 1965, sobretudo cap. 2 e 4; Vogt, C., 1971; Katz, J. J., 1972.
c) Para uma discussão desta proposta de descrição semântica, ver Ducrot, O., 1968a), 1969, 1970 e sobretudo 1972.

Com isto não estou pretendendo, de forma alguma, defender a teoria como autossuficiente. Longe de mim pretender as regiões privilegiadas do absoluto. A linguagem dos deuses é o silêncio e a sua prática não admite aproximações: o autoritarismo, a violência, a página em branco, a morte são alegorias da mesma e única personagem capaz de realizá-la. Estamos longe de pretendê-la e menos perto ainda de admiti-la.

Afastado este possível equívoco, voltamos para onde podemos estar. Positivamente, quero dizer que a distinção sentido/significação, uma vez definidos os termos, deverá manter-se coerente no interior do universo teórico em que ela se instaura, ao mesmo tempo que responder às exigências de adequação ao empírico. Satisfazendo a primeira condição, ela responde ao critério de verdade interna que toda teoria deve preencher. Mas isto não é suficiente. É necessário ainda que a segunda condição seja também satisfeita, isto é, que toda teoria científica responda ao critério de verdade externa, pela sua capacidade de adequação ao real. Entendo adequação como a propriedade que define o critério de verdade extrema que toda teoria, como dissemos, deve satisfazer. Esta adequação não deve ser entendida apenas em termos de capacidade descritiva, mas também em termos de capacidade explicativa. Em outras palavras, não basta que a teoria seja capaz de fazer uma tipologia dos fenômenos que ela privilegiou como teste para a sua adequação. Eles não se constituem, de forma alguma, em prova de verdade da teoria, a não ser nos limites específicos de sua própria extensão. Toda generalização feita a este nível de análise está sempre circunscrita nos limites dos fatos descritos, pouco importando a quantidade de fatos que o analista tenha conseguido colecionar e catalogar. Quero dizer que, embora necessário, o raciocínio indutivo, que é próprio do procedimento descritivo, é insuficiente para permitir a formulação de leis gerais. Ficar apenas neste nível de análise significa, para o cientista, não apenas o desconhecimento do estágio atual da ciência. Há algo bem mais grave do que uma simples desatualização.

O descritivismo puro é um procedimento tautológico de análise, uma vez que as leis e regras estabelecidas pela indução são sempre verdadeiras para a especificidade dos fatos descritos, de tal forma que aquele que as demonstra encontrará sempre os fatos que as evidencie, pois foi deles que ele partiu.

Fechado o círculo, têm-se as condições para o espetáculo de ilusionismo: a realidade encolhe e é substituída pela "representatividade" dos fatos selecionados. As regras constituídas a partir da descrição destes fatos podem então aplicar-se infinitamente e estabelecer a sua definitividade.

Passivos e disponíveis, os fatos se desdobram no discurso complacente da "objetividade" das leis. O ponto de partida é o ponto de chegada: caracol do conhecimento, a ciência é, assim, uma forma de violência e a sua autoridade, o princípio mistificador do real. Descobrir o descoberto é a fórmula básica do puro descritivismo.

Do outro lado, divino e silencioso, o universo autossuficiente da pura demonstração lógica. Exilado no alto das necessidades tranquilas, porque satisfeitas no instante mesmo em que se estabelecem, este universo, tendo banido o murmúrio das coisas, contempla-se como possibilidade do real. Prevê, porque reduz, explica porque rarefaz.

A constituição do objeto de ciência deixa, neste caso, entre o fenômeno e o sistema que se constitui para explicá-lo, um hiato de insatisfações que se desdobram sobre o mundo no ritmo inflexível dos ventos e das águas.

É possível acompanhar este ritmo com a linguagem?

A resposta é não. A aventura do discurso que se lança nesta perseguição é sempre inglória e a sua ansiedade produz o cansaço ambíguo do repouso das coisas fugidias.

Deste modo, o conhecimento do real exige a sua suspensão. A linguagem que se constitui deverá estar sempre consciente de que é uma pedra para sustar o fluir, se ela se pretende poesia, ou um dique para banir o murmúrio, se se quiser ciência.

A dedução pura implica uma concepção idealista do mundo, demonstrado segundo as necessidades das leis. Fechada no interior da estrutura abstrata das relações que constituem o objeto de ciência[3], "a verdade" responde à regra com a fidelidade própria das coisas falsas".

---

[3] Ver a este propósito a observação que faz Ludovico Silva, 1971, p. 38 sobre a dialética e a contradição lógica. Diz ele: "O valor da relação de implicação (representada por '→' (na função [p e não p] → [?] será sempre tautológico, sempre verdadeiro, qualquer que seja o valor da variável colocada no lugar da interrogação. Em lógica, a contradição não funciona 'dialeticamente'. Mas isto não quer dizer (como pretende Popper) que historicamente não existam opostos reais que possam produzir uma síntese".

Aceitar a autossuficiência do modelo significa comprometer-se de modo irremediável com a construção do definitivo. Mas o definitivo é o silêncio e o caminho de sua realização, a surdez dos homens.

É neste sentido que se pode dizer que tanto o idealismo dos modelos formais, como o experimentalismo descritivista se esgotam nos limites do cálculo, fechando o caracol: de um lado, o estruturalismo europeu esgotando-se no modelo, de outro, o estruturalismo americano perdendo-se nos fatos.

Dupla deformação da realidade: a que perde a espessura do mundo, porque se distancia e a outra que se perde nesta espessura, porque se aproxima.

É no raciocínio hipotético ou abductivo, segundo a terminologia de Peirce[4] que a ciência pode, a meu ver, tentar evitar o desfoque metodológico do mundo, próprio da dedução e da indução puras.

Na verdade, o caráter criativo e ousado da hipótese prevê a sua falibilidade de tal maneira que a dimensão do provisório se configura na própria atitude epistêmica da ciência.

A distinção sentido/significação pretende, no interior de nossa discussão, não ser mais que uma hipótese para o trabalho do semanticista.

II — É na linha da distinção de Saussure entre língua e fala que Ducrot propõe, no interior do que ele concebe como Descrição Semântica (D. S.) de uma língua, a distinção entre sentido e significação.

Da mesma forma que, para Saussure, a língua é um todo em si mesmo (um sistema de regras e não apenas uma lista aberta de palavra) e um princípio de classificação (na medida em que é através da língua que se podem compreender os fatos da fala), também, para Ducrot, o Componente Linguístico (C. L.), na D.S de um enunciado, deve ter um caráter sistemático, tal que permita compreender, de modo preciso, os problemas de significação, para cuja explicação deve ainda concorrer um segundo componente, a que ele chama de Retórico (C. R.).

Na organização interna desta forma de descrição semântica, um enunciado E, submetido ao trabalho do C. L., receberá um *sentido* X, resultado que, juntamente com as condições de produção do enunciado — a situação S —, constituirá a entrada *(input)* para a

---

[4] Ver o trabalho de Peirce, C. S., 1965a. Ver também Vogt. C., 1973, para uma visão geral da importância de Peirce para a Linguística.

aplicação das regras do C. R. A saída *(output)* deverá apresentar a *significação* do enunciado E, produzido na situação S (enunciação [E. S.]), conforme o seguinte esquema:[5]

```
┌─────────────────────────────────────────┐
│   ┌───┐ ─ ─ ─ ─ ─ ─ ─ ─ ┌───┐           │
│   │ E │                 │ S │           │
│   └─┬─┘                 └───┘           │
│     ▼                    ▲              │
│  ┌──────┐               ╱               │
│  │ C. L.│              ╱                │
│  └──┬───┘             ╱                 │
│     ▼                ╱                  │
│  Sentido de E       ╱                   │
│     ▼              ╱                    │
│  ┌──────┐         ╱                     │
│  │ C. R.│◀───────                       │
│  └──┬───┘                               │
│     ▼                                   │
│  Significação de (E, S)                 │
└─────────────────────────────────────────┘
```

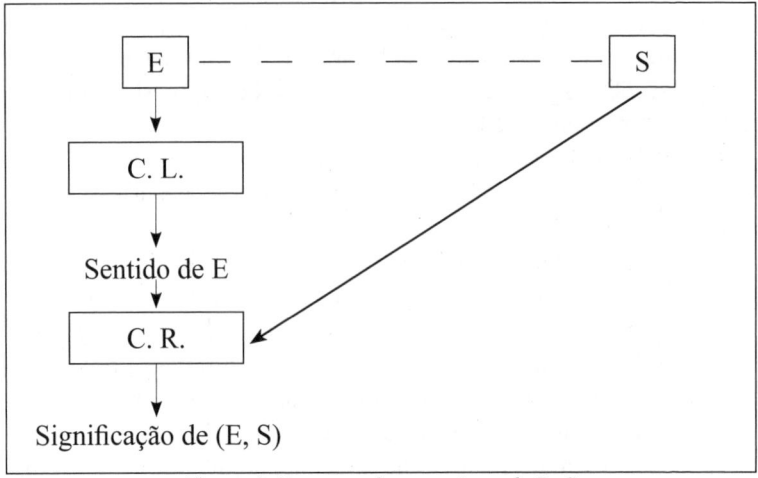

Figura 1. *Esquema do mecanismo da D. S.*

O sentido de um enunciado E, tal como a língua para Saussure, não constitui um dado de observação, mas um objeto da teoria, uma construção do linguista, ou, se se quiser, um objeto de estrutura. Observável, assim como a fala, é a significação.

Tomemos, a título de exemplo, o seguinte enunciado

(1) Eu não compreendi muito bem a explicação.,

produzido em duas situações diversas, a saber:

S_1: o locutor de (1) assiste a uma conferência e, depois que esta termina, diz ao conferencista este enunciado.

S_2: o locutor de (1) deve fazer um comentário sobre o texto de uma conferência e, ao fazê-lo, diz como introdução de seu trabalho, este enunciado.

Admitindo-se que este enunciado pode, em S_1, significar

(1"). "Eu não compreendi bem, mas não tudo",

---

[5] Cf. Ducrot, 1969, p. 32.

a descrição semântica deverá poder explicar a produção, a partir do mesmo enunciado, das duas significações.

Assim, o C. L. da D. S. do enunciado (1) produzirá o sentido

(1')   "É falso que a compreensão seja perfeita"

o qual, passando pelo C. R., juntamente com as situações específicas em que (1) se produziu (S_1 ou S_2, no caso de nosso exemplo), permitirá chegar a (1") ou a (1"').

Mas não é tudo. É necessário ainda explicar o mecanismo que permitiu a produção destas duas significações de (1).

Ao nível do C. R. deverá haver regras que permitam tal explicação.

A significação (1"') será dada por uma lei do discurso, bastante conhecida, a litotes ou eufemismo, que diz que numa situação S_1, por exemplo — em que não se pode dizer mais do que se diz, sob o risco de ser tachado de descortês, de impolido, etc., empregar um enunciado de sentido fraco, pode significar algo bem mais forte.

Por outro lado, uma outra lei do discurso — a exaustividade — explicará a significação (1"'). Esta lei, segundo a qual o locutor é obrigado a dar ao ouvinte todas as informações que podem interessá-lo quanto ao assunto de que aquele lhe fala, constituirá também, a exemplo da litotes, uma regra do C. R.

O ouvinte, supondo, então, que o locutor tenha respeitado esta lei, é levado a admitir que o enunciado produzido é o que está, mais fortemente, de acordo com a verdade. Daí, sua tendência para acrescentar um *somente* ao enunciado, entendendo, assim, o enunciado (1) com a significação (1"').[6]

Tanto a significação (1"), produzida por litotes, como a significação (1"'), produzida pela lei da exaustividade, constituem formas de implícito discursivo, isto é, são subentendidos produzidos pelo ato de fala.

A Figura 2, a seguir, representa, segundo o esquema geral da D. S., apresentado na Figura 1 as fases de produção de (1'), (1") e (1"')

---

[6] No livro *Dire et ne pas dire*, Ducrot chama *sentido* o que chamamos *significado* e vice-versa. Mas isto é um problema terminológico, sem maior relevância, ao menos para a argumentação desenvolvida neste artigo.

13

(1) Eu não compreendi bem a explicação - - - -S₁- - - -S₂
  ↓
  C. L.
  ↓
(1') "É falso que a compreensão
     seja perfeita",
  ↓
  C. R. | Litotes |
          | Exaustividade |
  ↓
(1") "Eu não compreendi nada"
(1"') "Eu compreendi bem, mas não tudo"

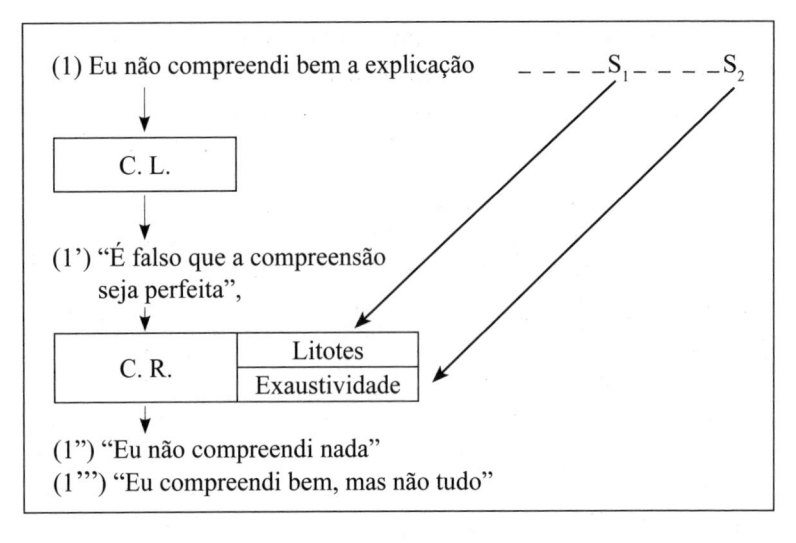

Figura 2

A distinção entre sentido e significação permitirá evitar a assimilação desta forma de descrição semântica de uma dada língua ao modelo gerativo transformacional. Enquanto esta teoria — aliás, também Saussure — toma, como ponto de partida, a hipótese de que os enunciados de uma dada língua têm valor semântico, Ducrot, recusando o método da introspecção artificial, que permite aos adeptos de Chomsky "observar" o sentido, toma, como dado de observação, a enunciação e a significação, efetivamente verificáveis.

A noção de enunciado, assim como a noção de sentido são, ao contrário de Chomsky, abstrações, hipóteses, cuja função principal é permitir estabelecer a significação de um ato de enunciação.

A noção de enunciação ou de ato de fala deve ser entendida como uma noção totalizante, que compreende um enunciado, um ato ou ação da pessoa que produz este enunciado e daquele a quem ele é dirigido, e a situação em que é produzido.

A noção de sentido é, desta forma, uma noção operacional: constitui o objeto da descrição semântica, enquanto a significação, o dado de observação, a sua matéria.

A separação, no modelo de descrição semântica proposto por Ducrot, do componente linguístico e do componente retórico, além de permitir estabelecer o sentido literal e os vários tipos de implícito de um ato de fala, deve ainda responder à mesma exigência feita por

Saussure em relação à distinção língua e fala. Isto é, o C. L. deve ter, como dissemos, um caráter sistemático (constituir um todo em si mesmo) e ser, ao mesmo tempo, não mais um princípio de classificação, mas um princípio de explicação dos fatos de significação.

III — Situada desta maneira, esta proposta de descrição semântica poderia parecer acomodar-se inteiramente nos bancos do estruturalismo mais diretamente herdado de Saussure.

Entretanto, há alguns pontos importantes em que as diferenças se instalam, e sobre os quais gostaríamos de dizer alguma coisa.

O primeiro deles decorre da comparação que acabamos de fazer entre a distinção língua e fala e a distinção dos dois componentes — C. L. e C. R. — no interior desta forma de descrição semântica. Afetando a noção de componente linguístico com a mesma concepção saussuriana da língua, ao menos, num de seus sentidos (lembremos que o C. L. deve constituir um sistema de regras explícitas), Ducrot substitui, no entanto, a função taxinômica (um princípio de classificação), que Saussure atribui à língua, pelo caráter explicativo do C. L.

Por explicação entendemos a propriedade de um mecanismo de simulação (como, por exemplo, o representado pela figura 1) capaz não apenas de descrever os fatos, isto é, classificá-los — como foi a prática de quase todas as correntes linguísticas que se formaram à sombra do rótulo "Estruturalismo" — mas, além disso, e principalmente, a de reproduzir e representar o fato observado, assim como outros possíveis.

Esta exigência é, do ponto de vista metodológico, a mesma que faz Chomsky em relação à teoria da gramática gerativa transformacional. Tanto a D. S., tal como a representa a figura 1, como a gramática, tal como a concebe Chomsky, operam sob o método da simulação: de um lado, a observação dos fatos a serem explicados, e de outro, a explicação de tais fatos, explicação que é feita pela construção de uma máquina abstrata que produza fenômenos análogos aos observados e, ao mesmo tempo, possa prever a produção de outros, não observados, mas possíveis.

Um conjunto de hipóteses permitirá construir dedutivamente da teoria, tendo como critério a coerência interna de tais hipóteses, enquanto que os dados observáveis deverão fornecer os critérios de adequação externa da teoria assim construída.

Se metodologicamente (e num sentido amplo) as posições de Chomsky e de Ducrot se afinam, elas, no entanto, destoam quanto à natureza do fato a explicar.

Os objetivos são outros: num caso, o de Chomsky, o objetivo é explicar como se dá, numa língua natural, a união som-sentido. O sentido é, assim, tomado como um dado de observação. No outro caso, o de Ducrot, o objetivo é explicar como os falantes de uma dada língua compreendem os atos de enunciação produzidos ou possíveis nesta língua.

Portanto, se do ponto de vista metodológico, e, consequentemente, do ponto de vista mesmo da ambição teórica, a proposta de Ducrot se afasta da de Saussure para se encontrar, num certo sentido, com a de Chomsky, do ponto de vista dos objetivos, ela está igualmente distante tanto de uma como de outra, na medida em que também para Saussure, o sentido é tomado como um dado e o objetivo da Linguística é, como para Chomsky, percorrer o sinuoso caminho que liga o par som-sentido.

O segundo ponto de diferença desta proposta de descrição semântica em relação ao estruturalismo clássico, não menos importante que o primeiro, mas de certa forma decorrente dele, é o da própria concepção da linguagem, presente nestes enfoques teóricos.

Com e depois de Saussure, tomou-se lugar comum reproduzir-se a afirmação de que a principal função da linguagem é a comunicação. E isto a tal ponto que, sobretudo depois da fortuna dos teóricos da informação, essa função transformou-se num dado, num fato cuja realidade passou a justificar-se por sua própria evidência.

Falar em língua é falar em comunicação.

Da evidência ao dogma, um deslize que o estruturalismo devia sacramentar.

E o fez, mas multiplicando os crentes: tudo é comunicação.

E desta fé nasceu e proliferou a Semiologia[7].

Ora, a função comunicativa da linguagem não é absolutamente um fato, um dado da realidade e tampouco se apresenta com a evidência solitária de uma revelação a que o homem pré-saussuriano não tivera direito.

---

[7] Para uma visão sugestiva da semiologia, ver Granger, G. G., 1968a).

Mas, uma vez revelada, é preciso professá-la até a exaustão, para que se tenha o direito, pequeno, último, imperfeito, ao abrigo, ainda que no adro, do grande templo da comunicação. Nada disso. E me parece extremamente difícil imaginar Saussure recebendo a visita do anjo Gabriel.

Ela se inscreve no interior de uma teoria da língua, num processo de construção intelectual, e só aí existe, só aí encontra a sua realidade. Não é um dado mas uma decisão teórica, um componente cuja existência sustenta, ao lado de outros, — como sistema, elemento, língua, fala, etc. — o edifício do estruturalismo.

É uma hipótese, aliás fecunda, de trabalho, mas uma hipótese, cuja adequação é sempre discutível, cuja verdade é falseável e, nestes termos, válida.

Sobre a função de comunicação da linguagem o estruturalismo desenvolverá o critério de pertinência linguística, e no interior deste, uma das técnicas mais praticadas, em qualquer nível de análise de uma dada língua, para a descoberta dos elementos constitutivos de seu sistema.

É neste sentido que vai a afirmação de Lepschy, 1969, p. 28, quando diz que "a língua exerce sua função de comunicação pelo fato de que é constituída de elementos que têm entre si relações determinadas e que se definem exatamente com base nestas relações".

Bastariam, para provar o nosso ponto de vista a respeito da natureza de objeto de teoria da função comunicativa da linguagem, as lições que a história da linguística pode nos oferecer.

De fato, se atentarmos para a concepção da linguagem a que se ativeram os comparatistas no século XIX, não será difícil perceber que a língua é bem outra coisa que comunicação — neste caso, uma atenção secundária, enquanto que o essencial seria o seu papel de representação do pensamento. Como observa Ducrot, 1972, p. 1, "as línguas teriam como origem primeira o esforço da humanidade para representar o 'pensamento', para constituir-lhe uma imagem perceptível, um quadro: o ato de fala explicar-se-ia, então, essencialmente, como o ato de um pensamento que procura desdobrar-se diante de si mesmo para explicitar-se e conhecer-se". (Cf. também Ducrot, O., 1968b, p. 16-34)

Por outro lado, se tomarmos as gramáticas filosóficas dos séculos XVII e XVIII não será menos difícil verificar que lá também a função da linguagem é apresentada como outra coisa que comunicação.

Sua função, como também para Santo Agostinho e para Chomsky, é traduzir uma outra linguagem, mental, abstrata e universal, nos termos de cada língua particular, e vice-versa. A relação entre estas duas linguagens não tem de ser, necessariamente, uma relação direta: estrutura profunda e estrutura superficial na acepção de Chomsky e dos adeptos da gramática gerativa transformacional. (Cf. Chomsky, N., 1966)

O que há de comum entre essas diversas concepções de língua, diferentemente da concepção saussuriana, é que, num certo sentido, todas elas privilegiam o indivíduo, o locutor, instaurando-o no centro ideal do ato de criação representado pela linguagem, concepção esta que sem muita pena, mas com grande risco, eu ousaria chamar de romântica.

O homem, colocado no centro de construção do universo linguístico, aparece como o eixo de irradiação do traço definitivo e último de sua razão e de sua liberdade: a linguagem.

É verdade que o limite desta liberdade é dado pelo sistema de regras, transparente e finito, que na base da linguagem permite a sua multiplicação infinita. Prevendo o enunciado normal, a gramática deve ser também capaz de excluir o desviante, e, portanto, de certa forma, prevê-lo, uma vez que deve poder explicar a natureza do desvio.

Esta dialética, se assim se pode dizer, do finito — (o conjunto de regras explícitas) e do infinito — (o conjunto de frases possíveis que estas regras podem gerar, incluindo umas como gramaticais e excluindo outras como agramaticais), pretende plantar o sentido de liberdade do homem no interior mesmo de sua razão, de tal modo que a diversidade da ocorrência encontre a síntese unificadora no princípio ordenador do *logos*.

O caminho desta dialética é, então, o da consciência e o uso da liberdade — linguística, no caso — é para o homem uma necessidade prevista desde o seu nascimento. São as forças tranquilas deste universo de regras e princípios que, constituindo a própria estrutura do pensamento, determinariam os caminhos da liberdade do homem.

Aquilo que poderia, então, parecer limitação seria, na realidade, o espaço de residência e o núcleo gerador desta liberdade: como a diversidade das realizações linguísticas, normais ou desviantes, e de uma para outra língua, responderiam às necessidades determinadas a partir deste núcleo, ele constituiria a possibilidade de realização de uma das grandes ambições da gramática gerativa, ou seja, a de estabelecer o que é comum a todas as línguas humanas, ou ainda, em outras palavras, a ambição de chegar aos universais de linguagem.

Por outro lado, se este núcleo gerador concentra e unifica, ele se constitui na síntese transparente do um e do múltiplo: a linguagem múltipla e recolhida, a liberdade como um princípio vital e como o exercício do cotidiano, o direito à vida como um direito à liberdade, dado, desde a origem, como o direito do homem à linguagem.

Ao contrário, quando a linguística fixa, como essencial, a função de comunicação da linguagem, o que se privilegia é o outro, o destinatário, e a língua, feita assim para o outro, apresenta-se como o lugar de encontro dos indivíduos, como condição de vida social.

Agora a linguagem já não poderá ser o lugar ideal da criatividade do homem, e nem será, tampouco, o princípio de determinação de sua liberdade.

Se determinação houver ainda, será no sentido inverso, ou seja, no sentido de que ela se apresentará como o recorte necessário dos limites desta liberdade.

Prisioneiro do universo simbólico que a linguagem impõe, o homem move-se no interior deste quarto com a ilusão de quem roça o intangível. O maior impulso individual acaba por se esgotar na plenitude que o símbolo garante. E esta plenitude é a da ordem social, ou, se se quiser, a da ordem da estrutura linguística que obriga o indivíduo às respostas que o sistema exige.

"Os limites de minha linguagem denotam os limites de meu mundo", diz Wittgenstein no *Tratactus Logico-Philosophicus*.

Se agora tomarmos esta reflexão (evidentemente sem nenhum desígnio de comprometer o filósofo austríaco com o estruturalismo, mas aceitando o risco de citá-la isolada do conjunto da obra) e a pensarmos no sentido do que acima dissemos, poderemos, talvez, chegar a uma visão mais explícita do problema.

De fato, na medida em que a linguagem é, assim, garantia de um estado de coisas, isto é, do estado em que as coisas se definem como tal e se deixam compartilhar inequivocamente pelo conjunto de seus possuidores ou possuídos, a comunicação se realiza nos limites desta transparência.

Mas, neste momento, o falar é supérfluo como a embalagem de produtos enlatados: substancialmente, o que se vai dizer, só pode ser dito, para que haja comunicação, se o outro puder recebê-lo, isto

19

é, se conhecê-lo de antemão. O que se vende é a roupagem, assim como o que se produz é o nome. O sucesso da publicidade está em descobrir as sutilezas do nominalismo, e a disputa de mercado, neste sentido, está na capacidade de dizer com a maior elegância o nome que, há muito, está dito, com a maior violência.

A comunicação fecha-se, assim, sobre si mesma, na passividade tranquila da sociedade violentada e se constitui no grande mito que a solidão do homem moderna produziu.

Paradoxo gritante que a máscara da ordem consegue esconder. Mas a linguagem é isto? Estaremos, então, para sempre encerrados na inutilidade do esforço que se arredonda no *déjà-vu*? Ou é possível levantar o véu da objetividade e atrás dele descobrir o segredo de uma ideologia?

Privilegiar o eu como centro ideal da criatividade do homem, de que a linguagem é estigma, ou favorecer o outro num desdobramento social, de que a linguagem é garantia, não seria disfarçar a mesma ingenuidade com máscaras diferentes?

Não haveria, na linguagem, elementos que permitissem esta denúncia? E se sim, como fazê-lo?

Nossa tentativa é a de cometer um gesto nesta direção.

IV— Há na língua elementos, cuja função dificilmente poderia ser definida em termos de comunicação. É o caso, por exemplo, dos pronomes pessoais *eu* e *tu*, cuja análise em termos referenciais, ou mesmo, mais amplamente, em termos de signo só pode ser feita com o risco de não se aprenderem aspectos fundamentais da sua natureza.

Como mostra Benveniste — e nesta classe entram os dêiticos, em geral (os *shifters* de Jakobson) — estes pronomes pessoais são indícios de intersubjetividade, na medida em que não se definem senão como autorreferenciais, isto é, em relação à instância de discurso em que aparecem, permitindo, assim, a constante apropriação da língua pelo indivíduo, ou, como diz Ducrot, o exercício permanente da reciprocidade[8].

---

[8] Cf. Ducrot, 1972, cap. 3, pp. 69-101 — "La notion de présupposition: l'acte de présupposer"; Benveniste. E., 1966a) e todo o cap. V de Benveniste, 1966 — "L'homme dans la langue", em que o autor trata também do problema da subjetividade da linguagem, além dos verbos delocutivos e da filosofia analítica inglesa.
Neste sentido, ver ainda, o importante número da Revista *Langages* organizado por Todorov, T., 1970 e também Searle, J. R., 1969.

Mas não é tudo.

A chamada filosofia analítica inglesa mostra ainda, por caminhos e preocupações diferentes, que há atos de linguagem tão pertinentemente linguísticos quanto o ato de informar, de fazer saber.

É o caso de atos como *ordenar, prometer, interrogar, aconselhar, elogiar*, etc., cuja função é essencial na língua, mas que, dificilmente, poderiam ser analisados em termos que se reduzissem à dicotomia significante/significado.

Que se pense no enunciado

(2)   Prometo ir à sua casa.,

no qual o verbo *prometer,* empregado na primeira pessoa do indicativo presente, faz mais do que simplesmente informar o ouvinte de uma promessa do locutor: ele realiza tal promessa.

É a esse tipo de verbo que Austin, 1962, chama de performativo: dizê-lo é, antes de tudo, realizar a ação dita.

Os limites de uma análise em termos de informação, em termos da distinção significante/significado não suportariam tal especificidade.

O importante é que não se trata de um fato isolado, mas de uma função de que os performativos não são senão um caso.

Tal constatação levará Austin, da análise dos performativos, a uma perspectiva muito mais ampla, enquadrando-os numa teoria geral dos atos de linguagem, e ao reconhecimento de níveis diferentes de realização destes atos: o nível locucional, o nível ilocucional e o nível perlocucional.

Ao nível locucional, a língua se apresenta como a produção de sons pertencentes a um certo vocabulário, cuja organização se faz segundo as regras de uma gramática e possuindo, além disso, uma certa significação, isto é, sons a que se atribuem um certo sentido e uma certa referência.

Mas se este ato se realiza de maneira regular na língua, é preciso reconhecer que esta cumpre, também regularmente, outras funções, outros atos. É à sua descoberta que o estudo de Austin sobre os performativos irá conduzir.

Tal é o caso dos atos ilocucionais e perlocucionais.

Por ato perlocucional entende-se a ação que um ato de enunciação pode produzir quando o falante se serve da língua. Assim, quando alguém dá uma ordem a uma outra pessoa, tal ordem pode realizar ações tais como *amedrontar, ameaçar,* etc., cujo efeito, produzido ou não, depende de fatores outros que os propriamente linguísticos e cujo testemunho só o ouvinte pode dar.

Mais importante, do ponto de vista linguístico, do que o nível perlocucional, é, no entanto, o nível ilocucional da linguagem. É neste nível que se instala o conjunto de atos que se realizam, específica e imediatamente, pelo exercício da fala. Dizendo *eu prometo*, além de anunciar a minha promessa, eu a realizo, da mesma forma que realizo as ações de *felicitar, condenar, ordenar,* quando digo *eu te felicito, eu te condeno, eu te ordeno*.

A partir de tais descobertas, a linguística dificilmente pode continuar apenas ao nível do enunciado, como parece ter sido a sua prática em todo estruturalismo e mesmo na teoria da gramática transformacional.

A associação som-sentido parece, então insuficiente para explicar os mecanismos que transbordam os seus limites, qualquer que seja a hipótese adotada: quer esta associação se explique no interior do sistema de que os signos são constituintes, como acontece com Saussure e com todo estruturalismo praticado à sombra da função comunicativa da linguagem, quer ela seja mediada por um sistema de regras abstratas capaz de produzi-la, como acontece em Chomsky e nos demais transformacionalistas.

O fato é que, apenas ao nível da manifestação do conteúdo, isto é, ao nível do enunciado, a linguística é incapaz de dar conta desta atividade, que é própria da linguagem e cujo esquecimento nenhuma abstração, ainda que em nome da ciência, pode justificar.

Ducrot, em *Dire et ne pas dire* mostra e analisa vários tipos de implícito da linguagem. Eles constituem, juntamente com o sentido literal de um enunciado, a sua significação, e tanto podem ser implícitos do enunciado, como por exemplo,

(3)   Pedro veio me ver, logo ele tem problemas.

para fazer entender

(3')   Pedro só me procura quando tem problemas.,

isto é, um raciocínio que tem a forma de um silogismo, como implícitos baseados na enunciação, como é o caso dos subentendidos, cuja produção se faz por uma espécie de raciocínio do ouvinte, não sobre o que foi dito, mas sobre o próprio ato de fala do locutor, fazendo, neste caso, intervir a situação em que ocorre o enunciado. O exemplo (2), juntamente com a figura 2, ilustram bem este fenômeno.

Estes tipos de implícito poderiam ser suficientes para mostrar o quanto a língua não é apenas comunicação ou representação de uma outra linguagem, mais profunda, mais abstrata e universal.

Mas haveria sempre uma saída para quem quisesse encontrá-la, que seria mostrar que tais efeitos de sentido são produzidos extralinguisticamente, pela situação.

De qualquer forma, mesmo em se tratando de implícitos discursivos, a D. S. deve poder explicá-los, para que realize os seus objetivos, isto é, reproduza os mecanismos de produção que permitem ao falante de uma dada língua estabelecer relações entre um determinado ato de enunciação e outras enunciações possíveis na língua. Em outras palavras, o mecanismo que permite ao falante compreender as enunciações nesta língua.

Este é o dado a ser explicado.

V — O fato de haver na língua variáveis referenciais, como é o caso dos pronomes pessoais *eu, tu, ele,* de certos advérbios como *aqui, lá, ontem, agora, daqui a três dias, depois de dois dias,* etc., e variáveis intencionais como, por exemplo, os subentendidos, que se podem produzir a partir do próprio ato de fala, constituir-se-ia já num índice de que o ato de informar não é o único e muito menos o principal ato no interior da atividade linguística.

Gostaria, neste sentido, de fazer uma observação relativa a uma passagem do artigo de Jakobson "La notion de signification gramaticale selon Boas" (Cf. Jakobson, R., 1963a). Este artigo visa, principalmente, a mostrar a impossibilidade de se construir a gramática de uma dada língua sem recorrer ao sentido, numa refutação evidente da posição de Chomsky.

Entretanto, não é isto que vamos discutir.

O que eu gostaria de relevar, no artigo, é o seguinte.

Tomando Boas como texto de base, Jakobson subscreve a sua posição relativamente à gramática:

"A gramática, segundo Boas, escolhe, classifica e exprime diferentes aspectos da experiência e, além disso, realiza uma outra função importante: 'determina quais são os aspectos de cada experiência que devem ser expressos'. Boas indica com fineza que o caráter obrigatório das categorias gramaticais é o traço específico que as distingue das significações lexicais." (p. 197).

Desta forma, a gramática se impõe ao falante como um conjunto definido de possibilidades de escolhas que ele deve, obrigatoriamente, fazer no interior de sua língua.

Para Jakobson estas escolhas são binárias — desnecessário dizê-lo — e variam de uma para outra língua.

Assim, quando o falante do inglês diz

(4) I met a friend.,

nada há, na sua língua, que o obrigue a especificar se se trata de um amigo ou de uma amiga, e, se o ouvinte reclamar esta especificação, terá toda a chance de ser acusado de indiscreto.

Evidentemente, há sempre a possibilidade, quando for o caso, de acrescentar palavras explicativas que permitam uma transparência maior, na informação.

De que forma?

Recorrendo a meios lexicais que tornarão explícitos o tempo, a pluralidade ou o gênero, por exemplo, quando as línguas que não os conhecem, gramaticalmente, tiverem necessidade de fazê-lo. Perfeito.

A gramática, nos termos de Boas-Jakobson, é, pois, uma verdadeira *ars obligatoria*, dos escolásticos, enquanto que o léxico se constitui no campo de liberdade dos falantes, espécie de recreio para o trabalho forçado imposto pela gramática.

De acordo.

Mas o que é impressionante é que, apesar da agudeza destas observações, o autor não tenha tirado todas as suas consequências, talvez por ser prisioneiro de suas próprias concepções da língua. Para Jakobson, é apenas ao nível da função comunicativa que tal observação se efetua:

"A escolha de uma forma gramatical pelo locutor coloca o ouvinte diante de um número definido de unidades (*bits*) de informação. Esta espécie de informação tem um caráter obrigatório para toda troca verbal no interior de uma dada comunidade linguística". (p. 199)

Há, contudo, neste jogo, muito mais do que a simples troca de informação.

Há atos que se praticam e que impõem aos interlocutores certas convenções que o diálogo deve respeitar, sob pena de não prosseguir.

É o próprio Jakobson quem o testemunha no exemplo da frase (4) *I met a friend,* na medida em que o pedido de esclarecimento do receptor pode ser interpretado como indiscrição pelo locutor, e o diálogo se interromper.

Tal interrupção se dá porque a questão do interlocutor é, num certo sentido, uma questão metalinguística, ou, ainda melhor, uma questão polêmica, que incide não sobre o conteúdo informacional, propriamente dito, do enunciado, mas sobre o ato de enunciação realizado pelo locutor. Se este se prestar ao esclarecimento, o diálogo será retomado, caso contrário, ou bem o receptor aceita as condições do adversário, e o diálogo prossegue, ou bem ele não as aceita, e o diálogo se interrompe.

É evidente que o locutor poderá continuar indefinidamente o seu discurso, sem que tal esclarecimento se faça, utilizando, por exemplo, anafóricos como

(5)   I met a friend who ...
               This friend ...
               etc.,

ou, então, explicitá-lo imediatamente recorrendo, não necessariamente ao léxico mas à própria gramática, como, por exemplo, em

(6) I met a friend. He...

Imaginemos agora o caso inverso.

Uma língua, como o português ou o francês, que para a mesma frase obrigaria o locutor a fazer, imediatamente, tal explicitação. Assim, os enunciados

(7a) Encontrei um amigo.
(7b) Encontrei uma amiga.

não deixariam nenhuma margem de dúvida quanto à especificidade gênero-sexual da pessoa em questão, para o destinatário.

Acontece, porém, que da mesma forma que o inglês dispõe de meios para precisar o que a gramática desobriga, no caso do gênero, outras línguas, como é o caso do português e também do francês, dispõem, no sentido inverso, de meios para evitar tal obrigação. Assim, um locutor A, falante de português, poderá dizer

(8) Encontrei uma pessoa que é minha amiga.

ao que um interlocutor B, falante também do português, poderá replicar se se trata de um amigo ou de uma amiga, e receber a seguinte resposta de A

(9) Isto não é da sua conta.

e o diálogo se interromper ou prosseguir, conforme a reação de B a esta resposta de A.

De qualquer forma, tanto o pedido de esclarecimento de B, como a enunciação de A, representada na frase (9), não constituem mais um diálogo, propriamente dito, mas qualquer coisa que resvala para a afronta pessoal: não se debate mais o dito, mas o próprio direito de dizer, isto é, o direito do locutor de escolher e organizar a experiência posta em discurso, segundo suas conveniências e intenções. O que aqui se questiona não é o linguístico, no sentido com que este termo é visto tanto pelo estruturalismo como pelo transformacionalismo. Questiona-se muito mais: quando B pede a A que identifique gênero-sexualmente a pessoa de que fala o enunciado (8), o que é colocado em xeque é a ordem que este enunciado impôs a este recorte do universo através da escolha de A, isto é, através de seu ato de fala. Por isso a função da fala de B é metalinguística, ou, como preferimos, polêmica.

A análise de Jakobson parece-me, assim, insuficiente, exatamente porque repousa apenas sobre o conteúdo informacional do enunciado, não podendo levar em conta certas variáveis intencionais que a própria língua dispõe de seu interior. Enunciá-las significa praticar um ato que não só comunica ao destinatário um determinado conteúdo, mas que institui, no próprio ato de fala, as condições, as regras, a orientação, enfim, que o diálogo deve tomar, para que o polêmico não se insinue e o diálogo não se transforme em afronta pessoal.

Se do ponto de vista puramente comunicativo a frase (8) pode ser considerada como uma paráfrase tanto de (7a) como de (7b), do ponto de vista do ato de enunciação elas são bem diferentes, o que não é senão uma forma de remeter em questão um dos clássicos problemas da semântica, e da linguística em geral, a saber, o da sinonímia.

VI — Além das formas de implícito discursivo, outra muito mais interessante pode ser apontada. Trata-se do pressuposto linguístico, ou, simplesmente, pressuposto.

O fenômeno da pressuposição que aparece já nos trabalhos de Frege, Stawson e Collingwood,[9] entre outros, toma em *Dire et ne pas dire* uma forma muito mais convincente, ao mesmo tempo que se apresenta como um poderoso argumento para uma concepção deontológica da língua.

É ao nível do sentido que o pressuposto linguístico se atualiza, da mesma forma que o conteúdo informacional do enunciado, ou *posto*. Deste modo, na representação que demos na figura 1 para a descrição semântica de uma dada língua, é o C. L. que deve produzir tanto um como outro.

Tomemos, a título de exemplo, o seguinte enunciado

(10)   O povo ainda exige mudanças radicais.

que tem como pressuposto (PP)

"O povo exigia mudanças radicais",

e como posto (P)

"O povo exige mudanças radicais".

Se submetermos o enunciado (10) à interrogação, veremos que só o posto se modifica (é interrogado) enquanto que o pressuposto permanece inalterado. Assim:

(10a)   O povo ainda exige mudanças radicais?

tem como PP

"O povo exigia mudanças radicais",

e como P

"O povo exige mudanças radicais".

O mesmo acontece quando submetemos este enunciado à negação ou à exclamação. Assim:

(10b)   É falso que o povo ainda exige mudanças radicais.

---

[9] Cf. Frege, G., 1892. Tradução francesa, 1971; tradução brasileira, 1978 e também tradução para o português de Luiz Henrique Lopes dos Santos, s.d., mimeografado. Desta última tradução é que me sirvo. Strawson, P. F., 1971; Collingwood, R. G., 1940, pp. 21-33.

tem como PP

"O povo exigia mudanças radicais",

e como P

"O povo não exige mudanças radicais".

(10c)   O povo ainda exige mudanças radicais!

tem como PP

"O povo exige mudanças radicais",

e como P

"O povo exige mudanças radicais!".

Por último, quando relacionamos tal enunciado com outros enunciados, por elos de subordinação ou de coordenação, verificamos que este encadeamento não concerne senão ao posto.[10] Assim, no enunciado complexo

(l0d)   O povo ainda exige mudanças radicais, embora tudo pareça tranquilo.

o encadeamento lógico dos dois enunciados concerne apenas ao posto do primeiro, sem atingir o pressuposto.

Tais critérios permitem verificar a pertinência desta distinção, assim como, dado o caráter sistemático com que ela se verifica numa infinidade de atos de enunciação, a sua validade em termos de análise semântica.

Suponhamos, agora, que um interlocutor B, falante do português, a quem fosse dirigido o enunciado (10), por um locutor A, falante da mesma língua, interpretasse este enunciado com a seguinte significação:

(10')   "A situação está realmente ruim"

Quais seriam, neste caso, os mecanismos capazes de explicar a produção de (10')?

---

[10] Todos estes critérios, menos o da exclamação, podem ser encontrados nos artigos de Ducrot (já mencionados), e mais desenvolvidos em *Dire et ne pas dire*. A exclamação é de minha responsabilidade e a sua validade como critério para a distinção *posto/pressuposto* precisa ser melhor verificada.

A resposta a esta questão nos permitirá não só explicitar melhor a forma de descrição semântica que aqui se discute, e de cujo funcionamento a figura 2 já fornece uma boa representação, como também mostrar de maneira concreta a pertinência da distinção entre posto e pressuposto ao nível do C. L., isto é, como elementos que constituem, mas não ao mesmo título, o sentido do enunciado. Em outras palavras, isto significa que, além das motivações empíricas que tal distinção encontra nos critérios da negação, da interrogação, da exclamação e do encadeamento lógico do discurso, podem também ser apontadas certas motivações metodológicas que, da mesma forma, sustentem esta distinção e que, ao mesmo tempo, justifiquem a necessidade de realizar a descrição semântica dos atos de enunciação em dois níveis distintos de análise: o nível do sentido e o nível da significação. O primeiro será explicado pelo C. L. e o segundo pelo C. R. (Cf. figura 1).

Voltando ao nosso exemplo, proponho, então, a seguinte explicação para (10'): dado que o enunciado (10) contém, como partes integrantes de seu conteúdo linguístico, os elementos

PP: "O povo exigia mudanças radicais"
P: "O povo exige mudanças radicais",

elementos que pela sua relação indicam a permanência de um estado de coisas, através do tempo e até o momento da enunciação; dado que — admitamos, por hipótese — este enunciado é produzido por A, numa situação específica, por exemplo, uma situação em que haja forte censura sobre aquilo que se pode dizer; e dado, finalmente, que o interlocutor B tem conhecimento desta situação, ele, então, será levado a admitir que (10) é o enunciado mais forte possível de ser dito por A, interpretando-o, assim, com a significação (10').

A figura 3, simplifica a representação do processo de compreensão do enunciado (10), com a significação (10'), por parte do interlocutor B.

Verificamos, deste modo, que, metodologicamente, o mecanismo que explica a produção de (10') teve de passar primeiro pelo sentido literal do enunciado (10), isto é, pela distinção dos dois elementos que constituem o sentido deste enunciado, levando em conta a anterioridade do elemento pressuposto em relação ao elemento posto, para, então, poder, ao nível do C. R., através da litotes, chegar à significação desejada.

(10) O povo ainda exige mudanças radicais - - - - - - - - - - - - - S

C. L.

PP: "O povo exigia mudanças radicais"
P: "O povo exige mudanças radicais"

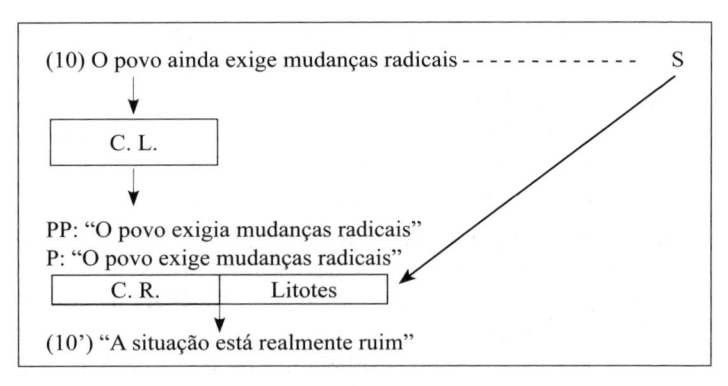

C. R.　Litotes

(10') "A situação está realmente ruim"

Figura 3

Imaginemos, agora, uma situação um pouco diferente, mas cúmplice da anterior, na medida em que, raramente, se encontra uma sem a outra. Uma situação (S_1) em que os interlocutores A e B, envolvidos na euforia geral da bajulação e do medo, trocam delicadezas discretas sobre o passado, o presente e o destino desta nação imaginária. Num determinado momento do diálogo, A dirá a B:

(11)　　　O povo já não exige mudanças radicais.

que B interpretará do seguinte modo:

(11')　　　"A situação melhorou realmente".

O enunciado (11), que é, na verdade, a negação de (10) e, desta forma mantém o mesmo pressuposto, modificando apenas o posto, tem como elementos, ao nível do sentido:

PP: "O povo exigia mudanças radicais"
P:　"O povo não exige mudanças radicais".

Dada a situação em que este enunciado é produzido, e levando, primeiramente, em conta a modificação de um estado de coisas que a relação entre o pressuposto e o posto indica, o C. R., mais uma vez através das litotes, produzirá a significação (11').
A figura 4 representa as etapas da D. S. desta significação.

```
(11) O povo já não exige mudanças radicais  - - - - - - - - - - -  S₁
  ↓
  ┌──────┐
  │ C. L.│
  └──────┘
     ↓
  PP: "O povo exigia mudanças radicais"
  P: "O povo não exige mudanças radicais"
  ┌──────┬─────────┐
  │ C. R.│ Litotes │
  └──────┴─────────┘
     ↓
  (11') "A situação melhorou realmente"
```

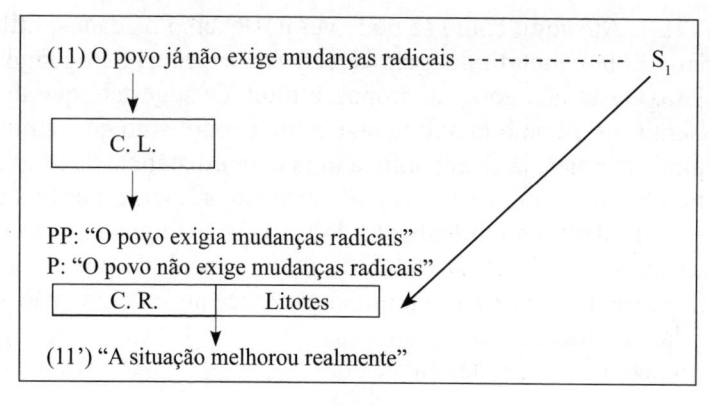

Figura 4

Entretanto, o mesmo enunciado (11), produzido numa situação de cautela entre dois interlocutores que acreditam na necessidade de participação do povo no processo político da nossa imaginária nação (S_2), poderia ser compreendido como

(11") "A situação realmente piorou".

A figura 5, abaixo, representa o mecanismo que leva a esta significação.

Resumindo. Qualquer que seja a significação de um enunciado com pressuposto, ela, para ser explicada deverá, antes do trabalho do C. R., levar em conta, ao nível do C. L., o estabelecimento e a distinção da pressuposição e da posição de um enunciado. Além disso, como mostram os nossos exemplos, no interior desta distinção é necessário que a D. S. de uma língua leve em conta o modo pelo qual estes dois elementos participam da constituição do sentido de um enunciado, bem como a anterioridade do pressuposto em relação ao posto.

```
(11) O povo já não exige mudanças radicais  - - - - - - - - - - -  S₂
  ↓
  ┌──────┐
  │ C. L.│
  └──────┘
     ↓
  PP: "O povo exigia mudanças radicais"
  P: "O povo não exige mudanças radicais"
  ┌──────┬─────────┐
  │ C. R.│ Litotes │
  └──────┴─────────┘
     ↓
  (11') "A situação realmente piorou"
```

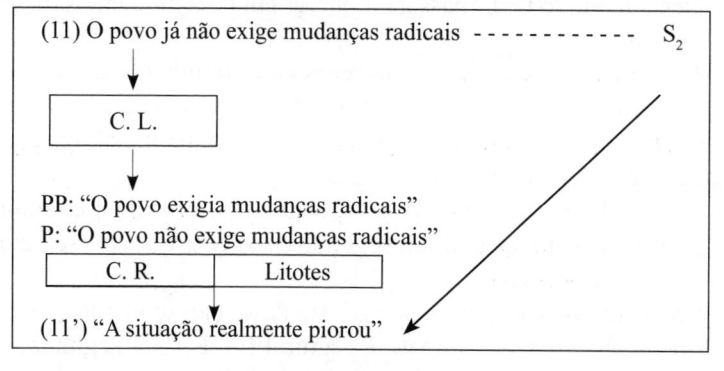

Figura 5

VII — Até aqui, como se pode ver nos exemplos dados, utilizamos como metalinguagem descritiva a própria linguagem objeto. Gostaria, agora, de propor, a título de sugestão, que tentássemos usar como metalinguagem um simbolismo que, embora ainda simples, já se encontre a uma maior distância da linguagem objeto. Com isto, visamos não só a evitar confusões possíveis, dada a identidade dos dois níveis de linguagem, como também a introduzir na forma da D. S. concebida por Ducrot (cf. figura 1) uma certa complicação que, no entanto, não se revelará de todo inútil.
Tomemos os seguintes enunciados:

(12) Pedro saiu da prisão.
(13) Pedro fugiu da prisão.
(14) Pedro parou de trabalhar.
(15) Pedro já não trabalha.
(16) Pedro não trabalha mais.
(17) Pedro abandonou o trabalho.
(18) Pedro desistiu do trabalho.
(19) O navio ancorou.
(20) Pedro ancorou a sua busca.

Ao invés de descrever cada frase em particular, ao nível do componente linguístico, em termos de posto e pressuposto, como fizemos até agora, proponho que esta análise seja feita num nível mais alto de abstração, situando num registro mais inferior a análise lexical, propriamente dita.

Deste modo, o C. L. passará a operar em dois momentos distintos, a saber:

1º) aquele em que se estabelecerá estruturalmente o valor do enunciado, em termos, quando for o caso, da análise em posto e pressuposto, e tal descrição deverá ser feita numa metalinguagem que permita a abstração aqui exigida;

2º) aquele em que se dará a especificação lexical da estrutura estabelecida no nível anterior, segundo condições que este segundo nível deverá explicitar.

Chamaremos a primeira etapa desta descrição semântica, ao nível do C. L., de Componente Estrutural (C. E.) e a segunda, de Componente Lexical (C. D.).

Admita-se como constituindo a nossa metalinguagem descritiva, e somente a título de exemplificação, o seguinte simbolismo: a) elementos: $x, y, t, ,1,$ onde x e y são variáveis quaisquer, t, uma variável de tempo e l, uma variável de lugar; b) funções: *estar em* e *fazer;* c) um operador de negação: *não*. Poderemos, então, passar para a análise efetiva dos enunciados acima.

Assim, os enunciados (12) e (13) serão descritos pelo C. E. da seguinte forma:

PP: x *estar em 1* em t_1
P: x *não estar em 1* em t_2

sendo que os índices que acompanham a variável t indicam variação no tempo.

A noção de movimento, própria dos verbos *sair* e *fugir,* poderá, agora, ser definida como uma noção estrutural, isto é, determinada como uma relação entre o elemento pressuposto e o elemento posto, verificando-se mais uma vez a anterioridade do primeiro em relação ao segundo.

Entretanto, o verbo *sair* e o verbo *fugir* não recobrem exatamente os mesmos usos na língua.

Como, então, distinguí-los se ambos respondem à mesma condição estrutural?

Neste momento, entra o C. D. que deverá estabelecer as condições de uso que os diferenciem.

Suponhamos, a título de sugestão, que dispuséssemos, ao nível do C. D., de uma categoria de apreciação, operada pelo sujeito da enunciação e capaz de apreciar a situação linguística estruturada, segundo a análise feita pelo C. E., de uma certa forma, isto é, capaz de apreciar de um determinado modo a relação, estruturalmente determinada, entre o posto e o pressuposto.

Esta categoria operaria, então, como uma espécie de leitor, situado no intervalo entre os dois elementos e capaz de traduzir em termos lexicais específicos a relação abstrata que o C. E. estabeleceu.

Se a passagem do elemento pressuposto para o elemento posto for apreciada, por exemplo, com o traço 1) "contra a vontade de alguém", o movimento se realizará como *fugir*, se 2) neutramente, como *sair*.

33

A figura 6, abaixo, esquematiza esta análise.

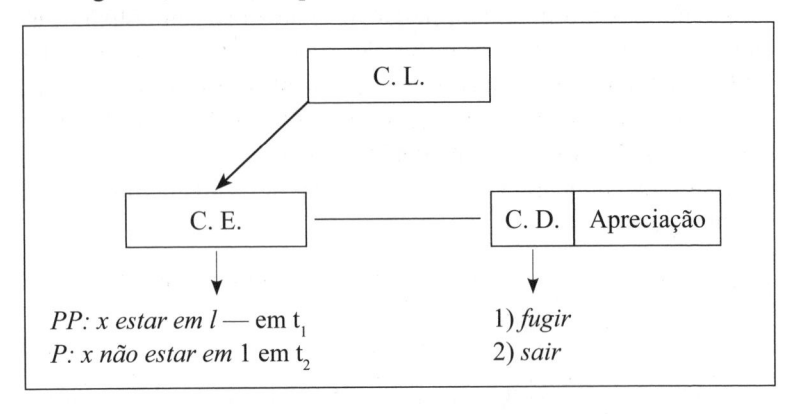

```
                    ┌──────────┐
                    │   C. L.  │
                    └──────────┘
                    ↙          ↘
        ┌────────┐              ┌──────┬───────────┐
        │  C. E. │──────────────│ C. D.│ Apreciação│
        └────────┘              └──────┴───────────┘
            ↓                        ↓
   PP: x estar em l — em t₁      1) fugir
   P: x não estar em 1 em t₂     2) sair
```

Figura 6

Evidentemente, haveria ainda necessidade de explicitar as outras variáveis, como também organizar sintaticamente o enunciado. Isto poderia ser feito, no caso das variáveis x, l, t, ao nível do componente retórico, enquanto as especificações de tempo verbal, concordância, etc., seriam feitas a um nível morfossintático, mais inferior.

Tudo isto é muito precário, mas se nos fixarmos no nível do C. L. levando em conta a modificação que propusemos, poderemos observar algumas vantagens para o trabalho de descrição semântica de uma dada língua.

Assim, a descrição dada pelo C. E. aos enunciados (12) e (13), em que aparecem os verbos *sair* e *fugir*, não é específica destes enunciados, mas, ao contrário, recobre uma grande quantidade de enunciados onde podem, indiferentemente, figurar verbos como *partir, despedir-se, entrar,* locuções como *ir embora,* etc.

Os verbos que preencherem tanto a condição fixada pelo C. E. como as condições fixadas pelo C. D. poderão ser considerados sinônimos perfeitos, como é o caso de sair e partir, enquanto que os que preencherem igualmente a primeira condição, mas não as outras, como é o caso de *sair e fugir,* serão considerados sinônimos imperfeitos.

Na verdade, estes verbos, porque satisfazem todos a condição maior, isto é, a condição estrutural de uso, poderão sempre ser utilizados uns pelos outros e quando se tratar de verbos não marcados ao nível do C. D. tal fenômeno se verificará com muito mais intensidade.

Deste modo, tal análise estaria contribuindo para o esclarecimento do clássico problema da sinonímia, ao mesmo tempo que, por caminhos diferentes, reintroduzindo e ajudando a explicitar a velha noção de campo semântico dos estruturalistas.

Os enunciados (14 — 20) serão todos analisados segundo o seguinte esquema estrutural, pelo C. E.:

PP: x fazer y em t_1
P: x não fazer y em t_2

Todos os verbos e expressões equivalentes que aparecem nestes enunciados satisfazem esta condição.

A ideia de ação é dada aí pela função *fazer y*, enquanto que a passagem do pressuposto para o posto, isto é, a sua relação, poderá especificar a noção de aspecto cessativo.

A consideração das frases (14 — 16) como sinônimas entre si, assim como das frases (17) e (18), mas não dos dois grupos entre si, será feita ao nível do C. D., e, como aconteceu no exemplo anterior, as expressões mais neutras poderão recobrir mais facilmente todos os usos que satisfazem a condição fixada pelo C. E.:

A frase (19) receberá a mesma descrição estrutural e o C. D. deverá estabelecer as condições de uso do verbo *ancorar* que, no caso, poderá ser tratada como um fenômeno de restrição seletiva.

A frase (20) aí está para mostrar que, do nosso ponto de vista, o problema da metáfora pode ser tratado linguisticamente.

Este enunciado receberia a mesma descrição estrutural que os demais e o incomum — se é que é justo chamá-lo desta forma — seria o fato de aparecer um item lexical como *busca,* quando o "normal" seria que aparecesse *navio, barco,* etc.

Veríamos, deste modo, que haveria bastante justeza em classificar esta metáfora como uma metáfora puramente lexical, uma vez que este verbo satisfaz como os demais a mesma exigência estrutural, isto é, uma vez que este enunciado é tratado pelo C. E. da mesma forma que um enunciado como *Pedro desistiu de sua busca.*

Na medida em que, ao nível estrutural da linguagem, trabalharmos com variáveis que, na realidade, constituem indicadores referenciais ou indicadores de tempo e de lugar, o que poderá se esboçar ao longo deste trabalho de análise é a concepção da linguagem como dimensionalização do homem em relação ao mundo, o que significa dar sentido teórico à constatação empírica de que o primeiro uso que a criança faz da linguagem é, absolutamente, dêitico.

VIII — Muitos linguistas, entre eles Fillmore, assim como lógicos e filósofos anteriormente o fizeram, tomaram a pressuposição como condição de emprego de um enunciado linguístico. Ducrot, ao contrário, toma-a como um ato de fala específico, que se coloca ao nível ilocucional, ao mesmo título que outros atos como o de *ordenar, prometer, interrogar*, etc.

Há, neste sentido, um *ato de pressupor* que se realiza ao mesmo tempo que o falante produz um enunciado, e que desta forma escapa também, como os performativos, a uma análise de tipo informacional. Fillmore, 1970, p. 60, como dissemos, considera, na linha de Austin, a pressuposição como um nível diferente do ilocucional, nível cuja função é dar a este condições para que se realize. Diz ele:

"Creio que a situação de comunicação verbal pode ser analisada de maneira útil em dois níveis ou sob dois aspectos que chamaremos, de um lado, ilocucional e de outro pressuposicional. Por aspectos pressuposicionais de uma situação de comunicação verbal, entendo as condições que devem ser satisfeitas para que um ato ilocucional preciso seja efetivamente realizado ao pronunciarmos certas frases".

Ora, tal posição, além de manter-se no quadro específico da prática estruturalista clássica, na medida em que toma a comunicação como horizonte da função linguística, não consegue, por isto mesmo, perceber o quanto a pressuposição é mais do que simplesmente a autoridade capaz de homologar o ato ilocucional[11].

Tomemos um exemplo do próprio artigo de Fillmore, de que eu guardo apenas os aspectos que aqui nos interessam.

Uma das frases que aí encontramos é a seguinte:

(21)   Peter accused John of writing the letter.

Quando pronuncio tal frase, eu pressuponho que escrever tal carta era condenável e digo a um possível meu interlocutor que Peter disse que John é o responsável. Já no enunciado

(22)   Peter critized John for writing the letter.

eu pressuponho que John escreveu a carta e digo que Peter disse que o fato de John ter escrito a carta é condenável.

---

[11] Para uma discussão sistemática da pressuposição como condição de emprego, ver Ducrot, O., 1972, cap. 2, p. 26-27.

Fillmore observa que aquilo que é o pressuposto, quando utilizamos um destes verbos, faz parte do conteúdo do ato linguístico que o outro denota.

Além disso, ainda segundo Fillmore, estes dois verbos são diferentes porque, de um lado, somente o verbo *criticar* pressupõe a realidade da situação, quando esta pressuposição de existência não é dada pelo artigo, e de outro, porque, quando usados na primeira pessoa do singular do presente do indicativo, somente o verbo *acusar* pode ser performativo e jamais o verbo *criticar*. Assim, a frase

(23) Eu critico João por ter escrito a carta.

não poderia, em si mesma, constituir um ato de acusação.

Há, a meu ver, vários pontos discutíveis neste modo de apresentar as coisas, além do problema de considerar a pressuposição como condição de emprego.

A primeira diferença apontada por Fillmore entre *acusar* e *criticar* é relativa à inversão dos níveis pressuposicional e ilocucional, no emprego de um e de outro verbo: *acusar* pressupõe que eu, para utilizá-lo, esteja tranquilo quanto ao caráter negativo da situação, e *criticar*, que eu esteja tranquilo quanto à responsabilidade de alguém (João) por esta situação[12].

Ora, o próprio Fillmore observa que, sintaticamente, um e outro verbo delimitam a situação por preposições diferentes: *accuse* (of), *criticize* (for) sem no entanto dar a atenção devida a tal observação.

Numa língua em que tanto *acusar* como *criticar* delimitam a situação pela mesma preposição, como é o caso do francês, talvez que, realmente, a diferença possa ser situada ao nível do léxico. Mas, se numa outra língua eu posso utilizar *acusar* ao mesmo título que *criticar*, então as coisas são menos simples. E esta língua existe e, para felicidade nossa, é o português.
Assim:

(24)   Pedro acusou João de ter escrito a carta.
(25)   Pedro acusou João por ter escrito a carta.
(26)   Pedro criticou João por ter escrito a carta.

---

[12] O que Fillmore chama situação é aquilo a que, no ato de enunciação (do tipo em que aparece um verbo de julgamento) podemos ter necessidade de nos referir e que pode ser uma situação, uma ação, um fato ou um estado de coisas qualquer: "ter escrito a carta", nos exemplos aqui discutidos.

Em (25) e (26) eu pressuponho, da mesma forma, a responsabilidade de João e digo que Pedro considera a situação condenável, enquanto que em (24), o inverso.

Deste modo, a diferença entre estes verbos parece situar-se menos ao nível da natureza lexical de cada um e mais em fenômenos de natureza estrutural. E a preposição *por* e a preposição *de* que se transformam no centro desta diferença.

A segunda diferença que Fillmore aponta entre os dois verbos parece, em consequência da observação anterior, também mal situada. Tanto *acusar* como *criticar* (no caso do português) podem pressupor a realidade da situação desde que construídos com a preposição *por*, mesmo que não haja artigo definido introduzindo a situação.
Comparem-se:

(27)   Pedro acusou João por ter escrito uma carta obscena à sua irmã.
(28)   Pedro criticou João por ter escrito uma carta obscena à sua irmã.
(29)   Pedro acusou João de ter escrito uma carta obscena à sua irmã.

As frases (27) e (28) pressupõem, ao mesmo título, a realidade da situação enquanto que apenas (29) não o faz.

Quanto à última diferença, é a que parece mais resistente: *acusar*, pode ser performativo, enquanto *criticar* não.

Entretanto, é difícil imaginar que um ato de enunciação como

(30)   Eu te critico por ter escrito a carta.

pudesse, de alguma forma, constituir-se num ato de acusação, como pretende Fillmore, argumentando em favor de sua diferença.

Se, por outro lado, é licito dizer que um ato de enunciação do tipo

(31)   Eu te acuso por ter escrito a carta.

pode constituir um ato ilocucional do tipo performativo, até que ponto tal possibilidade não existiria também para a enunciação (30), e neste caso *eu te critico*... constituiria ao mesmo título um ato de crítica, pela sua simples enunciação?

Ora, não me parece que o verbo *criticar* possa ser utilizado como verbo performativo enquanto que (31) parece admiti-lo totalmente. Mas, se (30) e (31) pressupõem as mesmas coisas, que condição é esta que me permite tomar (31) como performativo e excluir (30), se ela se apresenta da mesma forma tanto num como noutro caso.

Fato estranho, quando se considera que os *performativos* se situam ao nível dos atos ilocucionais da linguagem, atos cuja realização efetiva, para Fillmore, é condicionada pelo nível pressuposicional. Como explicar que a mesma condição permita, num caso, ao nível ilocucional, a realização de tal ato e o exclua, ao mesmo nível, no outro?

Considerar, como o faz Ducrot, a pressuposição como fazendo parte do nível ilocucional dos atos de fala, ao mesmo título que os performativos, me parece uma posição mais justa.

Há, assim, um ato de pressupor, ato este que, como outros atos ilocucionais, se realiza no momento mesmo do ato de enunciação, e cuja função é determinar as direções, apontar os caminhos que o discurso deve tomar sob pena de fragmentar-se.

Assim, quando um locutor diz

(32)   Eu acusei João de ter escrito a carta.

a um ouvinte, este se vê diante de uma obrigação que deve ser cumprida para que o diálogo prossiga: deve aceitar a direção que esta enunciação apontou, isto é, o pressuposto de que a situação é condenável, sua contestação podendo ser feita ao nível do posto. Ele poderá neste sentido dizer, por exemplo,

(33)   Mas você tem provas de que foi realmente ele quem a escreveu?

e só muito dificilmente

(34)   Mas a carta não é tão grave assim.,

porque isto implicaria na discussão das próprias intenções do locutor, ou para ser mais exato, na contestação, não do que foi dito, mas do próprio locutor.

Diferentemente, se uma pessoa A dissesse à B

(35)   Eu acusei João por ter escrito a carta.

admitiria como resposta

(36)   Mas a carta não é tão grave assim.

e excluiria

39

(37) Mas você tem provas de que foi realmente ele quem a escreveu?

O ato de pressupor institui, no interior do ato de enunciação, um universo no qual o discurso deve prosseguir, universo este que é dado como sendo comum aos dois interlocutores, mas que, na realidade, se institui como uma condição que o locutor impõe ao destinatário para o discurso ulterior.

E na medida em que o pressuposto não é concernido pelo encadeamento lógico do discurso, pela sua progressão, como vimos a respeito dos elos de subordinação e coordenação, ele recua para este fundo de envolvimento que garante a coerência do discurso, mas ao preço de uma inocência que a função comunicativa não pode mais salvar.

Há, assim, na língua, mais do que a inocência da informação. Como observa Ducrot, mais do que condição de vida social, a língua se apresenta como poderoso determinante do modo de vida social, como uma espécie de tratado dos deveres, espécie de atividade jurídica cujas regras, explícitas ou implícitas, envolvem o homem, como teia sutil de subentendidos e pressupostos, submetendo-o a um incessante confronto de subjetividades, constante do jogo de intenções onde a aposta menor é o risco de comprometer-se.

Se a língua é, como pretende o idealismo de Chomsky, o espaço mesmo em que reside a liberdade do homem, a sua' capacidade criativa, é preciso convir, no entanto, que esta liberdade está constantemente ameaçada pelo jogo sutil da palavra.

O risco de falar é a ameaça de tornar-se prisioneiro de sua própria liberdade.

Campinas, junho/julho de 1973

Indicações para uma análise semântico-argumentativa das conjunções *porque, pois, e já que*[1]

0. Este artigo é uma tentativa de análise de três conjunções do português — *porque, pois* e *já que*[2]. Considerarei a conjunção *pois* apenas quanto ao valor que as gramáticas tradicionais chamam de explicativo, deixando de lado o problema do pois conclusivo, que poderá ser objeto de uma reflexão futura.

Devo dizer que este trabalho foi diretamente inspirado pela pesquisa que fizeram o professor Ducrot e professores de francês e de matemática — o chamado grupo de *lógica* e *linguagem* — reunidos

---

[1] Publicado em *Cadernos de estudos linguísticos,* n° 1, São Paulo, 1978, p. 35-50 e na revista *Alfa, n° 22/23,* Marília, 1976/1977, p. 139-155.
[2] Considero *já que* não só na sua individualidade mas também como uma variável, cuja função pode ser preenchida por outras conjunções: *pois que, uma vez que, visto que, visto como, desde que, como.*

no *Institute National de Recherche et de Documentation Pédagogiques*. O objetivo desse grupo é refletir sobre as possíveis relações entre o ensino da língua e o ensino do pensamento lógico.

A partir dessa pesquisa coletiva, um subgrupo compreendendo O. Ducrot, M. C. Barbault, J. Dufom, J. Espagnon, C. Israel, D. Manesse redigiu um artigo denominado *Car, parce que, puisque,* sobre estas três conjunções francesas.

1. É sabido que no português há dois tipos de conjunção bastante parecidos e que as gramáticas tradicionais classificam, um como conjunção coordenativa explicativa, e o outro como conjunção subordinativa causal.

Assim, em Bechara, 1964, p. 196-797, que aliás segue de perto as observações de Said Ali sobre o assunto, pode-se ler o seguinte: "*Conjunções Coordenativas Explicativas: quando começam oração que explica a razão de ser do que se diz na oração a que se ligam: pois* (no início da oração), *que* ("porque"), *porquanto*.

Ex. Venho cedo, porque desejo conversar com você.
Fazia tudo para ser agradável, pois não deixava uma pergunta sem resposta.

As explicativas *que* e *porque* aparecem normalmente depois de orações optativas e imperativas".

Na página 197 o autor escreve:

"Conjunções subordinativas adverbiais causais: quando iniciam oração que exprime a causa, o motivo, a razão do pensamento na oração principal: *porque, que* ("porque"), *como* ("porque", sempre anteposta à sua principal, no português moderno), *visto que, visto como, já que, uma vez que* (com o verbo no indicativo), *desde que* (com o verbo no indicativo), *pois que,* etc"[3].

A distinção entre os dois tipos de conjunção, sobretudo quando se trata de *pois* e de *porque,* não é absolutamente clara e os critérios utilizados para tanto, por serem apenas indicativos de intuições possíveis, insistem em repetir a diferença e adiam a explicação provável.

---

[3] O autor não inclui explicitamente a conjunção *pois que* nesta classificação. Mas há aí o inevitável etc., além do fato de outros autores o fazerem. Cf., por exemplo, Lima, 1964, p. 171.

A confusão no português é ainda maior por causa da possibilidade de uma mesma realização formal — *que, porque* — para as duas funções. E ela aumenta quando a atitude dos gramáticos resume-se em acumular alternativas, já que este acúmulo não obedece a nenhum princípio sistemático de explicação e nem mesmo de classificação:

"As explicativas não passam de causais coordenativas, que nem sempre se separam claramente das causais subordinativas...", escreve Bechara, 1964, p. 196.

E em seguida, citando Said Ali, de quem aliás, como nos demais gramáticos, se inspira a classificação acima:

"Em certas línguas distingue-se a causal subordinativa da causal coordenativa pela diversidade de partícula (em fr. *parce que, car*; em inglês *because*; for, em alemão *weil, denn*); em português, empregando-se *porque* ou *que* para um e outro caso, conhece-se a diferença pela pausa. A causal subordinativa separa-se da oração principal por uma pausa muito fraca (que se representa, quando muito, por uma vírgula). A coordenativa separa-se da proposição anterior por uma pausa mais forte (que se figura por vírgula, ponto e vírgula e até mesmo ponto final). (Said Ali: *Gramática Secundária*, p. 203"[4].

Se as observações quanto ao contexto — as explicativas *que* e *porque* aparecem normalmente depois de orações optativas e imperativas — e quanto à pausa — maior nas explicativas e quase imperceptível nas causais — não deixam de ter uma certa pertinência, é preciso dizer, entretanto, que não constituem senão expedientes práticos para identificar uma diferença cuja natureza é muito mais profunda. Em outras palavras, essas diferenças contextuais e rítmicas são na verdade algumas das manifestações de um fenômeno mais amplo que se prende à própria natureza e à função destas conjunções. E é porque as gramáticas, em geral, se contentam em repetir as classificações herdadas que, além de se contentarem com os expedientes práticos para manter a distinção, não percebem também as diferenças que possam existir no próprio interior das conjunções causais, como por exemplo a que parece existir entre as conjunções, *porque*, de um lado, e *já que, pois que*, etc., de outro.

---

[4] Na minha edição (Ali, S., 1964) é p. 147.

2. Tentaremos, então, estudar as conjunções *pois, porque* e *já que* e mostrar que se todas elas, por serem conjunções, são utilizadas na organização do raciocínio, na medida em que marcam a existência de um elo necessário entre uma proposição e outra proposição, elas não o fazem da mesma maneira. Isto é, apesar dos pontos comuns que as aproximam, têm funções bastante diferentes. E essa diferença de funções poderá permitir uma compreensão melhor dos mecanismos de organização do discurso em texto, ao mesmo tempo que mostrar a importância das "operações" subjetivas[5] para esta textualidade do discurso.

Dividiremos nossa análise em duas partes. Na primeira faremos um estudo sintático das três conjunções e na segunda tentaremos, através de sua descrição semântica, buscar uma explicação para os fenômenos sintáticos apontados na fase anterior.

O presente artigo tratará quase que exclusivamente do desenvolvimento da primeira parte da análise, contentando-se em fazer apenas algumas indicações sobre os caminhos de um possível tratamento semântico das conjunções em termos da teoria dos atos da linguagem.

3. Dissemos anteriormente que a distinção entre a conjunção coordenativa explicativa *pois*, de um lado, e as conjunções subordinativas causais *porque* e *já que,* de outro, embora tradicionalmente afirmada, encontra poucas evidências que a confirmem. Quais são, pois os fatos sintáticos que permitem manter esta distinção clássica e quais aqueles que permitem revê-la?

Tentaremos mostrar, como resultado da análise, que, do ponto de vista sintático, *pois* e *já que* estão mais próximas uma da outra do que *porque* e *já que,* de tal forma que a oposição entre coordenativas explicativas e subordinativas causais tenha, ela própria, de ser questionada.

3.1. Ao menos dois critérios sintáticos parecem corroborar a oposição tradicional entre a conjunção *pois* e as conjunções *porque* e *já que.*

---

[5] O que chamo de "operações" subjetivas equivale ao que chamei "operação" argumentativa em Vogt, 1977, p. 91-97. Voltarei mais adiante ao problema.

A) Enquanto *porque* e *já que* podem encontrar-se no começo do enunciado, *pois* exige um texto anterior, um pré-texto.

Assim, enquanto enunciados como

(1) Porque sabe lógica, ele se acredita um gênio.
(2) Já que você insiste, eu venho.

são perfeitamente possíveis, um enunciado do tipo de

(3)* Pois sabe grego, ele se acredita romano.

parece ser um tanto estranho[6].

Da mesma forma, as demais conjunções subordinativas causais parecem poder ocorrer nesta posição de abertura do enunciado:

(4) Pois que você insiste, eu venho.
(5) Como sabe lógica, ele se acredita um gênio.
(6) Uma vez que você insiste, eu venho.
(7) Desde que você insiste, eu venho.

Este critério não é invalidado mesmo que se encontre num texto a conjunção *pois* depois de um ponto final, ou ainda no início de um novo parágrafo. A condição é que exista sempre um enunciado no texto antes do enunciado a ele ligado pela conjunção *pois*, isto é, antes de *pois*.

Por outro lado, tal fato está perfeitamente de acordo com as observações das gramáticas tradicionais sobre a pausa que separa as proposições relacionadas pela conjunção *pois*.

B) *Porque* e *já que podem* combinar-se com a conjunção *e*, enquanto *pois* normalmente não o faz.

(8) Pedro voltou porque estava cansado e porque estava doente.
(9) Eu virei, já que você insiste e já que João partirá.
(10) * Pedro voltou, pois estava cansado e pois estava doente.

---

[6] Usarei asteriscos para indicar um certo grau de estranheza dos enunciados que eles precedem, sem, contudo, pretender com isso indicar a sua impossibilidade absoluta de ocorrência.

Os critérios que apresentaremos abaixo são um desenvolvimento e uma consequência do critério *A*.
C) Conforme observa Said Ali, 1964, p. 148 e 182, a noção de causa pode ser expressa pelo gerúndio:

(11)   Sendo hoje dia feriado, eles não saíram.
(12)   Confiando na justiça do ministro, espero um despacho favorável.
(13)   Vendo que nenhum remédio produzia efeito, deu-se por incurável.
(14)   Sendo já tarde, trataram de se recolher aos seus aposentos.

O interessante neste caso é que o gerúndio parece ter, necessariamente, de iniciar o enunciado, já que em posição intermediária, isto é, depois da proposição principal, parece que o seu sentido é concessivo:

(15)   Eles não saíram, sendo hoje dia feriado.
       (= Eles não saíram, embora hoje seja dia feriado).

Como em posição inicial é incomum a ocorrência de *pois*, que necessita de um pré-texto, o gerúndio parece ser necessariamente equivalente a *porque* e a *já que*.
D) Diz ainda Said Ali, 1964, p. 148, que as orações de *porque* e *visto que* podem reduzir-se a *por* e *visto* seguidos de infinitivo:

(16)   Não sairemos por ser hoje dia feriado.
(17)   Devia fazer-nos abatimento, visto sermos bons pagadores.

Como tais fórmulas podem ocorrer no início do enunciado, elas substituem apenas as conjunções causais, mas não a conjunção pois:

(18)   Por ser hoje dia feriado, não sairemos.
(19)   Visto sermos bons pagadores, devia fazer-nos abatimento.

Todas as substituições em (18) e (19) pelas conjunções consideradas tradicionalmente subordinativas causais são possíveis[7], enquanto que a substituição por *pois* não o é:

(20)   Pois que hoje é dia feriado, não sairemos.
(21)   Já que somos bons pagadores, devia fazer-nos abatimento.
(22)   * Pois hoje é dia feriado, não sairemos.

3.2. Entretanto, se estes fatos distribucionais parecem justificar a classificação tradicional que, de uma certa forma, opõe a conjunção *pois* às conjunções *porque* e *já que,* uma série de outros critérios conseguem apontar semelhanças importantes de funcionamento entre *pois* e *já que* em oposição a *porque.*

A) As proposições introduzidas por *pois* e *já que* não podem responder à questão *por que?* Por isso os diálogos abaixo são estranhos:

(23)   (a)   Porque você ficou resfriado?
       (b)   * Pois eu saí sem agasalho.
ou
       (c)   * Já que eu saí sem agasalho.

(24)   (a)   Por que Pedro foi embora cedo?
       (b)   * Pois estava cansado.
ou
       (c)   * Pois que ele estava cansado.

Ao contrário, a conjunção *porque* é perfeitamente normal nestes diálogos:

(25)   (a)   Por que você ficou resfriado?
       (b)   Porque eu saí sem agasalho.

---

[7] Verifique-se, entretanto, a possibilidade de realizar a extraposição de *por* + *infinitivo,* no caso de (18), e a sua impossibilidade com *visto* + *infinito* em (19), o que mostra uma diferença importante entre as duas conjunções, mesmo nas fórmulas que as substituem:
É por ser hoje dia feriado que não sairemos.
É visto sermos bons pagadores que devia fazer-nos abatimento.
O critério da extraposição será apresentado mais detalhadamente na secção 3.2. deste artigo.

(26)   (a) Por que Pedro foi embora cedo?
       (b) Porque ele estava cansado.

O conceito de "normalidade" de um diálogo nada tem a ver aqui com o princípio da normatividade. Tudo o que ele significa é que a resposta do interlocutor do diálogo foi feita dentro do quadro de previsões instituído pelo ato de fala do locutor. Assim, se um locutor L, dirigindo-se a um ouvinte D, pergunta

(27)   Pedro irá para o Rio de Janeiro?

ele pratica um ato de linguagem específico, o ato de interrogar, que incide sobre o conteúdo "ida futura de Pedro para o Rio de Janeiro". Este mesmo conteúdo pode reaparecer como objeto de outros atos de fala específicos, como por exemplo nas enunciações abaixo:

(28)   Pedro irá para o Rio de Janeiro.
(29)   Que Pedro vá para o Rio de Janeiro.

Em *(28)* o locutor pratica um ato de afirmação que incide sobre o conteúdo "ida futura de Pedro para o Rio de Janeiro", enquanto que em (29), a propósito do mesmo conteúdo, o locutor pratica um ato de ordenar.

Uma forma de representar, na complexidade de uma enunciação, o ato de fala específico que a caracteriza e o seu conteúdo seria, no caso das enunciações (27), (28) e (29):

I: "ida futura de Pedro para o Rio de Janeiro"
A: "ida futura de Pedro para o Rio de Janeiro"
O: "ida futura de Pedro para o Rio de Janeiro".

I, A, O, representam respectivamente os atos de interrogar, de afirmar e de ordenar, e o conteúdo visado por estes atos é escrito entre aspas.

A marca destes diferentes atos seria, no interior do enunciado, para (27), a entonação, para (28), o indicativo e para (29), o subjuntivo presente[8].

No caso de (27) *o* locutor cria para o seu interlocutor obrigações específicas que delimitam o seu comportamento linguístico. Esta jurisdição se estabelece a partir de regras e estas regras são constitutivas do jogo linguístico. À pergunta efetuada pelo locutor *L*, *D* deve necessariamente responder ou *sim* ou *não* ou ainda confessar a sua ignorância, dizendo *não sei*. São estas sombras projetadas pela enunciação de *L* que apontam a direção que o diálogo deve tomar, ao mesmo tempo que indicam o seu sentido. A significação de um ato de linguagem concentra assim a ambiguidade do termo sentido, desfazendo-a pela convivência conceitual das noções de sentido e direção.

Obviamente, outras respostas podem ocorrer. Ou, mesmo o silêncio do interlocutor. Mas num caso e noutro a sua atitude colocará em jogo a própria validade do jogo que se joga e o seu comportamento linguístico será, desta forma, polêmico.

É o que se pode verificar se as respostas a (27) fossem, por exemplo, Eu *sei lá de Pedro, A mim você vem perguntar? Por que você quer saber de Pedro?,* etc..

---

[8] As expressões *ato de fala, ato de linguagem, enunciação* e *ato de enunciação* aparecerão, aqui, como equivalentes. A distinção enunciado/enunciação comum na linguística, sobretudo a partir de Austin, deverá também ser observada. Para o filósofo inglês o conceito de enunciação remete à produção principalmente oral de um ato de linguagem, sendo esta considerada como uma atividade consciente e própria do homem. Deste modo, o termo enunciação é empregado por Austin unicamente para um ato efetivamente produzido, uma atividade. O termo enunciado, por sua vez, evocaria o conteúdo do ato, deixando de lado aquilo que pode ser feito além da simples manifestação do conteúdo. Cf. Austin, 1962 e também Searle, 1969. Se no, caso da interrogação é fácil reconhecer o ato de fala, no caso a afirmação e da ordem as coisas se complicam um pouco. Porque o indicativo e o subjuntivo têm outros usos. Dizendo *Gostaria de saber se Pedro irá para o Rio,* não pratico nenhum ato de afirmação a respeito da ida de Pedro para o Rio, da mesma forma que, dizendo *Temo que Pedro vá para o Rio,* nenhum ato de ordenar é praticado relativamente a este conteúdo. Entretanto, a não existência de uma marca exclusiva para indicar a ordem e a afirmação não significa que em certos contextos estes atos não sejam indicados sem ambiguidade, como é o caso das enunciações (28) e (29).

Do mesmo modo, nos diálogos (23/25) e (24/26), outras respostas são possíveis. A pergunta de *L, Por que Pedro foi embora cedo? o* interlocutor *D* pode responder *Sei lá, não me interessa, Não é da sua conta,* etc., e em todos estes casos estará refutando o próprio ato de linguagem praticado por *L.* Como este ato é uma interrogação específica (marcada por *por que),* que visa à razão, à causa de um certo acontecimento descrito no conteúdo da enunciação, a resposta deve conter necessariamente a conjunção *porque.*

Uma resposta com *pois* ou *já que* seria possível, mas ela manifestaria a recusa do interlocutor em aceitar um diálogo como jogo de razões.

Assim, um diálogo como

(30) *(L)* Por que Pedro foi embora cedo?
      (D) Pois ele estava cansado.

é uma forma de refutar o ato de linguagem praticado pelo locutor *L* da mesma forma, como veremos na sequência deste trabalho, que o emprego normal de *pois* constitui um ato de justificação relativamente a outro ato de linguagem praticado anteriormente.

Por outro lado, uma resposta com pois *que, já que* traduziria também uma certa anormalidade do diálogo, na medida em que a resposta de *D* pressupõe uma evidência apresentada que dispensa a pergunta de *L.* Uma forma gestual como o *uai* mineiro, poderia reforçar o comportamento refutador do ouvinte em relação à pergunta do locutor: *Pois que ele estava cansado, uai.*

B) As conjunções *pois* e já *que* não podem ser *extrapostas,* nem postas em questão, enquanto *porque,* pode[9].

---

[9] Chamo *extrapor* o processo de eleger no interior do conteúdo de um enunciado um elemento que centralizará o foco informacional deste conteúdo, através de recursos linguísticos. Em outras palavras, extrapor um elemento de um enunciado significa tematizá-lo por um procedimento linguístico. Para a distinção tema/rema cf., por exemplo, Halliday, 1970. Em Português este procedimento pode ser caracterizado pelo recurso às construções *é... que, fui... que, foi... que,* etc., que os gramáticos consideram do ponto de vista da ênfase. É o que se lê, por exemplo, em Said Ali, 1964, p. 24.

(31)   * É pois ele comeu pouco que está doente.
(32)   * É já que ele saiu sem agasalho que está resfriado.
(33)   * É pois seu carro está na garagem que ele está em casa?
(34)   * É pois que ele comeu pouco que está doente?

Com *porque* as construções são, ao contrário, perfeitamente admissíveis:

(31a)   É porque ele comeu pouco que está doente.
(32a)   É porque ele saiu sem agasalho que está resfriado.
(33a)   É por que seu carro está na garagem que ele está em casa?
(34a)   É por que ele comeu pouco que está doente?

O mesmo fenômeno se verifica em construções do tipo

(35)   Se Pedro veio é porque ele queria vê-lo.

em que a ênfase é também colocada sobre a causa, isto é, sobre a conjunção *porque*.

Neste caso também não cabem as conjunções *pois* e *já que:*

(35a)   *Se Pedro veio é pois ele queria vê-lo.
(35b)   *Se Pedro veio é já que ele queria vê-lo.

C) Enquanto *porque* pode ser modificada por um advérbio, *pois* e *já que* excluem esta possibilidade.

Assim, se pode dizer

(36)   Ele comeu pouco simplesmente porque não tinha fome.,

torna-se mais difícil dizer

(36a)   *Ele comeu pouco simplesmente pois não tinha fome.

ou

(36b)   *Ele comeu pouco provavelmente já que não tinha fome.

"O efeito da ênfase em nome ou pronome no inicio da oração muitas vezes não se consegue apreciar em virtude da natural tendência de acentuarmos com mais força o verbo. Mas a língua portuguesa possui meios de pôr em destaque a palavra em questão. Comparemos *eu disse* com *fui eu que disse; eu vou* com *eu é que vou*".

3.3. Se os fatos acima apontados já indicam semelhanças interessantes no comportamento sintático de *pois* e de *já que* em oposição a *porque*, outros fatos não menos importantes podem reforçar esta oposição. É o que tentaremos mostrar em seguida.

Chamemos p e q duas proposições e *p pois q*, *p já que q*, *p Porque q* os grupos constituídos pelo relacionamento destas proposições através das conjunções *pois, já que* e *porque*, respectivamente.

Comecemos pelos grupos p pois *q* e p já *que q* para mostrar que nenhum nem outro não podem, sem romper-se semanticamente,

a) nem ser submetidos a. uma negação;
b) nem ser questionados;
c) nem se prestar ao encadeamento, isto é, tomar-se em bloco a subordinada de uma outra proposição;
d) nem constituir-se no escopo de um quantificador.

A) Negação

Consideremos as seguintes enunciações

(37)   Pedro parou de trabalhar, pois eram 5 horas.
(38)   Pedro irá à sua casa, já que prometeu.

que submetidas à negação dão, respectivamente;

(37a) Pedro não parou de trabalhar, pois são 5 horas.
(38a) Pedro não irá à sua casa, já que prometeu.

B) Interrogação

Se submetidas à interrogação, o que se obtém é:

(37b) Pedro parou de trabalhar?, pois são 5 horas.
(38b) Pedro irá à sua casa?, já que ele prometeu.

Nestes casos, apenas a primeira proposição *p* é que é negada ou interrogada e não o bloco todo *p pois q* ou *p já que q*.

Se chamarmos p' as transformações negativas de *p*, poderemos representar o resultado de suas aplicações sobre os blocos *p pois q* e *p já que q* da seguinte maneira: *p' pois q* e *p' já que q*, respectivamente. Em outras palavras, estas modificações não atingem os blocos como um todo, mas apenas um de seus elementos, o que evidencia o fraccionamento semântico de uma aparente unidade de conteúdo.

Por outro lado, o fato de apenas o primeiro elemento ser transformado pela negação e pela interrogação pode constituir um indício importante para explicar aquilo que, em geral, as gramáticas tradicionais apontam como um critério distintivo de *pois* e de *porque:* a pausa maior no primeiro caso, e menor no segundo.

A diferença é que, em primeiro lugar, as outras conjunções causais como *já que, pois que,* etc. obedecem, neste particular, ao mesmo comportamento de *pois* e, em segundo lugar, aquilo que é apontado naquelas gramáticas como um princípio de explicação é, na verdade, um fenômeno decorrente das particularidades semânticas destas conjunções. Neste sentido, o problema da pausa é algo a ser explicado e não um princípio de explicação.

C) *Encadeamento.*

Quando submetidas ao encadeamento, isto é, quando transformadas em subordinadas de uma outra proposição, as frases

(39) Ele está em casa, pois seu carro está na garagem.
(40) Pedro viajou, já que seu carro não está na garagem.

permitem obter, por exemplo:

(39a) Creio que ele está em casa, pois seu carro está na garagem.
(40a) Tenho certeza de que Pedro viajou, já que seu carro não está na garagem.

Nestas frases não foram os blocos *p pois q* ou *p já que q* que foram encadeados, mas apenas, em cada caso, a proposição *p.*

Tanto isso é verdade que as proposições introduzidas por *pois* e por *já que* aparecem agora como espécies de justificação não para *Ele está em casa* ou para *Pedro viajou,* como acontecia originalmente, mas para *Creio que ele está em casa* e *Tenho certeza de que Pedro viajou.* Isto é, o que se justifica agora é a minha crença sobre o fato de ele estar em casa, num caso, e a minha certeza sobre a viagem de Pedro, no outro.

Chamando *p'* a proposição principal de *q,* teremos novamente *p' pois q* e *p' já que q.*

Mais uma vez podemos perceber o quanto o problema da entonação está ligado a este comportamento específico de *já que* e de *pois.*

D) *Quantificação.*

Se considerarmos os enunciados

(41)   Os turistas virão, pois está calor.
(42)   Os turistas virão, já que está calor.
(43)   Os turistas virão, pois que está calor.

e colocarmos um quantificador no começo de cada um deles, obteremos, por exemplo:

(41a)   Poucos turistas virão, pois está calor.
(42a)   Muitos turistas virão, já que está calor.
(43a)   Alguns turistas virão, pois que está calor.

Também aqui parece que o quantificador incide sobre *p* (*Os turistas virão)* e não sobre a totalidade do bloco *p pois q ou p já que q.*

Desse modo, parece impossível obter modificações no conjunto do bloco *p pois q* ou do bloco *p já que q.* Quando submetidos, às transformações eles voltam necessariamente a face de sua duplicidade, rompendo a aparente unidade de conteúdo pela exposição de seus dois componentes: de um lado *p*, modificado para *p'* através dá negação, da interrogação, do encadeamento e da quantificação, e de outro, *pois q* ou *já que* q, aplicando-se ao elemento assim modificado.

3.4. Examinaremos agora o comportamento do bloco *p porque q,* quando submetido às transformações acima discutidas.

Verificaremos que, neste raso, elas apresentam, como resultado de sua aplicação, uma frase ambígua, na qual uma das interpretações mostra sempre a integridade do bloco e a outra a sua ruptura, do ponto de vista semântico.

A) *Negação.*

Considerando a frase

(44)   Pedro parou de trabalhar porque são 5 horas.

e submetendo-a à transformação negativa,

(44a) Pedro não parou de trabalhar porque são 5 horas.

verificamos a existência das duas interpretações de que falamos:

1ª interpretação: "Pedro não parou de trabalhar, e isso porque são 5 cinco horas". Há, neste caso, ruptura do bloco e a representação da modificação no enunciado pode ser feita da seguinte maneira: *p' porque q*.
2ª interpretação: "Não é porque são 5 cinco horas que Pedro parou de trabalhar (mas por uma outra razão)". Aqui há conservação do bloco, e uma forma possível para representar o fato de que o escopo da negação é todo enunciado, isto é, a relação de causa entre p e q, atualizada pela conjugação *porque*, é — (*p porque q*).

B) *Interrogação.*

A frase

(45) Pedro irá à sua casa porque prometeu.,

quando submetida à transformação interrogativa dá

(45a) Pedro irá à sua casa porque prometeu?

que também admite duas interpretações:

1ª interpretação: "Pedro ira à sua casa? e faço a questão porque a sua promessa não dá garantia à sua ida".
Representação: *p' porque, q;* isto é, ruptura do bloco.
2ª interpretação: "A causa da ida de Pedro à sua casa será a promessa que ele fez?"
Representação: (*p' porque q*)?, isto é, conservação do bloco.

C) *Encadeamento.*

Se transformarmos a frase

(44) Pedro parou de trabalhar porque são 5 horas.

na subordinada de uma outra proposição, obteremos, por exemplo:

(44b) Creio que Pedro parou de trabalhar porque são cinco horas.

Ainda neste caso são possíveis as duas interpretações:

1ª interpretação: "Creio que Pedro parou de trabalhar, e a causa de minha crença é que são 5 horas".
Representação: *p'porque*, *q* isto é, ruptura do bloco.

2ª interpretação: "Cheio que a causa de Pedro ter parado de trabalhar é que são 5 horas".
Representação: Creio que (p *porque* q), isto é, conservação do bloco.

D) *Quantificação.*

O enunciado

(46)   Os turistas virão porque está calor.

quando submetido à ação de um quantificador, colocado no seu início, dá, por exemplo

(46a)   Poucos turistas virão porque está calor.,

que também admite as duas interpretações:

1ª interpretação: "Poucos turistas virão, e isto porque está calor"
Representação: *p'porque q,* isto é, ruptura do bloco.

2ª interpretação: "Para poucos turistas a causa de sua vinda será o calor".
Representação: Poucos (*p porque q*), isto é, conservação do bloco.

4. Os fatos apontados em 3.2., 3.3. e 3.4. mostram que a classificação tradicional que opõe a conjunção *pois*, como conjunção de coordenação, às conjunções *porque* e *já que,* enquanto conjunções subordinativas, é superficial e inadequada. Da mesma forma que para as conjunções francesas *car, parce que* e *puisque,* como mostra o grupo de trabalho orientado por Oswald Ducrot no artigo que mencionamos, a oposição sintática que parece firmar-se é a que

existe entre *porque,* de um lado, e *pois* e *já que,* de outro. Além disso, no português, o comportamento de *porque* parece revelar-se como privilegiado em relação às outras conjunções causais: *porque* goza de uma ambiguidade fundamental. Por um lado, é a única conjunção capaz de explicar, pelo elo de causalidade que estabelece entre os conteúdos de duas proposições, o conteúdo da primeira pelo conteúdo da segunda; por outro lado, tem um comportamento que a aproxima da conjunção *pois*, quando a explicação desliza para uma espécie de justificação do que se diz na primeira proposição.

É esta ambiguidade que procuramos evidenciar do ponto de vista sintático e é ela que permite compreender a indecisão do falante de português, quando na linguagem escrita reluta em marcar a pausa entre as proposições ligadas por *porque*. Mas esta pausa não é indiferente; no caso em que ela se faz necessária, esta necessidade é determinada estruturalmente por um valor de *porque:* aquele em que a conjunção funciona não como um operador do tipo lógico, mas como uma espécie de marca de subjetividade, cuja intenção é introduzir um ato de justificação para o ato de fala que produziu a primeira proposição. Por isso o esquema de entonação é totalmente diferente nas duas interpretações que apontamos para a frase interrogativa *Pedro irá à sua casa porque prometeu?*

Na primeira interpretação, aquela em que dissemos haver ruptura do bloco, isto é, *p' porque q,* a interrogação é colocada logo depois de *p*, enquanto que na segunda, aquela em que há conservação do bloco, a interrogação deve recair no final do enunciado, conforme representam os esquemas abaixo:

1ª interpretação: Pedro irá à sua casa?, porque prometeu.

2ª interpretação: Pedro irá à sua casa porque prometeu?

Do mesmo modo se entende porque a pausa é necessária quando se trata dos blocos *p pois q, p já que q, p pois que* q, etc., podendo, como dizem as gramáticas, ser marcada até por ponto final. É que nestes casos não há propriamente uma operação, que se efetue pelas conjunções, entre os conteúdos de duas proposições e que produza um novo conteúdo unitário. Por isso, as transformações de negação, interrogação, encadeamento e quantificação não conseguem incidir sobre a totalidade dos blocos como acontece na segunda interpretação de *porque*.

Na verdade, a operação realizada pelas conjunções *pois, já que, pois que, porque* (na sua primeira interpretação) e pelas outras conjunções causais (segundo creio) entre *p* e *q* não se faz ao nível de seus conteúdos, mas ao nível dos atos de fala que instituem estes conteúdos.

Desta forma se explicaria o fato de que elas mesmas não possam constituir o campo sobre o qual incidem as transformações. Porque não se nega, não se interroga, não se encadeia nem se quantifica um ato de fala. Como negar, por exemplo, uma ordem, uma interrogação, uma afirmação, a não ser polemicamente?

A operação que estas conjunções realizam é uma operação argumentativa, no sentido em que usei essa designação (Vogt, 1977) para determinar o valor de elementos como *também*, mesmo, *ainda:* a sua função é relacionar dois enunciados de tal forma que, embora produzindo um terceiro, jamais se perca a individualidade de cada um. O seu estudo deverá ser feito no interior de uma teoria dos atos de fala, tentando mostrar, a partir do conceito de ato de linguagem, que o locutor, quando emprega *porque, pois* ou *já que*, pratica atos específicos, na medida em que estabelece, em cada caso, com o seu ouvinte, relações também de um tipo específico.

Além disso, para que se possa chegar a uma explicação do valor específico de cada uma dessas conjunções e, consequentemente, dos fatos sintáticos aqui apontados, é preciso levar em conta o problema da atitude intelectual do locutor e a que ele atribui ao ouvinte, em relação às proposições *p* e *q* ligadas por *pois, já que* e *porque*. Indagar-se sobre a atitude intelectual dos locutores relativamente a estas proposições significa perguntar-se pelo seu *status assertivo,* isto é, perguntar-se se o locutor as considera como verdadeiras, se ele procede come se o ouvinte as admitisse, se o locutor pretende anunciá-las quando fala, etc..

Este conceito de *status assertivo,* utilizado também por Ducrot, é importante porque entre as semelhanças de comportamento linguístico apontadas, entre *pois* e já *que,* restam algumas diferenças que é preciso explicar. É o caso, por exemplo, da possibilidade da ocorrência de já *que* no início do enunciado e da impossibilidade de *pois*.

Se admitirmos que a conjunção *pois* marca um ato de fala específico, cuja função é justificar um ato de enunciação anteriormente praticado, entenderemos porque a língua obriga o locutor a apresentar *p* e depois a justificação através de *pois q*, da mesma forma que entendemos porque o locutor não pode considerar *p* como verdadeiro, já que ele precisa justificar a sua enunciação, por exemplo, argumentando em favor da verdade de *p*, quando se tratar de uma afirmação.

Por outro lado, se o ato de fala que a conjunção *já que* caracteriza é um ato de inferência, a proposição *q* é apresentada como uma evidência tal que, se o ouvinte a admite, ele será forçado a admitir *p*, por causa da relação específica que o locutor estabelece entre *p* e *q*, quando emprega *já que*. Se *q* é apresentado como uma evidência da qual se vai deduzir *p*, é natural que a conjunção possa vir no começo do enunciado[10].

Neste sentido é que estas conjunções constituem "operadores" argumentativos, isto é, marcadores de subjetividade, e o seu estudo deverá contribuir para mostrar a importância das intenções dos falantes na organização do discurso e na sua estruturação como texto. Esta importância acreditamos ser tão grande quanto a que se atribui aos operadores de tipo lógico.

Campinas, março de 1975

---

[10] Não é muito diferente, embora com outras palavras e outros pressupostos teóricos, o que diz Said Ali, 1964, p. 147-148, a respeito de *já que, visto que, visto como e uma vez que:*
"Querendo fundamentar uma ação e significar que a causa determinante é fato bem conhecido, servimo-nos de *já que ou visto que, visto como:*
Já que te calas, não insistirei.
"Emprego análogo tem a locução *uma vez que,* usada como conjunção causal. Significa em especial que basta o realizar-se certo acontecimento para ser inevitável aquilo que afirmamos na proposição principal".

Os dois labirintos[1]

> *¡Oh rey del tiempo y substancia y cifra del siglo!, en Babilonia me quisiste perder en un laberinto de bronce con muchas escaleras, puertas y muros; ahora el Poderoso ha tenido a bien que muestre el mío, donde no hay escaleras que subir, ni puertas que forzar, ni fatigosas galerías que recorrer, ni muros que te veden el paso.*
> *Luego le desató las ligaduras y lo abandonó en mitad del desierto, donde murió de hambre y de sed.*
>
> (J. L. BORGES,
> *"Los dos reyes y los dos laberintos")*

---
[1] Publicado na revista *Contexto, nº* 2, São Paulo, 1977, p. 61-74.

1. Creio não haver nenhum exagero em afirmar que, atualmente, a preocupação central das assim chamadas ciências do homem é a linguagem e não é difícil reconhecer, como aliás tem sido insistentemente repetido ao longo deste século, que a linguística teve um papel piloto na condução dessa preferência cultural.

Não pretendo discutir aqui a legitimidade desse papel, nem tampouco fazer o inventário das transformações que as ciências humanas conheceram no contato com a linguística. No primeiro caso, haveria sempre o risco do chauvinismo, quando é um linguista quem fala; no segundo, as limitações de quem escreve, acentuadas pelo ilimitado do fenômeno.

De qualquer forma, o que não se pode negar é que o fenômeno da linguagem ocupa hoje um lugar privilegiado no labirinto das reflexões sobre o homem e suas relações com a espécie em sociedade, para não falar das relações do homem com a natureza.

A cultura ocidental passa a ser um discurso contínuo que, do mito à filosofia, atravessa o mágico encantamento com que a ciência transparece na unidade de seu objeto as explicações coerentes e totalizantes de fenômenos múltiplos e individuais.

É que, ao apego às questões de conteúdo tão caras à filosofia clássica, substitui-se uma materialidade que desaloja o pensamento e a metafísica para instaurar, através do signo, preocupações cada vez mais sensíveis aos sistemas formais e às relações sistemáticas no interior destes sistemas.

Hegel talvez tenha sido o último dos filósofos clássicos. Depois dele a metafísica começaria o seu declínio. Quem se intitularia hoje um metafísico?

Esta é a pergunta que, entre parênteses, faz Jean Hyppolite, 1972, p. 158, enquanto busca situar o pensamento de Hegel na história da filosofia ocidental:

"Estamos para Hegel assim como os últimos tempos da Idade Média estavam para Aristóteles. Sua sombra poderosa projeta-se sobre todos os ensaios escritos a favor ou contra ele. Ainda ontem Hegel era considerado inspirador do pensamento histórico e genético. Hoje, desde a nova descoberta da *Fenomenologia do Espírito*, Hegel é considerado uma das fontes do pensamento contemporâneo e do existencialismo. O pensamento mais recente, porém, está se distanciando das preocupações histórica e existencial, enquanto se toma cada vez mais sensível aos sistemas formais, às relações no interior dos sistemas formais e às propriedades sistemáticas dos sistemas. Aqui há um outro filósofo que se poderia considerar precursor do pensamento atual — Leibniz, não Hegel."

Para Hyppolite, no entanto, a reconciliação destas origens diversas será possível num ponto qualquer do tempo e nisto talvez resida o seu hegelianismo:

"Mas eu prefiro pensar que há uma certa semelhança entre estes dois espíritos universais. O formalismo de Leibniz é tão inventivo e fértil que se aproxima de uma filosofia do conteúdo. E Hegel, ainda que tenha dito que "na arte, como em tudo mais, o que importa é o conteúdo", em sua filosofia do conteúdo procurou a sistematicidade e a totalização, a tal ponto que seu objetivo último parece paralelo ao de Leibniz. Talvez chegue o dia em que a história reconcilie Leibniz e Hegel, pois, afinal, Hegel foi profundamente influenciado por Leibniz."

Chegará este dia? Estamos efetivamente a caminho desta síntese? Poderá a ciência arrancar-se de si mesma, do formalismo de sua linguagem, para estender-se no conteúdo efetivo da história do homem? E esta deverá agasalhar a força das contradições na complacência transparente dos esquemas analíticos? Caberá o homem real, não identificado com o indivíduo abstrato do direito burguês, nos símbolos que constituem a linguagem destes esquemas e de cuja combinação deverá se fazer a história explicada?

Poderá, enfim, a história ser uma linguagem e a cultura desdobrar-se como um discurso operado por uma subjetividade ideal?

2. Para dar uma ideia concreta da relação entre as preocupações de conteúdo (com o pensamento) e as preocupações de forma (com a linguagem como combinatória de significantes), permito-me reproduzir aqui um diálogo entre dois importantes pensadores modernos. Trata-se da discussão entre Roland Barthes e Georges Poulet, que acompanha o texto apresentado pelo primeiro no simpósio internacional sobre as linguagens da crítica e as ciências do

homem, realizado nos Estados Unidos, na Universidade John Hopkins, em outubro de 1966[2].

O trabalho de Barthes, buscando estabelecer a natureza das relações entre literatura e linguística, aponta algumas contribuições que elas podem mutuamente se dar e propõe o nome semio-crítica para designar o que ele próprio chama uma nova união entre linguística e literatura.

Eis o diálogo:

Georges Poulet: Gostaria de expressar o grande prazer que senti em ouvir Roland Barthes, e também uma certa sensação de melancolia; pois parece haver entre nós uma espécie de mal-entendido. Lembramos, de certa forma, pessoas que moram num mesmo edifício, mas em andares diferentes. Pode-se notar essa diferença no uso da palavra *linguagem,* uma palavra que eu mesmo não gosto de pronunciar — e esta talvez tenha sido a tendência dos pensadores de um período anterior — mas que se tornou atualmente uma palavra de extrema importância. Um certo número de fenômenos negativos correspondentes acompanha a atenção dispensada a esta palavra. O senhor (referindo-se a Barthes), por exemplo, parece evitar a palavra *pensamento* como se ela estivesse rapidamente passando a ser obscena. Quase todas as vezes em que o senhor empregou a palavra *linguagem,* eu poderia substituí-la pela palavra *pensamento,* quase sem incongruência. Penso que se o senhor tentasse fazer o inverso, chegaria ao mesmo resultado. Por exemplo, o senhor disse que numa certa perspectiva de ciência, que não é a nossa, há uma certa objetividade do dado. Penso que uma das opiniões era a de que há coisas muito mais interessantes do que a objetividade do dado, a saber, a objetividade do doador, isto é, a objetividade da linguagem. E esta me parece exatamente a posição que tenho em relação ao pensamento. Onde o senhor, seguindo Saussure, fala em um significante relacionado com o significado e num significante de que se poderia falar, mesmo sem falar em significado, eu poderia falar igualmente num continente sem conteúdo ou com todos os conteúdos. Eu diria também que poderia existir um pensante com

---

[2] O texto de Barthes (Cf. Barthes, R., 1972), assim como o de Jean Hyppolite acima referido e os demais textos do simpósio integram o volume organizado por Richard Macksey e Eugenio Donato, 1972, e publicado sob o nome *The struturalist controversy.*

todos os pensamentos. Portanto, parece-me que às vezes estamos muito próximos, e ainda assim separa-nos um abismo, um abismo sobre o qual poderíamos saltar, se quiséssemos.

Roland Barthes: O que o senhor disse me sensibiliza muito, mas não posso replicar porque, como o senhor mesmos disse, existe uma separação e, se posso falar assim, o que nos separa exatamente é a linguagem. Dito isto, vejo que suas observações sugerem muitas digressões, sobretudo o fato de que, talvez, todos nós revelemos mais através das palavras que *evitamos* do que através das que empregamos. Em literatura seria interessante fazer uma análise estatística das palavras evitadas por um autor. Mas, se não emprego a palavra *pensamento* não é por achá-la obscena; ao contrário, é porque ela não é suficientemente obscena. Para mim, *linguagem* é obscena e é por isso que sempre volto a ela" (p. 145-146)

Deixando de lado a questão de quem fica com a obscenidade, se os partidários do pensamento, se os da linguagem, o fato de morar no mesmo edifício, isto é, ter mais ou menos as mesmas intenções, não cria uma comunidade de ação intelectual.

As divergências que porventura se localizem num mesmo espaço geográfico de reflexão não têm nele mais do que o eixo comum sobre o qual a diferença se pronuncia.

Mas, se a palavra *linguagem* e a palavra *pensamento* parecem disputar uma certa exclusividade conceitual nos estudos e pesquisas das ciências humanas, é impossível negar que as relações efetivas entre pensamento e linguagem e as formas destas relações têm-se constituído em diferentes móveis epistemológicos, de cuja variação dependem, em parte, as mudanças de concepção da linguagem e de suas funções.

3. Sem pretender exaurir a questão fazendo um levantamento da história das preocupações com a linguagem, é sabido, por exemplo, que até os fins do século XIX os filólogos concordavam em definir a língua como expressão do pensamento.

Segundo as observações de Oswald Ducrot, 1968b, p. 17, pode-se dizer que, realizado o ato de fala, a frase teria como finalidade fornecer uma imagem da ideia que ela representa, e isto apesar da discussão sempre presente para saber se a coisa dita pré-xiste ou não, no espírito, ao ato de dizer.

Representar o pensamento é assim a função fundamental da linguagem. Toda uma gama de estudos linguísticos e uma variedade enorme de gramáticas se desenvolvem a partir deste pressuposto: desde as gramáticas gerais do século XVIII, que, na linha da gramática de Port-Royal, entendem a construção das frases como imitação da ordem necessária do pensamento, até, mais recentemente, as chamadas gramáticas gerativas transformacionais, para não falar em Humboldt, nos comparatistas, ou mesmo em Wittgenstein, para quem, ao menos em suas primeiras obras, no que diz respeito à linguagem lógica, o enunciado deveria constituir o reflexo da proposição que ele formula.

"Graças à linguagem, diz O. Ducrot, (1968b), p. 18, o pensamento oferece-se como espetáculo a si mesmo e ao outro. Deste modo, a organização interna da língua pode ser entendida como um decalque — mais ou menos fiel — de uma realidade lógica ou psicológica. Talvez que a língua original pudesse até mesmo pintar seu objeto através da própria substância fônica; mas quando a materialidade dos signos é entendida como amplamente arbitrária, é apenas a maneira pela qual eles são combinados que pode exprimir a coisa significada. Se a frase deve fornecer uma imagem da ideia, é preciso que sua organização tenha sido calcada sobre a organização de seu modelo".

É verdade que este tema sofreu variações e, entre elas, talvez a mais interessante, pelo exagero da formulação, é aquela que entende até mesmo a ordem linear das palavras na frase como a sucessão natural das ideias no espírito.

Formulada na esteira das gramáticas gerais do século XVIII, esta concepção se desenvolve a ponto de considerar, como por exemplo no verbete "Língua" da *Enciclopédia,* o francês como uma língua mais natural que o alemão ou o latim.

Esta naturalidade decorreria do fato de que no francês, mas não no latim ou no alemão, o sujeito se coloca, normalmente, no começo da frase. E assim deve ser, como então se acredita, porque é preciso considerar primeiro a coisa que é julgada antes de fazer incidir sobre ela um julgamento.

Além disso, como todo pensamento consiste numa associação de julgamentos, a frase é feita de uma combinação de proposições (no sentido gramatical do termo), de tal modo que a cada tipo de ideia que pode intervir no julgamento corresponde um tipo de palavra na proposição.

Os nomes, os adjetivos e os verbos não são, na língua, mais do que representações diretas das noções de substância, de qualidade e de cópula, respectivamente, enquanto as dependências das palavras na proposição não fazem senão refletir as relações necessárias das ideias entre si. Assim, se a frase exige um verbo é porque o julgamento é sempre afirmação; se o adjetivo está sempre ligado a um nome é porque não se pode conceber a qualidade independente da substância, etc.

A questão da ordem das palavras da frase, como critério da naturalidade de uma língua, pode, evidentemente, ser interpretada como um desvio ideológico motivado pelo excesso de zelo dos franceses para com a sua língua: um certo chauvinismo linguístico que inevitavelmente levaria a considerar o francês como uma língua mais de cultura do que as outras.

Deixando, entretanto, de lado a caricatura e permanecendo na matriz, é possível verificar, nesta maneira de conceber a relação entre linguagem e pensamento, certos traços metodológicos que, muitos anos mais tarde, no calcanhar de nossa época, neste tempo presente, manifestar-se-iam no estrondoso sucesso da vedete internacional da teoria linguística: a gramática gerativa transformacional de Noam Chomsky e Cia.

De fato, a concepção de uma estrutura profunda capaz de conter as regras, em número finito, responsáveis pela geração das estruturas subjacentes a um número infinito de frases de uma dada língua não é, nas suas linhas mais gerais, muito diferente da concepção difundida nas gramáticas do século XVIII e principalmente em Port-Royal.

Da mesma forma que a estrutura profunda de Chomsky produz as categorias e o seu modo de combinação, segundo uma ordem tal que o sintagma nominal sujeito esteja sempre à esquerda do sintagma verbal, e o sintagma nominal objeto, à direita deste, assim também aquelas gramáticas concebiam um esquema inicial, que, respeitando a natureza do pensamento, permitiria produzir por transformações (transposição é o termo empregado) os enunciados que numa dada língua fossem desviantes relativamente à ordem sujeito-verbo-complemento[3].

---

[3] Cf. Noam Chomsky, 1957; 1966 e Arnauld, A. & Lancelot, C., 1969.

No francês, onde a inversão é permitida e às vezes exigida, ou no alemão e no latim onde a ordem usual das palavras não é "normal", a explicação é que todos estes casos constituem derivações de um esquema inicial que está, para todas as línguas, qualquer que seja a forma de sua realização superficial, diretamente ligado à forma e à natureza do pensamento.

Como este esquema inicial, porque representa diretamente o pensamento, é universal, as línguas e a multiplicidade de formas que as caracterizam não são mais do que espelhos, cujo brilho ou opacidade reproduzem, fiel ou distorcidamente, a realidade universal que distingue e elege o homem na natureza: o pensamento.

É neste quadro geral de preocupações que se destaca o tema do inatismo, da linguagem inata ao ser humano, como algo próprio do homem, sem nenhum vínculo com a evolução da espécie. Algo que destaca e diferencia o homem do macaco, situando-o no espaço privilegiado que o dom da linguagem desenhou[4].

Como bem mostrou Michel Foucault, 1966, é preciso, no entanto, não esquecer que, mesmo no século XVIII, alguns linguistas, sem perder de vista a função representativa da linguagem, conseguem atenuar o tema da dependência da ordem das palavras na frase à ordem das coisas, sobretudo no que diz respeito à maneira de conceber a decomposição das palavras.

Esta preocupação morfemática irá, de alguma forma, permitir que se desenvolva uma concepção da organização interna das palavras justificada apenas por um princípio de regularidade da própria língua e não por uma imposição externa do mundo ou da realidade.

A arbitrariedade da organização linguística aparece, assim, como que se justapondo à função expressiva da linguagem, indo encontrar ecos, por exemplo, em Humboldt, para quem a simples regularidade interna das línguas é suficiente para garantir o seu poder de representação do pensamento.

Entretanto, o próprio Humboldt, como também aconteceria, de cena forma e por outras motivações, com os comparatistas, é levado a distinguir as línguas indo-europeias, como línguas "de cultura", das línguas "primitivas" que não disporiam, na sua constituição interna, dos elementos necessários para permitir o desdobramento transparente e coeso do pensamento. Sem espelho, o espírito não

---

[4] Ver, por exemplo Chomsky, N. & Miller, G. A., 1968.

pode se refletir e, sem esta imagem, a possibilidade de unificação do dado empírico pelo pensamento é muito frágil.

Não que estas línguas não comuniquem as relações que permitem identificar um pensamento. Elas o fazem, sem no entanto representá-las, o que vale dizer, sem expressar a unidade universal da razão humana.

Com os comparatistas, a especificidade das organizações gramaticais encontra um obstáculo intransponível nas preocupações historicistas que caracterizam os seus trabalhos.

Agora é preciso buscar, fundando a gramática de uma língua na gramática de outras línguas, a língua ou as línguas das quais a língua estudada deriva.

As línguas sofrem uma constante degradação e a sua história é a de uma evolução inexorável para a ruína. Neste estado ruinoso, as línguas perderam para sempre a sua força de representação do pensamento e vagueiam desterradas numa função menor e não genuína falsa: a da comunicação[5].

O esquema inicial, que no caso das gramáticas gerais do século XVIII e mesmo na gramática transformacional moderna é representado por uma estrutura psicológica, é agora traduzido pela antiguidade de um tempo em que a pureza e a perfeição do mundo reflete-se na integridade e transparência de outras línguas, como o sânscrito.

Deste modo, o caminho que separa o racionalismo das gramáticas gerais do pessimismo dos comparatistas é também o atalho que o aproxima de um profundo sentimento de nostalgia: num caso, nostalgia de um espaço de perfeição e pureza que é preciso projetar sobre a diversidade enganadora dos fenômenos; no outro, nostalgia de um tempo que é preciso recuperar para unificar o desacerto das línguas.

Num caso e noutro não é difícil identificar a sombra de uma ideologia que, atravessando as distinções de classe, de estágio de desenvolvimento, e de relações de dominância cultural entre as nações, projeta sua luz nas formas sofisticadas dos aparatos científicos e tecnológicos.

---

[5] A contrapartida desse pessimismo em relação à história e à evolução das línguas é o otimismo de Jespersen, no começo do século XX, que considera a simplificação das línguas como algo positivo e toma o inglês como exemplo de língua simples e amplamente difundida do ponto de vista cultural.

No presente, as línguas que efetivamente se falam não seriam, assim, mais do que a imensa variação de incidentes na planície do deserto da linguagem. Para atravessar este deserto é preciso reproduzi-lo em forma de labirinto, com uma nova linguagem, geométrica, perfeita, silenciosa.

Constituído de corredores que levam sempre ao mesmo ponto, nele o exercício da liberdade é o mito que permitirá ao homem perder-se legitimamente na vastidão dos fenômenos sociais e no uso efetivo da linguagem.

4. Se a língua é considerada como um fato psíquico, sua gramática deverá ser interiorizada e fechada.

Se, ao contrário, a considerarmos como um fato social, sua gramática deverá ser aberta e a competência linguística do falante não poderá ser identificada com a sua expressividade, como acontece em todas as teorias que direta ou indiretamente se nutrem do racionalismo cartesiano.

Ferdinand de Saussure, insistindo na necessidade de que a linguística constitua o seu objeto para que então possa se constituir a ciência, lançará no começo do século as bases para uma nova maneira de se encarar o fenômeno da linguagem.

Elegendo a função comunicativa como a função fundamental da linguagem, Saussure orienta a vocação das línguas para o outro. Não se trata mais de expressar o pensamento, de representá-lo, mas de exercê-lo efetivamente no jogo da interação social.

Agora, já não somos os primitivos deserdados de um mundo racional, mas os atores legítimos de um comércio cujo valor de troca é o signo linguístico, e cujo mercado é o templo magnífico das diferenças culturais.

Uma nova viagem se inicia. Fazem-se os preparativos.

Sabemos com Kant que o ponto de vista cria o objeto, e com Saussure, que a descoberta do elemento é simultânea à do sistema. Dispomos dos utensílios metodológicos necessários: as distinções entre língua e fala, sincronia e diacronia, significante e significado etc. Aprendemos que o valor do Signo linguístico é negativo, diferencial. Convencemo-nos de que ele é arbitrário.

Prontos, enfim, para percorrer os territórios mais diversos, reconhecendo em cada língua a sua especificidade e o seu modo particular de recortar o mundo e a experiência humana, por mais "primitivos" que os povos que neles habitam tenham sido antes considerados.

Mas a herança é pesada. Tanto que chega a ser sentida nas mochilas dos próprios expedicionários: o objeto se reduz, as abstrações se insinuam e a função comunicativa encolhe-se no seu aspecto informativo, substantivando a noção do valor, substituindo o jogo da reciprocidade pela partida solitária das informações fornecidas. Nasce o estruturalismo.

5. No momento em que a linguística procurou o *status* de ciência, que desde Saussure a tem acompanhado, o seu universo teórico teve de dividir o universo fenomenológico que lhe competia.

É assim que nascem as dicotomias funcionais: sincronia/diacronia, língua/fala, sentido/significação, enunciado/enunciação, competência/desempenho etc., que, apesar da especificidade que encontram no interior da teoria que as estabelece, podem, de um modo geral, representar-se como a expressão única, mas em níveis diferentes, do mesmo anseio de cientificidade a que a linguística tem procurado responder.

E enquanto ciência ela não poderia deixar de operar sem estas dicotomias, já que a dispersão e a opacidade do fenômeno — a linguagem — a impediriam de se constituir como tal.

Em outras palavras, toda ciência necessita instituir, no nível teórico, uma transparência que o fenômeno não tem. Esta transparência, sobretudo quando a ciência se constitui metodologicamente como hipotético-dedutivo, é conseguida por um processo de redução do fenômeno a objeto de ciência, ou, para usar a terminologia de Granger, 1968a), a objeto de estrutura.

Este objeto é transparente na medida em que se define como relações precisas entre entidades precisas. Abstrato, ele é geral e deve poder representar, na metalinguagem que o constitui, a especificidade do fenômeno que a ciência deve explicar.

Que a margem do residual deixado pela redução do fenômeno a objeto de estrutura seja proporcional à provisoriedade com que as teorias científicas modernamente se propõem, é um fato que teóricos e epistemólogos insistem em afirmar, e que levará a teoria linguística a optar, para instituir-se, por procedimentos de avaliação e não de descoberta ou de decisão.

Este corte, quando a linguística se pretendeu ciência, teve de ser feito, e é de dentro desta postura teórica que ecoou o refrão de que o seu objeto é a língua e não a fala, a competência e não o desempenho. Desta predileção original é que nasceram as equivalências que de um lado situaram, por exemplo, *enunciado* e *sentido* e de outro *enunciação* e *significação*.

6. O estruturalismo esboçou a intenção decidida de caminhar no sentido do reconhecimento do outro e nesta viagem buscou antropologicamente desembaraçar-se do poder centralizante da noção de sujeito cartesiano, percorrendo regiões estrangeiras de línguas e culturas ditas primitivas.

Na bagagem intelectual desta aventura estava a convicção de que o pensamento só existe na linguagem e que esta é o único lugar de sua estruturação.

É este, por exemplo, o sentido do artigo de Benveniste, 1966b, "Catégories de pensée et catégories de langue", quando examina as diferenças que podem existir entre as determinações do pensamento e as categorias da linguagem, e busca em Aristóteles as determinações do pensamento, para descobrir que as categorias de Aristóteles são as da língua grega e suas próprias formas são mediadas por essa língua.

Não há, então, nenhum *a priori,* nenhum transcendental, nenhuma condição de possibilidade, para falar em termos kantianos, para a língua que não seja dada na e pela própria língua.

Como diz Jean Hyppolite, 1972, p .160-161, falando de Hegel:

"Não há pensamento fora da linguagem ... Não me satisfaz falar em pensamento filosófico, opondo-o a outras formas de pensamento, tais como o pensamento matemático, o pensamento dogmático. Ao invés de falar em pensamento comum, direi linguagem comum, e ao invés de pensamento filosófico, linguagem filosófica. Por que? Porque a filosofia de Hegel é dominada pelo problema da linguagem, que ele chama de "filha" e "instrumento da inteligência". *Filha,* porque a linguagem é consubstancial ao pensamento; porque a linguagem é nosso ambiente original; porque a linguagem não pode ser separada do pensamento, nem o pensamento da linguagem. *Instrumento,* porque é o meio através do qual se transforma o significado; portanto o instrumento da comunicação, mas um instrumento que nunca tem a objetividade total de uma ferramenta. A linguagem é o sujeito-objeto ou o objeto-sujeito. Por mais perfeita que se torne essa ferramenta, precisa sempre ser traduzida numa linguagem mais próxima de nós, que nos é inseparável, ou seja, a linguagem comum. E sem essa linguagem comum não há pensamento, pois o recorte, a organização do mundo se faz através desta linguagem comum".

A linguagem é, assim, o espaço onde o homem existe e no qual o universo convencional dos signos estrutura o seu pensamento e constitui a sua cultura.
O mundo, como diz Otávio Paz, 1972, p. 9, a propósito de Carlos Fuentes, 1972, já não se apresenta como realidade que devemos nomear, mas como palavra que devemos decifrar.
O homem, carregado das relações deste universo de significações culturais, é ele próprio um signo constantemente interrogado por suas ações e constantemente voltado para a interrogação dos signos, que são a linguagem.

7. Se a história, ainda no dizer de Otávio Paz, 1972, p. 13, é uma linguagem, este tecido sangrento e irrisório dos pronomes unindo-se e separando-se, é preciso não esquecer, no entanto, que o próprio estruturalismo não soube resistir ao medo do deserto e acabou se refugiando no labirinto silencioso das linguagens formais, das categorias lógicas, das significações passivas, como se o ato estruturante da linguagem comum fosse dado pela própria estrutura da linguagem técnica.
É verdade que muitos estudiosos, entre eles Lévi-Strauss, na Antropologia, mergulharam suas pesquisas nas águas das culturas ditas primitivas, mas para emergir com esquemas analíticos e distinções metodológicas que traíam sempre as suas pretensões universalistas.
Não basta afirmar que as dicotomias, como por exemplo, entre língua e fala, competência e desempenho, na linguística, razão e vontade, natureza e cultura, na filosofia e na antropologia são apenas distinções metodológicas sem qualquer fundamento ontológico.
É preciso mais do que isso. É preciso mais do que escolher entre os termos da oposição, mais do que ampliar a área de dominação de um dos termos, através do desenvolvimento das técnicas de descrição e de explicação do objeto constituído pelo ato inequívoco da busca da verdade.
Não basta, tampouco, acreditar que a distância das viagens ao "primitivo" poderá fornecer-nos os olhos do estrangeiro de tudo, quando somos incapazes de compreender que o *outro* é também personagem de nosso cotidiano.

A história do homem é a história das transformações sociais, e o seu móvel, um princípio dinâmico de contradições, que forçam a resistência de qualquer oposição conceitual) estanque que pretenda reproduzi-la.
Mesmo a oposição entre natureza e cultura tão antiga. talvez quanto a própria filosofia, mais antiga do que Platão e pelo menos tão antiga quanto os sofistas, esbarra num fato que parece transcendê-la: a proibição do incesto.
Lévi-Strauss, 1949, p. 9, em *Les structures élementaires de la parenté* diz o seguinte:

"Vamos partir da premissa de que tudo que é universal no homem procede da ordem da natureza e se caracteriza pela espontaneidade, e que tudo que está sujeito a uma norma pertence à cultura e apresenta os atributos do relativo e do específico. Deparamo-nos então com um fato, ou melhor, um conjunto de fatos, que, à luz das definições precedentes, não está longe de parecer um escândalo: a proibição do incesto apresenta — sem a menor ambiguidade e indissoluvelmente ligadas — as duas características em que reconheceríamos os atributos contraditórios de duas ordens exclusivas. A proibição do incesto constitui uma regra, mas uma regra única entre todas as regras sociais, pois tem ao mesmo tempo um caráter universal."

Desde sua formulação — *physis/nomos, physis/technè* — esta oposição chegou até nós através de todo um encadeamento histórico que opõe "natureza" à lei, à educação, à arte, às técnicas, à liberdade, à história, à sociedade, à mente, etc.
Mas, como observa Derrida, 1972, p.p. 253-254, o escândalo, de que fala Lévi-Strauss, "só tem existência no interior de um sistema de conceitos que sanciona a diferença entre natureza e cultura".
"Começando seu trabalho pelo *factum* da proibição do incesto, Lévi-Strauss se coloca numa posição em que essa diferença, tida sempre como evidente por si mesma, pode ser cancelada ou contestada. Pois, a partir do momento em que a proibição do incesto não pode ser pensada dentro da oposição natureza/cultura, já não se pode dizer que seja um fato escandaloso, um núcleo de opacidade numa rede de significações transparentes. A proibição do incesto deixa de ser um escândalo com que nos deparamos ou nos chocamos no domínio dos conceitos tradicionais; é algo que escapa a

esses conceitos e que certamente os precede provavelmente como sua condição de possibilidade. Talvez se possa dizer que toda conceitualização filosófica, sistematicamente relacionada com a oposição natureza/cultura, está destinada a relegar ao domínio do impensável a própria coisa que torna possível essa conceitualização: a origem da proibição do incesto".

Talvez que se pudesse dizer a mesma coisa das dicotomias como língua/fala, competência/desempenho, que marcaram a linguística no século XX. Destinadas a permitir a construção da rede de significações transparentes capaz de captar a complexidade do fenômeno da linguagem pela simplicidade discreta de suas articulações, escapou-se-lhes a própria condição de possibilidade da linguagem e a fonte primordial de toda criatividade social: o diálogo.

A noção de valor do signo linguístico, tão rica quanto contraditória em Saussure, reduzida a uma noção substantiva e categórica, perdeu de vista o jogo efetivo de produção de significação na linguagem, jogo este em que a consciência individual não se desenvolve senão a partir dos signos, e sua lógica não pode ser outra senão a lógica da comunicação ideológica, isto é, a lógica da inetração semiótica de um grupo social.

A dicotomia razão/vontade que está na base de todo racionalismo científico corresponde, num plano epistemológico, às distinções que a linguística se fez no século XX, por exemplo, entre língua e fala, no estruturalismo, e entre competência e desempenho na gramática transformacional. O objetivo talvez tenha sido o de poder eleger um setor privilegiado onde se pudesse realizar o ideal de transcender as particularidades históricas ou locais, de modo que as teses assim defendidas pudessem ser admitidas por todos: a esse ideal corresponde, na linguística, a busca de uma objetividade científica e a afirmação dos universais de linguagem.

Entretanto, quando na própria língua se encontram elementos cujo valor não é mediado pelo sistema que a representa, como quer a relação significante/significado no estruturalismo, nem por regras de formação e transformação, como pretende a gramática transformacional, elementos cujo referencial constitui sempre uma atitude dos locutores diante do dito e que, portanto, reclamam, no seu interior, o próprio ato de dizer, isto é, a presença do *eu* e do *tu* da enunciação, é que neste momento a barra transversal, que constitui tais dicotomias, transforma-se num canal por onde a fala irrompe no interior da linguagem para apresentá-la como subjetividade, ou ainda mais precisamente, como intersubjetividade.

Se a linguagem falasse apenas à razão e constituísse assim uma ação sobre o entendimento dos homens, então ela seria apenas informação ou representação. Mas, ao mesmo tempo em que ela desprende o conjunto de relações necessárias da razão, também articula o conjunto de relações desejadas da vontade. Neste sentido, o seu traço fundamental é o argumentativo, o retórico, o ideológico, porque é este traço que a apresenta, não como marca de uma diferença entre o homem e a natureza, mas como marca da diferença entre o *eu* e o *outro*, entre subjetividades cujo espaço de existência é a história de relações e transformações sociais.

Se, por outro lado, compreender um signo é, em última análise, como pretende Bakhtin (Volochinov), 1973, p. 11, responder ao signo com signos, o universo cultural é, por excelência, um universo simbólico, no qual não penetramos senão depois de decifrar o signo-enigma que guarda a cidadela.

Com ele conquistaremos a cidade e seremos rei. Objetivamente, tal como Édipo, buscaremos decifrar e resolver as misérias que nos cercam, sem perceber que o signo que nos deu a chave e a transparência, permitindo-nos entrar vitoriosos na cidade, foi também a máscara que a velou e a perdeu.

Campinas, junho de 1976

Linguagem, língua e poder[1]

> Da semia
> Do sema, do semema, do semantema
> Do lexema
> Do classema, do mema, do sentema
> Libera nos, Domine.
>
> (C. Drummond de Andrade,
> "Exorcismo").

Em 1950, o *Pravda* do dia 20 de julho trazia em suas páginas uma longa entrevista com J. Stalin. Seu título: "A Propósito do Marxismo em Linguística".
Motivo: intervir no debate que no mesmo *Pravda* fora aberto em maio do mesmo ano entre os defensores e os adversários

---

[1] Publicado na revista *Contexto*, nº 5, São Paulo, 1978, p.p. 105-116.

de Nicolas Yakovlevich Marr (1864-1934), linguista soviético, criador da Nova Teoria da Linguagem e de uma concepção da língua como fenômeno de classe. Objetivo: defender a autonomia da língua relativamente aos movimentos e transformações sociais, negando-lhe, consequentemente, qualquer compromisso de natureza ideológica.

Não pretendo entrar aqui em considerações específicas sobre a doutrina de Marr, nem insistirei nos exageros por ele cometidos. Preferirei, ao contrário, restringir-me ao trabalho, muito mais rico e sugestivo, de um de seus defensores, Valentin N. Volochinov, que juntamente com outros pesquisadores constituiu em torno de Mikhail Bakhtin, nos fins da década de 20, começos da de 30, um importante grupo de trabalho, cujo método ficou conhecido como o método sociológico[2].

Quanto ao texto de Stalin também não o discutirei exaustivamente, mas referir-me-ei, em particular, à sua concepção da língua como instrumento de comunicação e à noção, várias vezes repetida em sua entrevista, de que ela tem um fundo essencial representado pelo léxico e pela gramática.

O livro *Marxismo e filosofia da linguagem* — é de 1929[3] e não constitui, evidentemente, o adversário explícito a que se dirige Stalin. Entretanto, como Volochinov foi vítima dos expurgos stalinistas na década de 30, não será difícil perceber que as suas concepções, apesar de o autor ter sempre se apresentado como um teórico

---

[2] Além de Volochinov, participavam deste grupo os estudiosos de literatura P. N. Miedviediev e L. V. Pumpianskiy, o biólogo I. I. Kanaiev, o escritor K. Vaginov, o musicólogo I. I. Solliertinsgiy, o hinduísta M. I. Tubianski. Bakhtin, autor de obras fundamentais sobre Dostoievski e Rabelais, parece ter sido o verdadeiro autor das obras assinadas por Volochinov que, por razões de ordem intelectual e política, teria assumido pelo seu mestre, a responsabilidade de alguns de seus trabalhos, entre eles *Marxismo e filosofia da linguagem*.

[3] Farei as citações do livro pela edição em inglês, *1973*. Há tradução para o espanhol, feita a partir da anterior; tradução francesa, *1977,* com prefácio de R. Jakobson, no qual Bakhtin aparece como verdadeiro autor da obra, o que não impede que o nome de VOLOCHINOV aí apareça, entre parênteses, ao lado do primeiro. Adoto aqui este procedimento que, aliás, é também adotado pela tradução brasileira, *1979.*

marxista da filosofia da linguagem, contrariam profundamente as naturezas oficiais que a linguagem deveria ter na Rússia de então.

Do seu texto privilegiarei as críticas que faz ao formalismo, a concepção do signo linguístico como um signo matemático e ao que ele próprio chama objetivismo abstrato. Sob este rótulo, incluem-se no seu livro críticas ao racionalismo das gramáticas filosóficas e universais, bem como a Saussure e a Bally, entre outros. Estendê-las-ei, sob minha responsabilidade, aos movimentos fundamentais que marcaram o desenvolvimento da linguística no século XX, o estruturalismo e o transformacionalismo.

Para Bakhtin (Volochinov), o signo verbal só pode ser apreendido na sua totalidade se considerado dentro de seu domínio específico. Este domínio, como o de qualquer outro signo, coincide com o da ideologia:

"São domínios equivalentes entre si. Onde quer que esteja presente um signo, também está a ideologia. O ideológico possui sempre valor semiótico." (p. 10)

E esta posição diante da natureza do signo linguístico que se vê, de modo geral, criticada na entrevista de Stalin. Por outro lado, como as opiniões deste sobre a língua podem ser enquadradas dentro do que Bakhtin (Volochinov) chama objetivismo abstrato, *Marxismo e filosofia da linguagem* constitui também uma crítica *avant la lettre* às ortodoxas posições do então dirigente da União Soviética.

À primeira pergunta feita a Stalin sobre se a língua é uma su-peretrutura sobre uma base, ele responderá longamente para dizer que não, e resumirá a sua resposta, dando-lhe um cunho ideológico, da seguinte maneira[4]:

"*a*) um marxista não pode considerar a língua como uma superestrutura sobre uma base;

b) confundir a língua com uma superestrutura é cometer um grave erro". (p. 9)

---

[4] Farei as citações da entrevista de Stalin pela sua edição em inglês, *1972*, da Foreign Language Press, que, sob o título *Marxim and problems of linguistics* traz, além da entrevista de 20 de junho de 1950, as respostas de Stalin às cartas que lhe foram enviadas.

Em seguida, perguntado sobre se a língua tem um caráter de classe, ele responderá também negativamente, para chegar, enfim, a uma afirmação positiva sobre o que considera efetivamente característico da língua.

Aqui, Stalin dirá que a natureza da língua é instrumental e apontará a comunicação como a sua função precípua. O léxico e a gramática, apontados como garantia da estabilidade linguística, constituem ainda a condição de identidade da língua consigo mesma.

Mudam os tempos, as relações sociais se transformam no seio de novas relações de produção, mas a língua permanece, antes e depois de qualquer revolução, como o atributo fundamental do homem comunicante, garantindo-lhe uma natureza cuja história é autônoma e cuja temporalidade é a da repetição circular de si mesma: a natureza humana.

Parece ser esta a posição sustentada por Stalin e, na medida em que afirma o caráter instrumental da língua, afirmará também que ela não se distingue dos instrumentos de produção, "por exemplo, das máquinas que indiferentes no que diz respeito às classes, como é a língua, podem servir igualmente ao regime capitalista e ao regime socialista." (p.p. 6-7)

Esta neutralidade com que a língua é vista por Stalin adquirirá, mais adiante no texto, o tom de uma anedota e a força de uma ironia:

"Havia entre nós, num determinado momento, *marxistas* que pretendiam ver as estradas de ferro, que sobraram depois da Revolução de Outubro, como estradas de ferro burguesas; que não era conveniente, a nós marxistas, que nos servíssemos delas; que era preciso destruí-las e construir novas estradas de ferro proletárias. Por causa disso eles foram apelidados *trogloditas*." (p. 17)

Se como piada a analogia tem sua graça, é preciso não esquecer que é a crença na identidade objetiva da língua consigo mesma que permite vê-la como objeto disponível para qualquer instrumentalização. Deste ponto de vista, a reificação da linguagem em língua é fundamental. Para isso é necessário que, em alguma região do seu modo de ser, seja possível atribuir-lhe uma essência, um fundamento indecomponível, um primitivo material e formal que será, ao mesmo tempo, garantia da identidade de sua estrutura e ponto de recuperação da diversidade do fenômeno. Para Stalin, como observamos, esta garantia e este ponto são dados pelo léxico e pela gramática:

"Assim o sistema gramatical da língua e o fundo essencial do léxico constituem a base da língua, a essência de suas particularidades específicas." (p. 24)

Na verdade, a preocupação de Stalin com a linguagem é fundamentalmente missionária e didática: decifrar a multiplicidade do fenômeno pelo ecumenismo social de soluções unificantes e, em seguida, divulgar, pelo ensino, a norma gramatical estabelecida.

As diferenças sociais resolvem-se na língua por uma necessidade comum a todos os homens, a necessidade de comunicar. Esta, por sua vez, se explicará, para Stalin, evidentemente, em termos de equilíbrio, progresso e produção sociais:

"A troca das ideias é uma necessidade constante e vital, pois é impossível, de outro modo, organizar a ação dos homens na luta contra as forças da natureza, na luta para a produção de bens materiais necessários — é impossível realizar progressos na atividade produtiva da sociedade e, consequentemente, impossível a própria existência da produção social. Disto resulta que, sem uma língua inteligível para a sociedade e comum a todos os seus membros, a sociedade para a produção, desagrega-se e deixa de existir enquanto sociedade. Neste sentido, a língua, instrumento de comunicação, é, ao mesmo tempo, um instrumento de luta e de desenvolvimento da sociedade." (p. 21)

Deste modo, para Stalin, sobre o indivíduo social, definido na história dos sistemas de produção e dos diferentes regimes de propriedade, paira o indivíduo linguístico que, constituindo uma sociedade indiferenciada, encontra na razão comunicante a fórmula de uma história autônoma e independente.

Entretanto, para Stalin, à indiferença da língua, relativamente às diferenças de classe social, não corresponde, reciprocamente, à indiferença dos homens em relação à língua:

"Foi dito anteriormente que a língua como meio de comunicação entre os homens na sociedade serve igualmente a todas as classes sociais e manifesta, deste ponto de vista, uma espécie de indiferença pelas classes. Mas os homens, os diversos grupos sociais e as classes estão longe de ser indiferentes em relação à língua." (p. 11)

O que significa esta dessimetria para ele?

Ou ela repõe a questão da autonomia da língua, negando o que já fora anteriormente afirmado, ou não é mais do que uma simples decorrência dessas afirmações.

A resposta é evidentemente dada pela segunda alternativa.

Não podendo deixar de reconhecer a diversidade do fenômeno linguístico, o autor o faz recuperando o múltiplo do desvio na unidade do caminho. Apesar dos caracteres próprios dos diferentes falares de classe, estes não constituem, na expressão de Stalin, senão formas inferiores, "dialetos", "jargões", cuja explicação deve ser buscada apenas no poder centralizante da língua.

Assim, perguntado se é possível encarar estes dialetos como línguas ele responderá que não e fornecerá para tanto as seguintes razões:

"... primeiro porque estes dialetos e estes jargões não têm o seu próprio sistema gramatical, nem uma base léxica essencial — ele os tomam emprestados à língua nacional. Em segundo lugar, porque os dialetos e os jargões têm uma esfera estreita de circulação entre as camadas superiores desta ou daquela classe e não convém, de forma alguma, como meio de comunicação entre os homens, para a sociedade no seu conjunto." (p. 12)

Em seguida, caracterizando-os positivamente, dirá:

"O essencial /... /, isto é, a imensa maioria das palavras e o sistema gramatical é emprestado da língua nacional, da língua de todo o povo. Consequentemente, os dialetos e os jargões constituem ramificações da língua nacional comum a todo o povo, são privados de qualquer independência linguística e condenados a vegetar." (P. 12)

Vê-se nestas passagens o quanto Stalin se apega à objetividade da língua e, ao mesmo tempo, o quanto esta objetividade é abstrata. Esta abstração pode ser entendida de duas formas. Ou está assentada em propósitos científicos cuja pretensão é determinar elementos, categorias, relações e regras capazes de explicar, no sistema que constituem, a multivocidade do fenômeno, ou a sua motivação é antes de tudo política e ideológica, o que não exclui, necessariamente, a primeira alternativa.

No caso de Stalin, as duas coisas parecem estar juntas, sobretudo por se tratar de um caso limite, no qual a defesa do conhecimento científico carrega, de modo bastante evidente, a defesa de posições ideológicas. De fato, não se pode esquecer que ele fala também e principalmente como dirigente político que detém o poder e cujas opiniões linguísticas se deixam facilmente orientar pela concepção autoritária de Estado, que pratica.

Dizíamos, acima, que a sua concepção da linguagem é missionária e didática. Talvez que isto se esclareça melhor agora, já que seu objetivo fundamental é defender o Estado, que ele representa de forma categórica, contra as ameaças de um certo anarquismo político que se revela na concepção linguística de seus adversários e principalmente na de Volochinov.

Daí a defesa de uma suprassociedade comunicante e por isso obedientemente produtiva, capaz de superar as diferenças que caracterizam uma sociedade real e encontrar na língua a região ideológica privilegiada da neutralidade, que poderá fazer da linguagem uma simples alegoria do Estado todo poderoso.

Por isso, os dialetos são considerados, na expressão de Stalin, formas inferiores da língua e a gramática e o léxico, os pontos de identidade nacional para todas as variações. Na medida em que a gramática e o léxico são estáveis (as únicas mudanças são no sentido de seu próprio enriquecimento, como ele afirma), a língua se repete e harmoniza a voz do povo no comportamento padrão ditado pela norma.

Mas não está essa norma, ela própria, situada ideologicamente? Não é ela que, sob o disfarce da propriedade abstrata e comum desse objeto abstrato que é a língua, por parte desse sujeito também abstrato que é o povo, esconde as relações efetivas de dominação política e social de uma classe sobre a outra nas várias formas do capitalismo? Não tem ela a violência silenciosa dos códigos de conduta? Não guarda a língua, no atomismo dos elementos de sua construção, a garantia de sua própria longevidade, da mesma forma que o poder constituído procura garantir-se pela lógica de sua própria força?

Parece-me que o simples fato de pensar, pela língua, um social acima do social revela já uma visão da linguagem, que em nome da objetividade científica cria uma ilusão de propriedade comum a todos os homens. Esta ilusão deverá, entre outras coisas, dissimular a força de um poder centralizador e mascarar, particularmente no caso de Stalin, o sujeito real que efetivamente detém a posse da língua: o Estado.

Nesse sentido, as posições de Stalin quanto à isenção ideológica da língua são do mesmo modo ideológicas, ou até mais, já que não se confessam. Esta ideologia se revela tanto mais conservadora quanto mais se apega à objetividade indecomponível de elementos que, sejam eles fonemas, morfemas, semas ou unidades de significação, atestam todos uma visão reificante da linguagem.

Este processo de reificação, que será também responsável pela perda da dimensão de alteridade que, a meu ver, caracteriza a significação linguística, se estenderá como manifestação do racionalismo positivista, ao grande desenvolvimento da linguística no século XX, de Saussure e o estruturalismo até Chomsky e o transformacionalismo. Se ampliarmos um pouco o domínio das críticas de Bakhtin (Volochinov), o que orienta esta tendência do pensamento na filosofia da linguagem pode ser resumido em quatro princípios básicos:

"1. A língua é um sistema estável e imutável de formas linguísticas normativamente idênticas que a consciência individual encontra já elaborado e que lhe é apresentado como indiscutível.

"2. As leis da linguagem são as leis especificamente linguísticas de conexão entre os signos linguísticos dentro de determinado sistema linguístico fechado.

"3. As conexões especificamente linguísticas nada têm em comum com os valores ideológicos (artísticos, cognitivos ou outros). Os fenômenos da língua não se fundamentam em motivos ideológicos. Entre a palavra e seu significado não existe conexão de tipo natural e compreensível para a consciência, nem de tipo artístico.

"4. Os atos individuais de fala, do ponto de vista da língua, são meras refrações e variações fortuitas ou simples distorções das formas normativamente idênticas; mas são precisamente estes atos de discurso individual que explicam a mutabilidade histórica das formas linguísticas, mutabilidade que do ponto de vista do sistema da língua, é em si mesma irracional e carente de sentido. Não há conexões nem motivos comuns entre o sistema da língua e sua história. São mutuamente estranhos." (p. 57)

Se nossas observações sobre a entrevista de Stalin forem justas, não será difícil perceber o quanto suas concepções a respeito da língua se enquadram na caracterização que Bakhtin (Volochinov) faz do objetivismo abstrato.

É interessante observar que, ao criticar esta maneira de conceber a linguagem, Bakhtin (Volochinov) se dirija explicitamente não só a Saussure e a Bally, entre outros, como representantes maiores da tendência no século XX, mas também às gramáticas racionalistas dos séculos XVII e XVIII, e ainda a Leibniz, o que, de certo modo, equivale dizer à concepção da gramática universal.

Posto desta forma, poder-se-ia pensar que Bakhtin (Volochinov), criticando o idealismo do objeto, cai na contrapartida do idealismo do sujeito e no elogio do individualismo expressionista de Karl Vossler e seus discípulos.

Bem ao contrário, a teoria da expressão linguística, caracterizada dentro da tendência a que chama "subjetivismo individualista" será também objeto de suas críticas. Para o "individualismo subjetivista", segundo Bakhtin (Volochinov), "as formas idênticas a si mesmas que abarcam o imutável sistema de língua (*ergon*), representam apenas a correnteza inerte do real processo gerativo da linguagem, da sua verdadeira essência, realizada no ato de criação individual e irreproduzível" (p. 56). Deste ponto de vista, o estilo é que é criador e não a gramática e do mesmo modo que existe um gosto artístico ou um gosto literário deverá também haver um gosto linguístico.

Recusando tanto o psicologismo que fundamenta esta tendência quanto o sociologismo de Saussure e o racionalismo formalista que, de modo geral, caracterizam as manifestações do "objetivismo abstrato", Bakhtin (Volochinov) entende que "a verdadeira realidade da linguagem não é nem o sistema abstrato de formas linguísticas, nem a fala monologal isolada, nem o ato psicofisiológico de sua realização, mas o fato social da interação verbal que se realiza em um ou mais enunciados." (p. 94).

Deste modo, é a interação verbal que constitui a realidade fundamental da linguagem, e o diálogo, num sentido amplo, a forma mais plena de sua realização:

"Todo enunciado, escreve Bakhtin (Volochinov), por mais significativo e completo que possa ser, é apenas um momento no processo contínuo da comunicação verbal." (p. 95).

Este dinamismo da linguagem faz com que só se possa entender a palavra como um ato de duas faces, no sentido de que é determinada tanto por quem a emite como por aquele para quem é emitida:

"Cada palavra, diz ainda Bakhtin (Volochinov), expressa o *um* em relação com o *outro*. Dou-me forma verbal do ponto de vista do outro e em definitivo, do ponto de vista da comunidade a que pertenço. Uma palavra é uma ponte estendida entre o *eu* e o *outro*. Se um extremo da ponte se apoia em mim, então o outro se apoia em meu interlocutor. Uma palavra é um território compartido pelo emissor e o receptor, pelo falante e seu interlocutor." (p. 86)

O contínuo processo de interação social que, deste modo, está efetivamente na base de todo processo de interação verbal impede que a significação linguística se exponha como mera identidade lógica e formal de sinais, e faz com que se apresente como um signo cujo entendimento está não em reconhecer-lhe a identidade mas em compreender-lhe a novidade.

Tanto ao destinador como ao destinatário o que verdadeiramente importa da forma linguística não é o seu caráter estável mas o seu caráter de signo adaptável e cambiante.

Para Bakhtin (Volochinov), ao contrário, do signo, um sinal é "um objeto singular, fixado internamente, que não aparece em lugar de outra coisa, não reflete nem refrata nada e que constitui apenas um meio técnico para indicar um objeto fixo e definido, ou uma ação também fixa e definida." (p. 68)

Por isso, o sinal nunca se relaciona com o domínio do ideológico mas sim com o mundo dos artefatos técnicos, com os instrumentos de produção, no sentido amplo do termo.

Todo enunciado tem a sua significação mediada sempre pelas vozes que já o povoaram e pela orientação discursiva que estabelece no momento mesmo em que é proferido. É; o enunciado como um todo que constitui a verdadeira unidade de significação linguística. Como totalidade ele só se realiza no fluxo do intercâmbio verbal. A totalidade, por sua vez, se define por seus limites e estes seguem a linha de contato entre um enunciado dado e o meio verbal, constituído por outros enunciados e a situação discursiva na qual se dá a sua produção.

Por isso, Bakhtin (Volochinov) insiste no caráter ideológico do signo linguístico e recusa o que ele próprio chama "a ficção da realidade literal de uma palavra", bem como critica o formalismo linguístico, por considerá-lo manifestação do pensamento conservador.

No primeiro caso, afirmando que há tantas significações para uma palavra como contextos para seu uso, aponta para o processo de reificação a que estão sujeitas, quando se pretende, como faz o objetivismo abstrato, entendê-las como algo fixo e inerte que se separa da multiplicidade de suas significações, percebidas, então, como simples conotações ocasionais de um único sentido fixo.

No caso do formalismo e da sistematicidade, dirá que o que os caracteriza, de modo geral, é o fato de se sustentarem sempre do pensamento alheio:

"Os verdadeiros criadores, os iniciadores de novas correntes ideológicas nunca são sistematizadores formalistas. A sistematização entra em cena numa época que se atribui o domínio de um corpo pré-fabricado e herdado do pensamento autoritário. Tem que ter sido precedida por uma época criativa; então, e só então, começa a sistematização formalista, empresa típica de herdeiros e epígonos que se consideram na posse da palavra, agora muda, de algum outro. A orientação no fluxo dinâmico de processo gerativo nunca pode ser de caráter formal e sistematizador. Por isso, o pensamento gramatical formal e sistematizador só pode alcançar o seu máximo desenvolvimento e poder sobre a matéria de uma língua morta, estranha, e somente se esta língua já perdeu, em grau considerável, sua potência efetiva, seu caráter sacrossanto e autoritário. Em relação à língua viva, o pensamento gramatical sistemático deve adotar inevitavelmente uma posição conservadora, deve interpretar a língua viva como se já estivesse acabada e perfeita e por isso ver com hostilidade qualquer tipo de inovação." (p. 78)

Parece que a história do desenvolvimento da linguística no século XX não se furtou a realizar o quadro acima desenhado. Todos conhecemos a afirmação de Saussure de que a língua é uma álgebra que não teria senão termos complexos. Sabemos também que o estruturalismo se apegou apaixonadamente a essa fórmula, embora a sua plena realização não viesse a se dar senão mais tarde com a sofisticação matemática do instrumental analítico empregado pelo transformacionalismo, a partir de Chomsky.

É interessante observar que o próprio Stalin na entrevista ao *Pravda* compara a gramática à geometria:

"A gramática lembra a geometria que constrói suas leis fazendo abstração dos objetos concretos, considerando-os como corpos desprovidos de um caráter concreto e definindo as relações entre eles não como relações concretas de tais e tais objetos concretos, mas como relações entre corpos em geral, desprovidos de todo caráter concreto." (p. 22)

Obviamente, os méritos científicos de Stalin, de Saussure e de Chomsky terão pesos diferentes. Fica, no entanto, como sugestão do que até agora se disse, a vocação comum de todos, também realizada em graus bastante diversos, para a concepção da linguagem humana como produto acabado e disponível aos diferentes usos e abusos, e cuja essência se dá neste objeto fechado, circular e autônomo que alguns chamam língua e outros competência, mas que todos erguem como estandarte da identidade e da unificação do múltiplo.

Entre o estruturalismo e o transformacionalismo há diferenças consideráveis. Não insistirei sobre elas. Apontarei apenas para o fato de que no primeiro caso a concepção de língua busca sua base no social, enquanto que no segundo caso privilegia-se o indivíduo, já que este deve nascer dotado das condições que lhe permitirão o exercício da fala.

A atividade linguística para o estruturalismo deve, em todos os casos, obedecer ao sistema da língua, diante do qual o indivíduo é passivo. Ao contrário, no transformacionalismo de inspiração chomskyana, na medida em que busca apoio na tradição racionalista das gramáticas filosóficas, a atividade linguística se inscreve no indivíduo como o sistema de regras — a sua competência linguística — que lhe permitirá o exercício infinito e livre da fala, ou da produção de frases.

Deste modo; num caso a língua limita e aprisiona, porque restringe; noutro, porque feita de restrições, liberta, já que o exercício desta liberdade só é possível graças às condições que caracterizam a competência linguística do indivíduo.

Entretanto, tanto o pessimismo estruturalista que vê o indivíduo aprisionado no social, pela língua, como o otimismo chomskyano que vê a língua como o lugar privilegiado da liberdade do homem operam com ficções tornadas objetivas graças ao alto grau de abstração que as caracteriza.

O social e o individual como abstrações acabam por nivelar o homem na ilusão de uma igualdade, também abstrata, que no estruturalismo se mostra como escravidão, e no transformacionalismo como liberdade, mas que, tanto num caso como no outro, só pode ser estabelecida pela busca de uma essência, de um objeto que encontrado oferecerá então a revelação da verdadeira natureza da linguagem. É em nome desta natureza linguística do homem que se poderá continuar defendendo a indissolubilidade da natureza humana.

Na verdade, tanto o supraindividual como o suprassocial não passam de alegorias deste objeto único e indecomponível, partilhado abstratamente por todos os homens e que nele encontram a última essência de sua igualdade, de sua fraternidade e de sua liberdade.

Parece-me, pelo que até agora dissemos, que o texto de Stalin também acredita nesta essência.

Como se chega a ela?

O caminho que para aí conduz, o método que a possibilita é também a fortaleza que a defende: o espírito de análise.

Sartre na "Apresentação" da revista *Les Temps Modernes*[5] diz que a classe burguesa pode ser definida intelectualmente pelo emprego que faz do espírito de análise.

Dois postulados o governam:

1. Todos os compostos devem necessariamente reduzir-se a uma ordenação de elementos simples;
2. Os últimos termos da decomposição guardam inalteravelmente suas propriedades essenciais, tanto se entram num composto como se existem em estado livre. (p. 13)

Num primeiro momento, segundo Sartre, o analitismo foi para a burguesia uma arma de ataque contra o Antigo Regime, pois do mesmo modo que passou a haver uma natureza imutável do oxigênio ou do hidrogênio, uma natureza imutável do homem passou também a existir. No esplendor do poder ou no anonimato da miséria, o homem passa a ser fundamentalmente idêntico a si mesmo,

---

[5] Faço as citações e referências a este texto de Sartre pela edição em espanhol do livro *¿Que és la literatura?*, onde esta "Apresentação" é retomada. Cf. Sartre, J. P., 1969, p.p. 7-23.

como o círculo é o círculo, ou como o átomo de oxigênio que combinando-se com o de hidrogênio para fazer a água ou com o de nitrogênio para fazer o ar, mantém a sua estrutura interna inalterável.

Refugiada nos termos últimos da decomposição, a realidade se solidifica e objetiva e "na sociedade que concebe o espírito de análise, como ainda diz Sartre, o indivíduo, partícula sólida e indecomponível, veículo da natureza humana, reside como uma ervilha em uma lata de ervilhas: redondo, encerrado em si mesmo, incomunicável." (p.p. 13-14)

O que significa, neste sentido, afirmar a igualdade de todos homens? Apenas que eles participam igualmente da essência do homem. A sua fraternidade é também uma relação passiva que se dá com base nesta mesma essência, e, finalmente, a sua liberdade nada mais é do que o direito circular de ser homem, isto é, de participar livremente da própria essência que o constitui.

Quase dois séculos depois, sempre segundo Sartre, o analitismo continua a caracterizar o comportamento intelectual da burguesia. Agora não mais como arma de ataque, mas de defesa, garantindo-lhe a longevidade da dominação social e política sobre as outras classes, cuja existência ela tende a negligenciar em nome da natureza humana.

Quando na linguística se assume a atitude que pretende, através de esquemas analíticos, chegar ao reduto indecomponível da natureza da linguagem, quer seja um dirigente político que o faça, como no caso de Stalin, quer seja linguistas de renome, como Saussure e Chomsky, o risco que se corre não é apenas o que se apresenta sob a forma do artefato simples, transparente e elegante que se construiu para simular o fenômeno e que tende a substituí-lo, matando-o.

Há também um prêmio.

É que sob o disfarce da sociedade comunicante, ou sob a máscara do indivíduo ideal, modelarmente dotado deste bem comum a todos os indivíduos, que é a língua, esconde-se o talismã ideológico da mesma atitude intelectual que contribuindo para levar a burguesia ao poder, nele a conserva e a abençoa.

Campinas, julho de 1977

Estrutura e função da linguagem[1]

De um modo bastante simples e geral, poder-se-ia chamar estrutura de uma língua a forma particular pela qual esta língua combina os elementos que a constituem.

Evidentemente, a própria noção de elemento de uma língua já é uma noção complexa, pois não se pode, objetivamente, falar de um som, p, por exemplo, do português, sem ao mesmo tempo pressupor o sistema linguístico, no qual este elemento mantém relações, por exemplo, de associação (paradigmáticas) e de combinação (sintagmáticas), particulares com os demais elementos da língua.

Se isto se dá com unidades menores como os fonemas, o mesmo acontece com unidades maiores como os morfemas, as palavras, e as frases.

---

[1] Publicado em *Subsídios à proposta curricular de língua portuguesa para o 2º grau, vol. I — Reflexões preliminares, São* Paulo, *1978, p.p. 56-76.*

Deste modo, a noção de estrutura linguística supõe uma simultaneidade entre a descoberta do elemento e a descoberta do sistema, sendo este entendido como o conjunto de regras ou de determinações a que toda associação ou combinação de elementos deve obedecer para que se obtenha uma unidade da língua em questão, isto é, para que se reconheça, em cada desempenho do falante desta língua, a realização de atos previstos estruturalmente.

Sem entrar na questão delicada de saber se cada língua recorta o universo da experiência de um modo específico, dando-lhe uma forma cuja variação cultural tenderia a ser sempre maximizada (posição relativista, culturalista), ou se todas as línguas, apesar da aparente diversidade com que se apresentam, têm um princípio de identidade estrutural comum (posição racionalista ou idealista), o fato é que a relação entre estrutura e função de uma língua pode ser apreendida, de maneira mais ou menos intuitiva, quando pensamos na relação entre, por exemplo, uma frase que pronunciamos numa determinada situação, (uma proposição) e os fatos que ela descreve.

Suponhamos que conversando com um amigo, com quem falo a respeito de João, num determinado momento eu lhe diga a seguinte frase:

(1)   João é grande.

O que significaria, neste caso, dizer que esta frase é verdadeira? Antes de mais nada, que há uma certa identidade entre ela e o fato a que se refere. Que tipo de identidade? Uma identidade de estrutura.

Esta ideia, que foi longa e sistematicamente desenvolvida por Wittgenstein, 1967, na sua teoria das frases como imagens pictóricas dos fatos, estabelece como necessária, para esta identidade de estrutura entre a frase e o fato, a condição de que a cada componente do fato corresponda um, e apenas um, componente, na sentença, e a cada componente da sentença um, e somente um, no fato.

Assim, se a frase *João é grande* (em que é possível distinguir três componentes: o nome de um indivíduo, *João*, uma palavra que designa uma propriedade, *grande,* e a terceira pessoa do verbo *ser* que estabelece a relação entre propriedade e indivíduo) for verdadeira, a suposição que deveremos aceitar, de acordo com Wittgenstein, é a de que esta sentença é uma "imagem pictórica" da realidade no mesmo sentido em que um quadro também o é: a cada elemento no quadro corresponde um elemento na coisa representada. Nem mais, nem menos.

Este algo comum, este ponto de identidade entre a proposição e o fato pode ser também chamado "forma lógica" e é em busca de sua determinação que grande parte da chamada filosofia da linguagem tem estado empenhada nos últimos anos.

Portanto, a ambição destes estudos da linguagem humana não diz respeito apenas à estrutura e à natureza da linguagem, propriamente dita, mas também à estrutura e natureza das entidades que povoam o universo.

Sem pretender discutir aqui as simplificações que esta concepção da frase como "imagem pictórica" acarreta, ou mesmo os problemas que frases como *Pedro disse à Maria para falar com João* trazem para uma concepção da "forma lógica" dos fatos e das proposições como sendo fundamentalmente atribuitiva (questão que está ligada à distinção entre lógica clássica e lógica moderna), pode-se, através do exemplo discutido, ter uma medida bastante ilustrativa das relações entre estrutura e função de um enunciado.

Realmente conforme foi aqui apresentado, é sobre a assunção de uma identidade estrutural entre a frase e o fato a que ela se refere, que se articula uma das funções mais estudadas e discutidas da linguagem humana, a saber, a função referencial, entendendo-se que a referência de uma proposição é o seu valor de verdade, assim como a de um nome é o objeto que ele designa.

Do que acima foi dito, depreende-se facilmente que, quando se fala em função da linguagem, penetramos numa região interpretativa das estruturas que nela reconhecemos e esta interpretação dos fenômenos estruturais é, num sentido bastante amplo, objeto daquilo que conhecemos pelo nome de semântica.

Embora reconhecida amplamente como uma função importante da linguagem, a função referencial, também chamada, às vezes, *denotativa* e *cognitiva,* não é a única, e nem sempre a principal.

Jakobson, 1963, p.p. 209-228, atribui-lhe, além desta, outras cinco funções, determinadas, cada uma, por fatores distintos, todos constitutivos do que o autor chama processo linguístico ou ato de comunicação verbal.

Assim, segundo Jakobson, todo processo de comunicação linguística dar-se-ia com base numa estrutura em que interfeririam seis fatores: o código, a mensagem, o contexto, o remetente, o destinatário e o canal, relacionados, respectivamente, com as seguintes funções: metalinguística, poética, referencial, emotiva ou expressiva, conativa e fática.

Dificilmente se encontrariam mensagens verbais que preenchessem uma única função, sendo a variação de funções não tanto um problema de monopólio de uma sobre as outras e sim um problema de hierarquia, de ordem, de orientação, enfim, da mensagem para este ou aquele fator. Na medida em que a mensagem é orientada para um determinado fator tem-se, consequentemente, a predominância da função a ele correlacionada. A cada fator corresponde uma função, e a cada função predominante, uma estrutura verbal da mensagem, em que determinadas formas gramaticais constituirão as marcas formais diacríticas desta predominância (o vocativo e o imperativo como marcas da função conativa, as interjeições como marcas da função emotiva, as fórmulas ritualizadas — *Como vai?*, *Não é!?*, *Bem!*, etc. ... — como marcas da função fática, etc. ...)

Outros autores propuseram outras distintas funções.

Assim, M. A. K. Halliday, 1970, distingue "três funções da linguagem" gramaticalmente relevantes: a ideacional, a interpessoal e a textual.

A primeira diz respeito ao sentido cognitivo ou conteúdo proposicional de frases, a segunda, às diferenças como as de "modo" ou "modalidade", isto é, diferenças entre afirmações, perguntas e ordens, e a terceira, ao modo pelo qual a estrutura gramatical e entonacional das frases as relaciona umas com as outras em textos contínuos e com as situações em que são usadas. Deste modo, certas variações estilísticas, como o uso da ativa ou da passiva, seriam tratadas em termos de "função textual", embora, do ponto de vista ideacional, expressassem o mesmo sentido cognitivo.

A linguística moderna viveu a partir de 1957, com o livro *Syntactic Structures* de Noam Chomsky, uma revolução cujas influências se fazem sentir até hoje. Entre as hipóteses levantadas por Chomsky para o estudo da linguagem humana, a da distinção entre o conhecimento idealizado que o falante tem de uma determinada língua (competência) e o uso efetivo que desta língua ele faz (desempenho) marcou profundamente as concepções que os linguistas iriam desenvolver sobre as funções da linguagem.

Privilegiando o estudo da competência, isto é, da capacidade que permite ao falante de uma dada língua produzir, a partir de um conjunto finito de regras, um conjunto infinito de frases, distinguindo ainda as frases gramaticais das não-gramaticais,

Chomsky privilegia como função predominante da linguagem humana a função cognitiva (ideacional, na terminologia de Halliday) e insere o seu modo de ver na tradição racionalista que, desde as gramáticas gerais do século XVII e XVIII, reclamava para a linguagem a função básica de conhecimento do mundo ou de expressão do pensamento, considerando a função comunicativa da linguagem como uma função secundária e, em muitos casos, até mesmo espúria.

Já o estruturalismo, desde Saussure, na medida em que opera um deslocamento de interesses que abandona o individualismo subjetivista e idealista da tradição cartesiana para concentrar sua atuação no social, irá privilegiar a função comunicativa como a principal função da linguagem.

Em Chomsky, vemos, de certa forma, renascer o enfoque nacionalista, e com ele o ressurgimento também de várias reações, de diferentes calibres.

Halliday, na medida em que insiste na função textual da linguagem, privilegia, de certo modo, a sua função comunicativa e passa a considerar a distinção entre competência e desempenho como "desnecessária" ou "ilusória".

Robin Campbell e Roges Wales, 1970, sem rejeitar a oposição chomskyana entre competência e desempenho, propõem, entretanto, que a noção de competência seja ampliada de modo a conter não apenas a "competência gramatical" do falante, isto é, a capacidade de produzir o conjunto infinito de frases gramaticais de sua língua e excluir as não gramaticais, mas também a sua capacidade "comunicativa".

John Searle, 1969, seguindo a linha de reflexão do filósofo inglês J. L. Austin insiste na função comunicativa da linguagem humana, entendendo-a como uma instituição social de um tipo bastante, peculiar, constituída por regras cuja função principal é a de determinar as formas de comportamento que o indivíduo assume ao falar uma determinada língua. Para Searle, então, falar é assumir uma forma de comportamento governado por regras, e o trabalho do linguista é estabelecer que regras são determinantes deste comportamento.

O importante neste tipo de análise é que se entende que a linguagem passa a ser vista como uma forma de ação sobre o outro, sobre o interlocutor. E não apenas como ação, mas como ação intencional visando a modificar, a transformar, de certo modo, as condições de comportamento social, tanto do falante como do ouvinte, ou melhor dizendo, dos interlocutores de um diálogo. É deste modo que se pode dizer que o sentido de um enunciado, efetivamente produzido por um falante, numa determinada situação, é determinado por suas intenções de significação relativamente ao ouvinte deste enunciado. Talvez fosse importante introduzir, neste momento, algumas observações de esclarecimento.

1ª) A concepção da língua como atividade tem, talvez, a sua origem mais evidente nos trabalhos do filósofo inglês J. L. Austin. De fato, Austin, 1962, partindo da análise de certos enunciados, a que chama *perfomativos,* distingue-os dos enunciados a que chama *constativos* para chegar, enfim a uma teoria mais ampla dos atos de linguagem.

Talvez que o mais correto fosse falar em enunciações performativas e enunciações constativas. Neste caso seria antes preciso esclarecer o sentido da diferença entre enunciado e enunciação para depois falar da distinção entre constativo e performativo.

Entende-se por enunciação *(utterance* em inglês) a produção de um ato de linguagem, sendo esta concebida como uma atividade consciente e especificamente humana. O termo *enunciado* evocaria, por sua vez, o *conteúdo,* propriamente dito, do ato, deixando de lado aquilo que pode ser feito para além da simples manifestação do *conteúdo,* quando praticamos um ato de linguagem qualquer.

As enunciações performativas são, então, aquelas que, feita a abstração do fato de serem verdadeiras ou falsas, isto é, de seu valor referencial, fazem alguma coisa sem contentar-se apenas com dizê-la. O que é produzido é efetuado dizendo esta mesma coisa, ou pelo fato de dizê-la. No primeiro caso a enunciação é uma *ilocução*; no segundo, uma *perlocução.*

As enunciações constativas, ao contrário, não fariam senão descrever, ou afirmar sem descrever, um fato ou "estado de coisas", sem fazer, realmente, alguma coisa. Neste sentido, poder-se-ia dizer que tudo o que os constativos "fazem" é dizer alguma coisa e desta forma, equivaleriam à "afirmação" clássica. Dou um exemplo.

Suponhamos que eu dissesse a uma pessoa, numa situação real de interação verbal, em que, como interlocutor de um diálogo, falássemos de um amigo comum chamado João:

(2)   Ontem João foi ao cinema.

Segundo a distinção de Austin, esta seria uma enunciação constativa; o único ato que eu pratico, produzindo-a, é o ato de dizer alguma coisa, e que, no caso, consiste na descrição de uma ação passada praticada por João c que será verdadeira ou falsa na medida em que corresponder ou não a um fato efetivamente ocorrido.
Caso bastante distinto é, na mesma situação de diálogo, o da enunciação:

(3)   Eu prometo ir à sua casa amanhã.

Agora, não se trata apenas de descrever um fato mas sobretudo de praticar uma ação pelo simples ato de dizer *eu prometo*. Assim, quem diz *eu prometo* não se restringe a descrever um estado psicológico, uma disposição interior para um certo tipo de compromisso com o outro, seu interlocutor, mas compromete-se realmente, no ato mesmo em que enuncia a promessa. Dizer, então, *eu prometo* é muito mais do que simplesmente informar o outro de uma promessa: é realizá-la.
O valor performativo de uma enunciação é, além de outros fatores, caracterizado por certas marcas gramaticais que, como se pode ver no exemplo utilizado, consistiriam no emprego do verbo no presente do indicativo e na forma da primeira pessoa do singular.
Uma das consequências teóricas da "descoberta" dos performativos por Austin é que a atividade linguística já não pode ser concebida meramente como o uso particular que cada indivíduo faz do código, ou do sistema, ou da competência gramatical que constituiriam o acervo comum de todos os membros de uma determinada comunidade linguística. Ela está inscrita na língua, é constitutiva do sistema e por ele constituída, ao mesmo título que o são os fonemas, os morfemas, as frases e os conteúdos que elas veiculam.

2ª) Utilizamos acima os termos *ilocução* e *perlocução*, quando procuramos distinguir as enunciações performativas das constativas. Estes termos designam, na teoria de Austin, diferentes tipos de atividade linguística e constituem juntamente com a *locução* as três grandes categorias de atos de linguagem a que chega o autor, a partir da análise dos performativos. Estes, ao invés de serem vistos, então, como um fenômeno singular, isolado, por oposição ao fenômeno das enunciações constativas, serão tratados como um caso, *entre* outros, de um fenômeno muito mais amplo e geral: o da língua como código de comportamentos sociais ou como código jurídico.

O que é um ato locucional?

Um ato de linguagem que consiste simplesmente em produzir sons que pertencem a um certo vocabulário, organizados segundo as regras de uma determinada gramática e que possuem uma certa significação, na medida em que nos permitem, já neste nível, fazer referência, denotar, ou conhecer, pelo seu emprego, os fatos que, de alguma maneira, descrevem. Uma locução é, pois, o ato de *dizer* alguma coisa.

Poder-seria dizer que, *grosso modo*, a locução corresponde à competência gramatical do falante ou ainda ao que Halliday chama função ideacional da linguagem.

Um ato ilocucional é, por sua vez, um ato que além de fazer tudo o que faz enquanto locução, isto é, um ato que além de *dizer* alguma coisa, pratica, realiza, executa alguma coisa, ao dizer.

É o caso evidentemente, além dos performativos, das ordens, das interrogações e até mesmo das afirmações ou asserções.

Aqui, a correspondência que poderia ser feita, se fosse o caso, seria com a da chamada função interpessoal de Halliday, isto é, aquela função que diz respeito aos modos ou modalidades dos enunciados.

O importante, entretanto, é observar que cada um destes diferentes atos ilocucionais tem marcas linguísticas próprias: para a asserção, o indicativo; para a interrogação, a inversão da ordem sujeito- -verbo e/ou a entonação; para a ordem, o imperativo.

Detenhamo-nos um pouco no caso do imperativo que nos servirá de exemplo concreto para ilustrar o que acabamos de expor.

Suponhamos que, numa situação real de interação verbal, eu diga a um de meus familiares:

(4)   Apague a luz!

Como descrever a significação desta enunciação?

Deixando de lado outros elementos semânticos que intervêm na sua significação, a pergunta poderia ser mais dirigida, no sentido de saber qual o conteúdo semântico veiculado pelo imperativo.

Uma resposta possível seria dizer que o enunciado *Apague a luz/* exprime o meu desejo ou a minha vontade de ver o meu interlocutor apagar a luz.

Mas qual seria, então, a diferença entre esta forma imperativa de enunciar minha vontade e os modos assertivos que da mesma forma a enunciariam, como quando eu dissesse:.

(5) Desejo que você apague a luz!

(6) Gostaria que você apagasse a luz!

A diferença é fundamental quando se considera não apenas a informação que estes enunciados veiculam mas também o papel desempenhado pela fala, isto é, pela sua enunciação efetiva.

O caso é que o imperativo permite realizar um tipo particular de ato ilocucional, a ordem, enquanto o mesmo não se dá, necessariamente, com as modalidades assertivas representadas pelos enunciados (5) e (6).

Em outras palavras, a enunciação do imperativo transforma *ipso facto* a situação do ouvinte, pondo-o diante de uma alternativa jurídica antes inexistente para ele: obedecer ou desobedecer à ordem executada pelo falante.

Entre parênteses, seria interessante introduzir, neste momento, ao lado das categorias falante/ouvinte, o par destinador/destinatário. Diferentemente da primeira oposição, que diz respeito a entidades mais ou menos ideais, que se identificam quase que como personagens exclusivas da função cognitiva da linguagem, daquilo que Chomsky chama competência linguística, as categorias destinador/destinatário são figuras que se recortam necessariamente no ou pelo ato de linguagem, que relaciona de modo particular o falante e o ouvinte, numa dada situação de interação verbal. Assim, na medida em que enuncio uma frase e já que, quando a enuncio, pratico ao mesmo tempo um ato ilocucional de um certo tipo, este ato constituirá não só as formas de relação jurídica entre os interlocutores que dele participam, como atribuirá também a cada um deles um modo de ser, uma máscara que o próprio ato constitui e cuja representação impõe a cada um.

No caso do emprego do imperativo, a relação que se estabelece entre falante e ouvinte é uma relação de autoridade, articulada socialmente pelos comportamentos da submissão ou da agressão, isto é, organizando sua significação sobre os conceitos de obediência e desobediência, característicos da sociedade em que vivemos. Se desaparecessem de nossa sociedade estes conceitos, isto é, estas formas de comportamento social, sem dúvida alguma o valor semântico do imperativo desaparecia como tal, ou seria radicalmente transformado. Destinador e destinatário são figuras que se constituem no interior das relações específicas que os atos de linguagem estabelecem entre os falantes e ouvintes de uma língua. Neste sentido são como que representações ideológicas constituídas pela atividade linguística. É sempre possível referirmo-nos ao falante e ao ouvinte como entidades ideais de uma língua; mas só é possível falar de destinador e destinatário se fizermos menção da atividade, do emprego efetivo desta língua. Poder-se-ia dizer, no limite, que falante e ouvinte são categorias locucionais e que destinador e destinatário são categorias ilocucionais, para não dizer também perlocucionais.

Mas voltando ao imperativo, o melhor seria, talvez, dizer que sua enunciação, através da alternativa jurídica que estabelece, impõe ao ouvinte um papel discursivo. Este papel é o do destinatário e o seu perfil é dado inteiramente pelo binômio obediência/desobediência, o qual projeta, no discurso, também a representação do falante como destinador.

Ao contrário, esta alternativa não é necessária quando nos confrontamos com enunciações assertivas do tipo (5) ou (6). Se eu dissesse à mesma pessoa, a quem dei a ordem anteriormente, *Gostaria que você apagasse a luz,* poderia perfeitamente neste caso receber uma resposta como *Eu também gostaria de apagar a luz,* que pareceria totalmente estranha como sequência de um diálogo aberto pela enunciação anterior, na qual a ordem é direta. Além do mais, se nos dois casos o falante e o ouvinte são os mesmos, a relação entre eles mudou de uma enunciação para outra e, consequentemente, o destinador e o destinatário também mudaram. Apesar de sua identidade individual, enquanto falante e ouvinte, o seu papel discursivo já não é o mesmo e neste sentido já não são as mesmas pessoas.

É essa diferença entre indivíduo e pessoa que pode estar na base da distinção entre, de um lado, falante/ouvinte e, de outro, destinador/destinatário. As observações de Park, citado por Goffman, 1975, p. 27, são, neste sentido, esclarecedoras:

"Não é provavelmente um mero acidente histórico que a palavra *pessoa,* em sua acepção primeira, queira dizer máscara. Mas, antes, o reconhecimento do fato de que todo homem está sempre e em todo lugar, mais ou menos conscientemente, representando um papel... É nesses papéis que nos conhecemos uns aos outros; é nesses papéis que nós nos conhecemos a nós mesmos."

E, em seguida:

"Em certo sentido, e na medida em que esta máscara representa a concepção que formamos de nós mesmos — o papel que nos esforçamos por chegar a viver — esta máscara é o nosso mais verdadeiro eu, aquilo que gostaríamos de ser. Ao final, a concepção que temos de nosso papel torna-se uma segunda natureza e parte integral de nossa personalidade. Entramos no mundo como indivíduos, adquirimos um caráter e nos tornamos pessoas."

3ª) Suponhamos agora que diante de uma enunciação como *Eu prometo ir à sua casa amanhã,* meu interlocutor, dada a situação em que pronunciei esta frase, não só entendesse a promessa que eu realizei, ao pronunciá-la, mas se sentisse também ameaçado pela minha promessa. Portanto, além de praticar o ato ilocucional de prometer, eu teria praticado um ato, chamemo-lo assim, de ameaça. Este segundo ato é, neste caso, um ato perlocucional. Chegamos, agora, ao último nível das distinções que Austin faz para a atividade linguística. Segundo ele, a perlocução é um ato que, além de dizer alguma coisa, produz alguma coisa pelo fato de dizer. O importante é notar que aquilo que se produz não é necessariamente aquilo que se diz que se produz. No caso, por exemplo, de *Eu prometo ir à sua casa,* minha enunciação é uma perlocução se o meu interlocutor, além do compromisso que com ele estabeleço na promessa, sentir-se também ameaçado pelas minhas palavras.

A perlocução constitui, deste modo, como que uma atividade indireta da fala e a sua capacidade para produzir significações é infinita. Searle, 1969 e 1975, tratou detidamente da questão. Aqui, limitar-nos-emos a observar que os atos da fala indiretos podem ser vistos como manifestações de um fenômeno bastante comum nas línguas naturais: o das significações implícitas. O implícito linguístico conhece uma variedade extrema e alguns autores já se dedicaram ao seu estudo, como é o caso, por exemplo, de Oswald Ducrot, 1972, e de H. P. Grice, 1975.

Enfim, creio que o importante, quando se fala em estrutura e função da linguagem, é observar como diferentes estruturas e diferentes funções lhe são atribuídas, de acordo com as diferentes concepções teóricas que subjazem aos diversos modos de entender a linguagem humana, ao longo do percurso que poderíamos chamar história da linguística.

Estrutura e função da linguagem são realidades históricas. Daí a relatividade destes conceitos, a sua fraqueza e também sua força.

A linguística tem, sem dúvida nenhuma, uma contribuição enorme a oferecer ao estudo da linguagem. Mas ela não a esgota.

Basta pensar, por exemplo, o caso dos textos literários. Quando cometemos a sandice de querer reduzir estes textos ao mero exercício de aplicação imediata dos conceitos, métodos e categorias da linguística (e ela foi tantas vezes cometida), vemos que o resultado é triste e amesquinhador. Porque um texto é feito de fronteiras que ultrapassam os limites de seu começo explícito e de seu explícito fin. Coloca-se diante de nós com uma enganadora transparência e basta começar a lê-lo para reproduzi-lo, tantas vezes quantas forem as vezes lidas, ou quantos forem os seus diferentes leitores. Ele está lá, na página, diante de nós, inteiro, acabado, completo como a armadilha que nos arrebatará para a sua multiplicação infinita. Nele falam os outros textos com quem ele fala, as vozes que povoaram as frases de que ele é feito, os empregos que antes se fizeram das palavras que o constituem, o sentido literal de seus enunciados entrelaçados pelas significações implícitas de suas entrelinhas.

Diante do texto, a ser lido, há de se ter a mesma prudente ousadia de Clarice Lispector, diante do texto, a ser escrito:

"Mas já que se há de escrever, que ao menos não se esmaguem com palavras as entrelinhas."

Campinas, maio de 1978

De *magis* a *mas*: uma hipótese semântica[1]

O objetivo deste trabalho é propor uma explicação semântica para um fato bastante conhecido pelos historiadores das línguas românicas. Trata-se do fato de que, em muitas dessas línguas, a principal conjunção adversativa (port. *mas*, fr. *mais*, ital. *ma*) deriva, não do adversativo latino *sed,* mas do advérbio *magis*, que era um dos meios utilizados para formar o comparativo de superioridade. Aliás, em algumas dessas línguas, num dado momento de sua história, a mesma forma fonética teve o duplo valor de "mas" e de "mais": é o caso, por exemplo, de *mas* em português arcaico. E mesmo nos dias atuais, em certas regiões do Brasil, é impossível distinguir pelo ouvido a conjunção *mas* e o advérbio *mais*. Esta identidade fonética é aproveitada numa locução de uso bastante

---

[1] Este artigo, escrito originalmente em francês em colaboração com Oswald Ducrot, da École des Haustes Études en Sciences Sociales, Paris, foi também publicado na *Revue de linguistique romane*, nos 171-172, tomo 43, Lyon/Strasbourg, 1979, p. p. 317-341.

comum: a alguém que faz seguidamente objeções (mas, ..., mas, ...) se pode responder, para encerrar a discussão, *Não tem mais nem menos*. Nosso problema é explicitar a relação existente entre o sentido da conjunção *mas* e o sentido do advérbio *magis*, relação esta que estaria na origem da derivação histórica e que explicaria que a assimilação possa, às vezes, manter-se sincronicamente.

O problema se complica pelo fato de que as línguas românicas que utilizam um derivado de *magis* como conjunção adversativa principal, atribuem-lhe, na verdade, duas funções diferentes. Uma é a do espanhol *sino* e do alemão *sondern* e nós a simbolizaremos por *SN*. A outra, que designaremos por *PA*, é realizada em espanhol por *pero* e em alemão por *aber*. O *mas SN* serve para retificar: vem sempre depois de uma proposição negativa $p = $ *não-p'*, e introduz uma determinação q que substitui a determinação p' negada em p e atribuída a um interlocutor real ou virtual: *ele não é inteligente, mas apenas esperto*. O *mas PA*, ao contrário, não exige necessariamente que a proposição precedente, p, seja negativa. Sua função é introduzir uma proposição q que orienta para uma conclusão não-r oposta a uma conclusão r para a qual p poderia conduzir: *ele é inteligente, mas PA estuda pouco*. É possível, aliás, mostrar que, por exemplo, o *mais* francês (o mesmo poderia ser feito com o português) possui propriedades sintáticas específicas conforme preencha a função *PA* ou a função *SN* (Cf. Anscombre e Ducrot, 1977). Quando se fala da relação entre *magis* e *mas*, é preciso, pois, precisar se se trata do *mas SN* ou do *mas PA*.

I — *Do* magis *comparativo ao* mas SN

Sabe-se que no próprio latim já existe um certo número de exemplos do emprego de *magis* como conjunção adversativa. Ora, em todos esses exemplos *magis* tem uma função retificadora, muito próxima de *SN*. Assim, na primeira égloga de Virgílio: *Non equidem invideo, magis miro*? (= Eu não tenho inveja, mas sobretudo espanto"). Ou ainda *Id, Manli, non est turpe, magis miserum est* (Catulo, 68,30) (= "Não é vergonhoso, Manlio, é sobretudo infeliz"). Cf. ainda Salústio (De *bello* Jug. 85,49) Neque quisquam parens liberis uti aeterni forent optavit, magis uti boni honestique vitam exigerent "Nenhum pai desejou que seus filhos fossem eternos, mas que levassem uma vida boa e honesta"). Em todos estes exemplos, a primeira proposição é negativa e a segunda substitui uma afirmação, apresentada como correta, à afirmação negada, e portanto rejeitada, na primeira.

Procuraremos, então, primeiramente explicitar a relação que pode haver entre a função de condenação adversativa desempenhada por *magis* e seu emprego na comparação sob a forma *magis quam* (emprego ilustrado, por exemplo, por esta máxima de Sêneca *Magis Deum miseri quam beati colunt* (= "Deus é mais venerado pelas pessoas infelizes do que pelas pessoas felizes"). Para esquematizar o problema, nós nos perguntamos qual é a relação entre as estruturas (1) e (2)

(1)   *A magis quam B*
(2)   *Não B, magis A*

A ordem das proposições em (1), pode, aliás, muito bem ser — ainda que menos habitual: *Magis quam B, A*. A ordem das proposições não é pertinente senão em (2).

Diversas diferenças aparecem de imediato. De um lado, trata-se em (2) de uma parataxe, coordenação de duas proposições. Em (1), ao contrário, trata-se de uma hipotaxe em que a proposição *B* é "subordinada" à proposição *A*, que desempenha o papel de principal; A é o termo determinado e *B,* o determinante. Em segundo lugar, o morfema *magis* está, em (2), ligado a A, enquanto que em (1), sob a forma *magis quam,* ele introduz a proposição *B*. Terceiro ponto: (2) comporta uma negação explícita ausente de (1). Enfim, diferença talvez menos evidente, tem-se a impressão, nas frases do tipo (2), de uma relação entre enunciações. O verso de Catulo Id, *Manli, non est turpe, magis miserum est* deixa-se parafrasear por "Não se deve dizer, Mânlio, que é vergonhoso, deve-se sobretudo dizer que é infeliz". Ao contrário, nas comparativas (estrutura (1)) a presença da enunciação é muito menos visível: na verdade, no exemplo de Sêneca citado mais acima, parece que ele compara duas realidades: a devoção das pessoas felizes e a das pessoas infelizes. Examinaremos, em seguida, esses diferentes pontos.

a) Os dois primeiros pontos devem ser tratados juntos. Aliás, nós os discutiremos rapidamente, pois não representam senão um caso particular de um fenômeno sintático-semântico mais geral, que é o seguinte. Seja *M* um morfema que marca uma relação semanticamente dessimétrica entre proposições. Suponhamos, por outro lado, que *M* tenha duas variantes m_i e *m2*. Sob a forma *ml*, *M* estabelece uma relação hipotática de subordinação. Sob a forma m_1, *M* estabelece uma relação paratática de coordenação. Seja agora um enunciado E1: X, m, Y (ou m, Y, X) no qual X é o determinado (proposição principal) e Y, o determinante (proposição subordinada). Se se quiser parafrasear E_1 por um enunciado paratático E_2 constituído com m_2, deve-se necessariamente dar a E_2 a forma $Y + m_2 X$ (em que "+" marca *s* junção entre os dois membros da parataxe, junção frequentemente manifestada por e ou *mas)²*.

Suponhamos, por exemplo, que *M* seja a marca da relação de anterioridade. Ter-se-á:

m_1 = *antes que*
m_2 = *antes*

Tomemos por outro lado:

X = *Pedro veio*
Y = *João partiu*

A frase hipotática será:
E_1 = *Pedro veio antes que João partisse*
(ou*: Antes que João partisse, Pedro veio)*

A regra acima enunciada fornece, então, como paráfrase paratática:

E2 = $\underbrace{João\ partiu}_{Y}$, $\underbrace{mas}_{+}$ $\underbrace{antes}_{m_2}$ $\underbrace{Pedro\ veio}_{X}$.

(A necessidade de colocar $m_2 X$ depois de *Y* deve-se, ao fato que, na paráfrase paratática, m_2 está ligado por anáfora a *Y*, isto é, à proposição subordinada da construção hipotática).

Como a regra que acaba de ser enunciada se aplica ao problema de *magis?* Basta tomar por *M* a marca do comparativo de superioridade, por m_1 a subordinação *magis quam* e por m_2 o advérbio *magis,* utilizado como coordenação.

---

[2] Esta regra, poderia ser estendida, mas suas formulação seria mais complicada, ao caso em que a relação marcada por *M* concerne a objetos e não a proposições, e no qual m_1 é uma preposição (Cf. *à direita de, sobre, ...,* etc.).

Se tomarmos, por outro lado, $X = $ não-B e $Y = A$, então a regra geral permite prever uma relação de parataxe entre (1) e (2):

(1')   *A magis quam não-B* (hipotaxe)
(2)   *Não-B, magis A* (parataxe)

b) O que acaba de ser dito não responde ainda ao nosso problema inicial. Não procurávamos relacionar (1') e (2), mas (1) e (2) — em que (1) (= *A magis quam B)* difere de (1') pela ausência de uma negação explícita ligada a *B*. Nossa solução, como já se terá adivinhado, é que, num comparativo de superioridade, o segundo termo (aquele que é declarado inferior) é sempre, do ponto de vista semântico-pragmático, o objeto de uma negação (fato já apontado na literatura linguística e estudado, do ponto de vista argumentativo, em Vogt, 1977).

Observar-se-á primeiramente que, nas línguas românicas, o segundo termo é, de modo bastante frequente, o objeto de uma negação explícita.

Numerosos exemplos desse fenômeno em francês podem ser encontrados em Valin, 1952, p.p. 17-18) : a negação pode aparecer seja sob a sua forma completa (*J'aurai plus de temps pour cela à Champagny que non pas à Paris,* Mademoiselle, *Mémoires) (* — "Terei mais tempo para isso em Champagny do que em Paris")) seja, o que é mais habitual hoje em dia, sob a forma incompleta do assim chamado *ne* expletivo *(Je le sens mieux que vous ne le sentez vous même,* Anatole France, *Le lys rouge. (=* "Eu o sinto melhor que você mesmo")). O mesmo se dá no português arcaico. Cf: Eu *amo mays meu Senhor que nom* a *ty* (séc. XV); *Melhor o fezo ca o nom disse* (séc. XIV).

Estes fatos, em si mesmos incontestáveis, são suscetíveis de duas interpretações totalmente opostas. Com efeito, é possível, nas frases tomadas como exemplo, retirar o morfema negativo sem, contudo, modificar-lhes o sentido.

Duas interpretações podem, assim, ser admitidas:

— *Interpretação$_1$.* O morfema negativo não tem, aqui, nenhuma realidade semântica. É, como dizem os gramáticos tradicionais, expletivo. Em sintaxe estrutural diríamos que ele pertence a uma variante do comparativo, ele próprio sem nenhuma relação com a ideia de negação.

— *Interpretação*$_2$. Todo comparativo de superioridade implica, da parte do falante, uma atitude negativa (que precisaremos mais adiante) relativamente ao termo comparante. Esta atitude, sempre presente, pode ser manifestada ou não pelo uso de um morfema negativo.. Quando presente, este morfema não faz senão redobrar uma indicação pragmático-semântica já veiculada pelo comparativo. Trata-se do mesmo fenômeno que se observa em certas vitrines de lojas em dias de saldo. O comerciante utiliza um cartaz do tipo:

De
~~300,00~~
por apenas
200,00

O emprego da expressão *De ... por apenas...* seria suficiente para negar a indicação 300 cruzeiros, mas o comerciante prefere tomar esta negação ainda mais visível barrando o número (ou também, algumas vezes, escrevendo-o em caracteres menores que o outro).

A tese que acabamos de formular é, portanto, que o termo comparante é sempre negado no interior do comparativo de superioridade[3]. Ora, esta tese parece esbarrar imediatamente numa objeção de simples bom senso. Com efeito, pode-se objetar: "quando digo que Pedro é mais inteligente que João, eu não digo que João não é inteligente. Quando Sêneca diz que as pessoas infelizes são mais devotas que as felizes, ele não diz que estas não são devotas. E é exatamente isso que distingue a estrutura comparativa (1) da parataxe (2) : dizer *não-B, magis A* é *dizer não-B;* é, portanto, negar *B*".

Para responder, é preciso mostrar em que sentido dos, verbos *negar* e *manter B* é negado na comparação (1) (mesmo se ele é mantido), e mantido na parataxe (2) (ainda que seja negado)

---

[3] Poder-se-ia, aliás, mostrar que o comparativo de igualdade comporta também uma negação do termo comparante. Cf. Anscombre 1973; Vogt 1977, p. 201 segs.

b₁) *B* é negado na comparação

A negação de que falamos aqui, e que poderíamos chamar *negação argumentativa,* deve, evidentemente, ser distinguida daquilo que os lógicos chamam negação. Para eles, dado um predicado *P* e um sujeito *S*, não há senão duas possibilidades: ou bem *P* é verdadeiro de *S*, ou bem é falso de *S* (com a possibilidade suplementar eventual de que não possa ser posto em relação com S). Negar P de *S* seria dizer que *P* é falso de *S*, afirmá-lo seria dizer que *P* é verdadeiro de *S*. Para nós[4], as noções de verdade e de falsidade não têm uma função central em semântica linguística. A maior parte dos predicados da língua (aqueles, por exemplo, que aparecem nas citações utilizadas acima, "ser devoto", "comportar-se bem", "ser infeliz", "falar bem"... etc.) são tais que não faria muito sentido dizer que se aplicam ou não se aplicam a um sujeito. O que é que pretendemos, então, dizer quando sustentamos que a frase de Sêneca *Magis Deum miseri quam beati colunt* nega a devoção das pessoas felizes e afirma a das pessoas infelizes? Queremos com isso dizer que ela tem a mesma orientação argumentativa, no que concerne às pessoas felizes, que frases como, *As pessoas felizes não são (muito) devotas. As pessoas felizes têm (muito) pouca devoção,* ou que a interrogação *São devotas as pessoas felizes?*. Todas estas frases servem, se atribuirmos um certo valor (por exemplo, favorável) à devoção, para recusar este valor às pessoas felizes. Donde encadeamentos como:

As pessoas felizes são lamentáveis: { — *elas não são devotas.*
— *elas têm pouca devoção.*
— *são elas devotas?*
— *as pessoas infelizes são mais devotas que elas.*

Em outros termos, todas as frases da direita constituem um paradigma: seu traço constitutivo é a orientação para conclusões inversas às que o falante tiraria da devoção.
Nossa concepção da afirmação é da mesma natureza, mas oposta. Dizendo que a frase de Sêneca afirma a devoção das pessoas infelizes, queremos dizer que ela serve para reivindicar para estas

---

[4] Cf. Anscombre e Ducrot, 1978.

últimas os valores que, segundo o falante, estão ligados à devoção. Como se vê, esta concepção da negação e da afirmação está relacionada com a ideia que fazemos do sentido de um enunciado: este sentido não é constituído por condições de verdade, mas pelas continuações de que o enunciado é suscetível num encadeamento argumentativo.

Se admitirmos esta concepção, não será nenhum grande problema dizer que o enunciado comparativo *A mais que B* nega o termo comparante *B*. Isso não significa que ele implica a falsidade de *B*, nem mesmo que ele implica necessariamente a frase gramatical *não-B;* significa, isto sim, que ele pertence ao mesmo paradigma argumentativo que essa frase, frase que aliás, não exprime a negação, mas apenas *uma* forma de negação entre outras. Dizendo que a máxima de Sêneca é a negação da devoção das pessoas felizes, não pretendemos, pois, dizer que ela acarreta o enunciado gramaticalmente negativo *As pessoas felizes não são devotas*. Seu valor negativo está no que ela tem em comum com este enunciado, a saber, uma determinada orientação argumentativa.

Resumiremos em três teses o que acabamos de dizer sobre a negação.

1. A negação argumentativa é algo muito diferente da negação lógica, de uma afirmação de falsidade.

2. A negação argumentativa não se exprime exclusivamente pela negação gramatical.

3. O valor semântico da negação gramatical não deve ser assimilado à negação lógica, *magis* deve ser concebido como uma forma particularmente forte de negação argumentativa.

Logo, é possível responder completamente à objeção que nos fizemos (p. 108): essa objeção consistia em opor radicalmente a estrutura (1) e a parataxe (2). De nosso ponto de vista, *B* constitui, nos dois casos, o objeto de uma negação argumentativa. O fato, de que (1) nem sempre nega *B* do ponto de vista gramatical, enquanto que *B* é gramaticalmente negado em (2), este fato não estabelece uma descontinuidade semântico-pragmática entre as duas estruturas: ele não a estabeleceria a não ser que descrevêssemos a negação gramatical por meio da negação lógica — coisa que recusamos.

Dois tipos de exemplos mostram quanto seria artificial separar brutalmente a negação gramatical em (2) e a posição do comparante em (1). Primeiramente, podem ser citados numerosos casos em que o efeito da frase comparativa é indiscernível do efeito de uma negação gramatical. Quando Cícero diz de alguém *Disertus magis est quam sapiens* (="Ele é mais bem falante do que sábio")[5], é diferente o julgamento que incide sobre a sabedoria da pessoa em questão daquele que forneceria a frase gramaticalmente negativa *Non est sapiens?*. Inversamente, tem sido frequentes vezes observado (Cf. Small, 1924, p. 15 segs.) que muitas línguas, desprovidas de instrumento morfológico para marcar a comparação, a exprimem justapondo uma proposição afirmativa e uma proposição gramaticalmente negativa (para dizer *Pedro é mais inteligente que João,* diz-se *Pedro é inteligente, João não é inteligente).* Cf. igualmente um exemplo preciso dado em Ivens, 1918, p. 150, e citado por Benveniste 1948, p. 126. Vemos aqui a negação gramatical, empregada em contraste com a afirmação, tomar um valor totalmente indiscernível do valor do comparativo.

Para nós, a equivalência funcional entre o comparativo e a negação não é um acaso. Prende-se, ao contrário, a um traço essencial das línguas naturais, nas quais os predicados não têm o caráter cristalizado que permitiria aplicar-lhes uma negação lógica. Se dermos à expressão *É falso que* a significação que ela tem em lógica, não faz- nenhum sentido dizer de alguém: *É falso que ele é sábio* ou *É falso que ele é inteligente*. Neste caso, não se pode enunciar estas frases a não ser por ficção, isto é, supondo que *sábio* e *inteligente* têm, não o seu sentido linguístico, mas as propriedades dos predicados lógicos. Esta ficção faz parte do "apriorismo lógico" (Benveniste 1948, p. 148) que busca reencontrar nas línguas naturais as estruturas da linguagem lentamente elaboradas pela ciência. Ela constitui, segundo pensamos, uma falsificação — ainda que corresponda a uma tendência efetiva das "línguas modernas

---

[5] Traduzimos *disertus* por "bem falante" que, em português, é um tanto pejorativo, quando a palavra latina não o é necessariamente. Esta tradução é destinada a pôr em evidência o efeito do movimento argumentativo constitutivo da comparação: quando se diz que alguém é *disertus magis quam sapiens* a eloquência que lhe é reconhecida se opõe à sabedoria, que no mesmo ato lhe é retirada, e se sobrecarrega do valor pejorativo implicado por esta retirada.

ocidentais e normalizantes" (Benveniste, *ibid.*) e exprime uma espécie de imagem que essas línguas tendem a dar de si mesmas.

b$_2$) *B* é mantido na parataxe

Para mostrar que a ausência frequente de morfema negativo na comparação (1) não opõe radicalmente esta estrutura à parataxe (2), fizemos aparecer no termo comparante de (1) uma negação argumentativa (distinta da negação lógica). Mas a aproximação não será completa se não seguirmos o caminho inverso no que diz respeito à parataxe. Assim, é preciso mostrar que a negação gramatical que nela acompanha *B* deve ser compreendida como uma marca de negação argumentativa e não de negação lógica: o signo disto é que *B*, mesmo sendo refutado, é num certo sentido mantido.

A manutenção de *B* na estrutura paratática (2) *Não-B, magis A* não é um traço particular desta estrutura, mas está relacionada, segundo pensamos, à função geral do morfema negativo nas línguas naturais. Há, com efeito, boas razões para admitir que o sentido de um enunciado negativo é sempre, num certo nível, a encenação de um diálogo com um interlocutor imaginário. Dizendo *não-B*, o falante representa uma enunciação virtual de *B*, o se opõe a esta enunciação. Em outros termos, não se pode enunciar *não-B* sem enunciar *B*, ou, mais exatamente, sem fazer enunciar *B* por um personagem cujo discurso é relatado: na língua, toda negação releva do discurso relatado. Pode acontecer que o falante não identifique esse personagem com seu destinatário empírico, e, ainda que este o tenha identificado, pode suceder que este último não aceite a identificação e não tome *B* sob a sua responsabilidade. Mas estas possibilidades de mascarada, de esconde-esconde discursivo, não são dadas senão como realizações particulares de um fato mais essencial, a presença da alteridade no próprio sentido do enunciado. (Cf. Vogt 1977, p. 32 segs.).

Entre os fatos linguísticos que mais sugerem esta descrição da negação gramatical como recusa de um discurso atribuído ao outro, citaremos simplesmente *as* propriedades, à primeira vista bastante paradoxais, da expressão *ao contrário*. Num discurso seguido *X, ao contrário Y*, é necessário que *X* seja negativo e se analise como *não-X'* (Ex.: *Ele não cederá, ao contrário ele endurecerá suas posições*). Em compensação, *Ao contrário Y* pode muito bem ser utilizado no diálogo como réplica a um enunciado afirmativo *X'* de um interlocutor efetivo *(Ele cederá — Ao contrário, ele endurecerá suas posições)*. Se quisermos dar conta dessas observações mantendo uma única descrição para *ao contrário,* será preciso admitir que esta expressão marca, fundamentalmente, a oposição ao interlocutor; quando aparece num discurso seguido, depois do enunciado negativo *não-X',* é porque este enunciado relata um discurso virtual *X'* ao qual o falante se opõe duplamente: pelo *não* e pelo *ao contrário.*

Esta concepção geral da negação verifica-se particularmente na estrutura paratática (2): *Não-B, magis A* (na qual *magis* tem a função *SN* de *sino* e de *sondern).* Assim, o texto de Catulo *Id, Manli, non est turpe, magis miserum est* não se compreende senão por alusão ao julgamento possível *Id est turpe,* julgamento que é o objeto de uma refutação. O mesmo se passa — mas o movimento, mais indireto, é aquele que chamamos "mascarada" ou "esconde--esconde" — quando Melibeu diz a Títiro: *Non equidem invideo, magis miror.* Melibeu, no começo da égloga, comparou a sua sorte lamentável à felicidade de Títiro. Este respondeu-lhe, sem fazer a menor alusão a um possível ciúme de Melibeu, que ele devia toda a sua felicidade à proteção de César. É neste momento que Melibeu encadeia *Aliás eu não o invejo, antes estou admirado,* recusando, assim, uma possível acusação de inveja. É verdade que esta acusação não se encontra, nem implícita nem explicitamente, no que diz Títiro, mas nem por isso está menos presente no discurso: é a interpretação à qual, segundo Melibeu, poderiam dar lugar suas primeiras palavras — quando comparava sua situação à de Títiro. Ainda que não relate as palavras de seu destinatário empírico, dirige-se a ele *como* a alguém que tivesse dito *Você me inveja.*

Fazendo aparecer na negação *não-B* o discurso relatado *B,* ainda não mostramos o que anunciamos, a saber, que *B* é mantido. É preciso, pois, passar a uma nova etapa, pois poder-se-ia objetar que o falante de *não-B* anula o enunciado *B* ao qual ele se opõe (assim, na proposição lógica *não-p,* nada mais resta da proposição *p*). Mas, segundo pensamos, o fato de *B* ter sido dito (ainda que se trate de um dizer imaginário) confere-lhe uma presença, um "peso" que a negação gramatical não pode suprimir: a afirmação de que ele foi objeto já constitui para *B* uma espécie de realidade, esta mesma realidade que frequentemente se procura acumular quando se recorre a argumentos de autoridade. Em outros termos, a alteridade nos parece *constitutiva* do sentido. Não se pode separar o que é dito e o fato de que isso tenha sido dito pelo outro. Não se pode separar radicalmente, para retomar nossos exemplos, "ser invejoso" e "ser apresentado como invejoso", "ser vergonhoso" e "ser declarado vergonhoso". É justamente por esta razão que o valor semântico do enunciado negativo não se reduz à negação lógica. Ele se situa no intervalo entre a afirmação e a negação lógica; ele deve ser descrito como um movimento, como uma tensão dirigida para esta negação a partir de uma afirmação mantida no momento mesmo em que é recusada[6].

c) Resta-nos discutir a última diferença que apontamos para as estruturas (1) e (2) : aquela entre comparação de enunciações e comparação de propriedades. A estrutura comparativa (1) diria respeito a duas propriedades — das quais uma é declarada superior à outra; a parataxe (2), por sua vez, confrontaria duas enunciações, das quais uma é preferida à outra. Enquanto este ponto não for esclarecido, poder-se-á dizer que nossa resposta à objeção B? é um puro jogo de palavras. Com efeito, para mostrar que o termo *B*, mesmo sendo negado na construção paratática, é, apesar disso, mantido, dizíamos que ele tem o *status* de um discurso relatado. Mas, alguém nos dirá, não se deve assimilar esta forma de "manutenção" àquela de que pode ser objeto o termo comparaste de (1). No segundo caso, mantido seria o fato de que uma propriedade pertence a uma coisa e não a existência de um discurso que atribui essa propriedade a essa coisa.

Para responder à objeção é necessário questionar a noção de propriedade, ou, ao menos, sua utilização na descrição semântica. Seja-nos, pois, permitida uma digressão na qual precisaremos — sem justificá-la — nossa posição sobre este ponto.

c_1) A descrição semântica de uma proposição linguística do tipo *X* (= substantivo) é *Y* (= adjetivo) não tem de recorrer à noção de propriedade. A representação desta proposição em nossa metalinguagem não consistirá em dizer que a qualidade *Y* se encontra no

---

[6] Esta tese nos parece uma aplicação ao problema da negação das pesquisas de Bakhtin (Volochinov) sobre o discurso relatado e sobre o caráter "fictício" do sentido literal (Bakhtin (Volochinov), 1973, p. 79 segs. Se a palavra *literal* não aparece na tradução francesa da obra, ela é, em compensação, utilizada nas traduções inglesa, espanhola e portuguesa.

objeto X (como o suco está na laranja), nem muito menos que X pertence a um conjunto associado a Y (como Rex pertence ao conjunto dos cachorros). Numa concepção argumentativa da semântica, descrever uma proposição, por exemplo, *X est sapiens*, é indicar o tipo de conclusões às quais esta proposição pode servir de argumento, e, por outro lado, comparar sua força argumentativa à de outras proposições que tenham a mesma orientação (*X est sapientior quam X', X est sapientissimus,...*, etc.) : não se trata absolutamente de representar X como possuidor de uma misteriosa propriedade que seria a sabedoria.

c_2) É verdade que o falante tem frequentemente a impressão de que afirmando *X é Y*, ele descreve uma espécie de inerência da qualidade representada por Y no sujeito denotado por X (donde a importância tomada, na descrição tradicional do adjetivo, pela noção de qualidade). Para nós, trata-se de um fenômeno derivado, que nada tem a ver com o sentido, propriamente dito, da proposição, mas que é tão somente um efeito possível de sua afirmação. É que o ato de afirmação tende a se fazer esquecer a si mesmo, a apagar a presença do enunciador: o ato de relacionar os termos da proposição é, então, disfarçado numa relação interna entre as coisas representadas por estes termos. Daí o fato, frequentemente assinalado, de que o verbo realiza, ao mesmo tempo, e de modo indiscernível, duas funções: estabelecer um elo entre palavras e marcar a afirmação. A confusão dessas duas funções consiste em ver o elo entre as palavras como uma relação entre as coisas, e no caso particular do verbo *ser*, como uma inerência do predicado ao sujeito. Tanto essa inerência é sentida que o enunciador adere totalmente à sua afirmação, isto é, esquece-se, inteiramente, de si mesmo.

c_3) Admitiremos que a atividade de argumentação é governada, entre outras coisas, pelo seguinte princípio: "A existência de um discurso que afirma uma proposição '*p* é percebida como argumento em favor das conclusões que (segundo c_1) constituem o sentido dessa proposição". O próprio fato de que *p* tenha sido afirmado dá credibilidade às conclusões para as quais *p* foi utilizado. Daí o recurso frequente à autoridade. Daí, também, o *mas* de *Ele disse isso, mas é falso*. Recusaremos, portanto, admitir uma descontinuidade entre o simples fato de reconhecer que um discurso tenha sido sustentado e a adesão a este discurso. O reconhecimento já é um certo grau de adesão, que pode, aliás, ser muito fraco e se fazer acompanhar de uma recusa, expressa principalmente por uma negação gramatical, ou por um *É falso* (como no exemplo precedente).

c_4) Que sentido damos, então, ao verbo *manter*, quando dizemos que, na comparação (1) e na parataxe (2), o falante "mantêm" *B?* Queremos com isso dizer que ele reconhece a existência de um discurso que afirma *B*, discurso que, na comparação, é frequentemente do tipo *X é Y*. Em virtude de c_3), esse reconhecimento implica que o falante admite a existência de argumentos em favor das conclusões constitutivas do sentido de *B*. Isso não significa, em nenhum caso, que o falante argumenta em favor dessas conclusões, isto é, que ele próprio utilize *B*. Muito pelo contrário, ele argumenta num sentido inverso ao de *B*. Que se possa reconhecer a existência de argumentos para uma conclusão r, e, ao mesmo tempo, fazer o ato de argumentar contra *r*, esta possibilidade é, segundo pensamos, a mesma que torna possível a existência da conjunção mas (sustentamos esta tese em vários textos anteriores, mas até aqui apenas a propósito de *mas PA*).

c_5) Voltemos ao caso particular da estrutura comparativa (1) *A magis quam B,* ilustrada, por exemplo, por *Disertus magis est quam sapiens.* O enunciado desta frase parece fazer necessariamente alusão a um discurso *B* = *Sapiens est,* real ou virtual, ao qual Cícero quer se opor. É neste sentido (Cf. c_4) que *B* é mantido (como seria no enunciado gramaticalmente negativo *Non est sapiens).* Ainda que se opondo ao discurso *B* e argumentando em sentido inverso, o falante lhe dá *ipso facto* uma certa credibilidade: pode, aliás, acontecer que o reconhecimento deste discurso atinja um grau relativamente alto de adesão. Neste caso, em virtude de C_2), o reconhecimento pode ser compreendido como a atribuição mais ou menos clara de uma propriedade: esquece-se o ato discursivo de que *B* foi o objeto, e representa-se uma certa quantidade de sabedoria inerente à personagem em questão. É, então, que sentimos uma diferença com o enunciado paratático que comporta uma negação gramatical, logo, uma negação argumentativa forte, e implica uma adesão mais fraca ao discurso do outro. O importante, para nós, é que pode haver no máximo, entre as estruturas (1) e (2), uma diferença de grau, mais explicitamente uma diferença de força argumentativa — o que não compromete em nada sua continuidade.

A percepção das estruturas (1) e (2) como radicalmente opostas, não nos parece, portanto, imposta pelos fatos linguísticos em si mesmos. Prende-se à concepção da língua acionada pelo observador. Este toma como norma o que é simplesmente uma tendência linguística entre outras, a tendência para apagar da afirmação o próprio ato pelo qual o enunciador a constitui. Chega-se, assim, a uma alternativa: "Ou bem há presença, ou bem há ausência no objeto da propriedade expressa em *B* (ou bem, o homem de que fala Cícero é detentor ou bem não é detentor de sabedoria) ". Esta "visão" dos fatos linguísticos está ligada a uma certa representação da significação (entendendo por significação o valor semântico fixo preso às frases da língua). Este valor fixo consistiria numa representação, na língua, de certos caracteres atômicos possuídos pela realidade. Tudo o que dissemos sobre a natureza do sentido vai exatamente na direção oposta.

II — *Magis* comparativo e *mas* $_{PA}$

A primeira parte de nosso trabalho era consagrada a mostrar uma possível passagem entre o comparativo *magis* e o *mas* das línguas românicas compreendido na sua função *SN*. Esta passagem é, como dissemos, atestada historicamente, já que o *magis* latino pode ser empregado como uma coordenação muito próxima do *mas SN* (= *sino* ou *sondern*). No que concerne ao mas *PA* (= *pero* ou *aber*), nenhuma passagem é, segundo nosso conhecimento, atestada: não se encontra, ao menos nos textos literários clássicos, emprego em que *magis* tenha nitidamente a função *PA*. De modo que duas hipóteses históricas são agora possíveis. A primeira é que o *mas PA* deriva diretamente de *magis*, mas ele teria vindo de empregos que relevam do latim vulgar e, por esta razão, pouco atestados. A outra, é que a passagem é indireta. *Magis* teria dado apenas o *mas SN* que, em seguida, ter-se-ia estendido para preencher a função *PA*[7].

---

[7] No momento em que redigíamos este artigo, não pudemos dispor da tese de J. Mélander *Étude sur magis et les expressions adversatives dans les langues romanes,* Uppsala, 1916. Nas páginas 8-34, Mélander discute esta alternativa. Apoiando-se em textos geralmente pós-clássicos, defende a ideia de que *magis* teve, no próprio latim, a função que chamamos *PA*. Mas não é seu problema procurar a relação semântica entre o emprego de *magis* como comparativo e a sua dupla função enquanto coordenação.

Não temos que escolher no interior desta alternativa. Para nós, o fato importante é que os morfemas adversativos que 1) vieram do comparativo de superioridade *magis*, e que 2) têm a função *SN* tenderam a tomar também, nas línguas românicas, a função *PA* (seja diretamente ou não). Isto é verdadeiro para o português, o francês, o italiano e mesmo para o espanhol cujo *mas* (muito pouco empregado) é ao mesmo tempo *pero* e *sino*. Por outro lado, não parece que os adversativos de função *SN*, não provenientes de *magis*, tenham tido a mesma sorte: o português senão (vindo, como o espanhol *sino*, do latim *si non*) e o antigo francês ains (vindo de *ante*) não tiveram jamais o emprego *PA*. Aconteceu, enfim, que adversativos do tipo *PA* não provenientes de *magis* (Cf. em português antigo *pero*, vindo, como o *pero* espanhol, de *per hoc*) foram inteiramente eliminados pelo morfema de origem comparativa. Tudo o que guardamos dessas observações é que há uma afinidade semântica entre o comparativo de superioridade e o adversativo, não apenas no seu papel *SN*, mas também no seu papel *PA* (razão suplementar, depois de muitas outras, para não falar de ambiguidade a propósito dos dois usos de *mas*). É esta afinidade entre *magis* e *mas PA* que iremos agora explicitar.

Até aqui não consideramos o comparativo de superioridade a não ser relativamente a seu efeito sobre o termo comparante B. Este efeito é como dissemos, o de desvalorizar este termo segundo um processo de negação argumentativa. É este efeito que é mais visível no exemplo de Cícero *Disertus magis est quam sapiens*, que parece destinado antes de tudo a negar a sabedoria da pessoa em questão. Mas isto não é senão um dos movimentos argumentativos possíveis a partir do comparativo de superioridade, que pode, da mesma forma, servir para valorizar o termo comparado *A* (Vogt 1977, p. 70 segs.)[8]. Assim, declarando a devoção das pessoas infelizes superior à das pessoas felizes, Sêneca pode querer fazer, ao mesmo tempo que uma crítica a estes, um elogio àqueles.

---

[8] Já em Valin, 1952, se encontra a ideia de que o comparativo de superioridade implica um duplo movimento, de *A* para *B*, e de *B* para *A*. Mas esta dualidade é aí interpretada, segundo os princípios de Guillaume, de uma maneira "psicológica", sem ser posta em relação com a atividade intersubjetiva de argumentação.

É nesse movimento favorável a *A* que iremos agora insistir. Nossa hipótese é, com efeito, que ele está, do ponto de vista semântico, na base do emprego, como *mas PA*, de um derivado de *magis*. Se admitíssemos esta hipótese, seríamos levados a dizer que a dualidade dos dois *mas* reproduz a dualidade inerente ao comparativo de superioridade. A única diferença é que, no caso do comparativo, as duas funções são indissociáveis: o mesmo emprego de *magis* (Cf. a frase de Sêneca) pode ser, ao mesmo tempo, desvalorização de *B* e valorização de *A*; contrariamente, cada mas é ou *PA* ou *SN* e tem propriedades sintáticas diferentes conforme seja um ou outro. Produz-se, assim, na língua, um estilhaçamento semântico do comparativo.

Para resumir isto por um esquema (no qual envolvemos com um círculo o termo sobre o qual o acento é posto, e que é o tema da comparação):

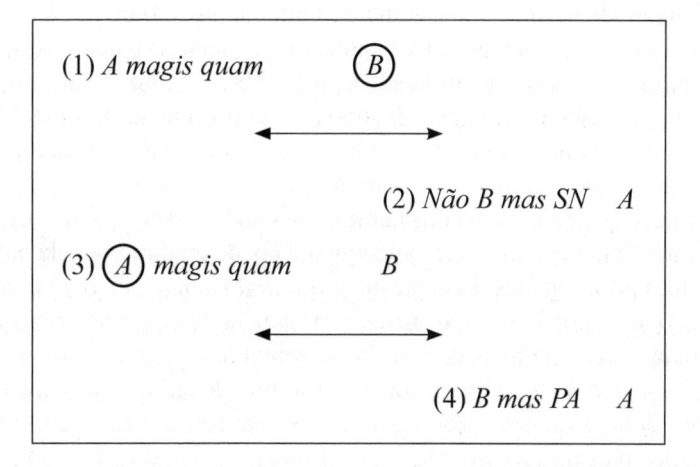

```
(1) A magis quam        (B)
         ◄──────►

                    (2) Não B mas SN    A

(3) (A) magis quam      B
         ◄──────►

                    (4) B mas PA    A
```

As principais questões a discutir para justificar a segunda parte deste esquema são as seguintes. Primeiro, por que a ordem de *A* e de *B* é invertida quando se passa de (3) a (4), e por que *magis* parece introduzir *B* em (3), enquanto que *mas já* introduz *A* em (4)? Já tratamos deste problema a propósito das estruturas (1) e (2); basta, pois, remeter à secção Ia). Por outro lado, é preciso explicar em quê a estrutura paratática (4) equivale semanticamente a uma comparação de superioridade (será o objeto de IIa). Em IIb) mostraremos que o termo *B* é "negado" ao mesmo tempo em (3) e em (4) e, enfim, em IIc), que ele é igualmente "mantido" nas duas estruturas.

a) *Mas $_{PA}$ institui uma comparação*

Primeiramente, é preciso lembrar a descrição que temos frequentes vezes dado a *masPA*. Ela consiste em dizer que este morfema põe em balança dois argumentos que autorizam conclusões inversas[9]. Em *B masPA A*, *B* é apresentado como argumento para uma certa conclusão *r*, e *A* para a conclusão *não-r*. Além disso, servindo-se desta estrutura, o falante declara atribuir mais importância a A do que a *B:* o resultado global da coordenação vai, então, do ponto de vista argumentativo, no mesmo sentido que *A*, isto é, ele é orientado para *não-r*. Se D propõe um passeio *a* L, e L responde *Tenho vontade de passear, mas tenho dor nos pés*, L apresenta sua dor nos pés como um argumento oposto à conclusão à qual pode conduzir sua vontade de passear, e o conjunto vai contra esta conclusão, constituindo, assim, um argumento para recusar o convite.

Este movimento parece corresponder exatamente ao da comparação *A magis quam B* quando o acento é posto sobre *A*. Porque a argumentação, para nós, efetua antes de tudo uma confrontação argumentativa: *A* é declarado mais importante que *B* — no sentido etimológico em que o que é importante é aquilo que tem consequências, aquilo que deve ser levado em consideração. Como já dissemos em Ic), não se trata fundamentalmente, na comparação, de medir uma pela outra as duas propriedades. Pode-se dizer que *João é mais inteligente que Pedro* sem, por isso, supor neles a existência de uma misteriosa faculdade que seria mais desenvolvida em um do que em outro. Tudo o que se quer dizer é que, para um certo tipo de tarefas ditas intelectuais, João é mais indicado que Pedro, que seu trabalho tem mais perspectivas de sucesso, etc.... Daí a possibilidade de uma tradução paratática: *Pedro é inteligente, mas PA João!* (com um acento de intensidade em *João)*. A tradução paratática é ainda mais fácil a partir de *João é mais inteligente do que Pedro é forte: Pedro é forte mas pA João é inteligente*. Seria absurdo imaginar uma escala única na qual se poderia exprimir, paia toda propriedade, seu grau de inerência ao sujeito, e na qual a inteligência de João estaria acima da força de Pedro. Tudo o que o enunciado diz é que, dado o objetivo visado pelo falante, uma é um argumento melhor de sucesso que a

---

[9] Empregamos intencionalmente, a propósito de *mas*, a imagem da balança que Sapir, 1944, e Benveniste, 1948, utilizaram a propósito da comparação.

outra. Além do mais, pode-se construir, para a parataxe *Tenho vontade de passear, mas PA tenho dor nos pés,* uma paráfrase comparativa *Tenho mais dor nos pés do que vontade de passear.* Que medida psicofisiológica associar a esta frase?

Se podemos parafrasear o *mas pA* por um comparativo, é principalmente em virtude de nossa concepção do comparativo como confrontação de argumentos e não de propriedades. Mas isso se deve também à possibilidade, na comparação, de escolher como tema o termo comparado *A*, e, assim procedendo, fazer sobressair necessariamente seu peso argumentativo: porque é isto, como dissemos, o que se passa na coordenação *B mas PA A*, cuja orientação global é a de *A*.

b) *B* é negado tanto em (4) como em (3)

b_1) Que o termo comparante *B* seja negado na comparação, já o mostramos em Ib) a propósito da estrutura (1), na qual *B* é o tema da enunciação. A mesma coisa vale para a estrutura (3), em que *B* não é o tema, mas serve para valorizar *A*. Um signo disto é a possibilidade de utilizar, para enunciações em que *A* é o tema, todas as frases comparativas citadas em I) — mesmo aquelas em que *B* comporta uma marca de negação.

A identidade do material linguístico empregado, qualquer que seja o tema da enunciação, explica, por outro lado, o deslizamento constante de uma interpretação à outra. Dado que a mesma frase pode servir para apreciar *A* em contraste com *B,* ou para depreciar *B,* em contraste com *A,* sugere-se sempre, empregando-a no primeiro movimento, a possibilidade de empregá-la no segundo. Donde, a existência, muito frequente, de diálogos como:

L: *Gosto muito de João, ele é mais inteligente do que Pedro.*
D: *De acordo, Pedro não é muito inteligente; entretanto, quanto a mim, eu gosto muito dele,*

Neste diálogo D interpretou o elogio de João feito por L como uma crítica a Pedro, e responde tomando Pedro por tema.

b_2) Negado (no sentido argumentativo) na comparação (3), *B* também o é na parataxe (4) *B masPA A*. Pode-se, sem dúvida, objetar que *B,* neste caso, não tem nenhum morfema negativo que lhe seja aplicado — inversamente ao que se passa com *mas SN*. Isto implica, para dar sequência à objeção, que o falante afirma a verdade factual de *B*, e ao mesmo tempo reconhece o seu valor argumentativo para uma certa conclusão *r*: dizendo *Tenho vontade de passear, mas PA tenho dor nos pés,* o falante admite que seu desejo de passear é uma razão para passear (o que significaria, aliás, *ter desejo de fazer alguma coisa* se não se compreendesse já o desejo como um argumento para a ação?).

No que concerne ao reconhecimento da verdade factual de *B*, remeteremos ao que foi dito em Ib$_1$) a propósito da falsidade. Não mais que a falsidade, a noção lógica de verdade não pode ser aplicada aos predicados da língua. Se se der à expressão *É verdade que* as propriedades que ela habitualmente tem em lógica, será um puro *non-sense* dizer *É verdade que tenho desejo de passear* ou *É verdade que Pedro é inteligente*. Não há, assim, nenhuma contradição em sustentar que o falante que diz *B* nega, contudo, *B*, e que ele o nega no momento mesmo em que o diz, que ele o nega no próprio ato de dizê-lo.

Para nós, como dissemos, a única negação que se pode aplicar de maneira sensata a um predicado como *ter desejo* ou *ser inteligente,* é a negação argumentativa. Resta, pois, o problema de saber como *B* pode ser argumentativamente negado se, como pretende nossa descrição de *mas PA ,* o locutor de *B mas pA A* reconhece a orientação de *B* para a conclusão *r*. Para resolvê-lo é preciso distinguir entre o ato de argumentar para *r*, fundando-se em *B*, e a consideração de *B* como um argumento em favor de r. É comum que se reconheça a *B* um certo valor argumentativo sem que por isso se utilize efetivamente *B* como argumento (este fato já está assinalado em Anscombre, 1973, p. 54: perguntando *Até mesmo Pedro veio?* mantém-se que a vinda de Pedro seria um argumento muito forte para a conclusão pela qual se está interessado, mas é claro que este argumento não é utilizado). Escolhendo, na coordenação adversativa *B* mas *PA A,* argumentar no sentido de *A* e não de *B*, o falante certamente reconhece uma certa importância a *B*. Mas, não recorrendo a *B* senão para fazer sobressair a maior importância de *A*, ele o priva de toda eficácia. O ato de argumentação efetivamente realizado nega *de* facto o valor argumentativo que, no entanto, é reconhecido a *B*.

Compararíamos de bom grado este procedimento a um mecanismo característico da ideologia liberal (sem que a palavra ideologia seja aqui pejorativa). Ele consiste em reconhecer o direito do adversário recusando-lhe, ao mesmo tempo, a possibilidade de exercê-lo de modo eficaz. No domínio discursivo, isto significa admitir a legitimidade dos argumentos do outro, mas ir além quando se trata de concluir. Levando adiante o paralelo, poder-se-ia opor esse modo de negação liberal manifestado pelo *mas PA* ao comportamento autoritário cuja expressão discursiva seria o *mas SN*: acompanhado de uma negação gramatical, ele não se dá nem mesmo a aparência de reconhecer o direito do outro; ou, mais exatamente, limita esse reconhecimento ao simples registro de seu discurso.

c) *B* é mantido nas duas estruturas (3) e (4)

c_1) Já dissemos que *B* é, num certo sentido, mantido na estrutura comparativa (1) — se bem que ele seja, então, o tema da enunciação e que a comparação tenha por objeto desvalorizá-lo. O mesmo acontece, e com muito mais razão quando *A* é o tema. Já que, neste caso, o objetivo do locutor é valorizar *A*, seu interesse argumentativo é manter uma certa importância para *B* quanto mais se der a *B*, mais se deverá dar a *A*. Suponhamos, com efeito, que eu queira fazer aparecer a inteligência de João comparando-o a Pedro, isto é, Pedro me serve de instrumento para o elogio de João, ele é o ponto a partir do qual constituo esse elogio: atingirei, então, melhor meu objetivo quanto mais reconhecer, ainda que na minha estratégia momentânea, um certo valor para a inteligência de Pedro.

Empregamos de propósito as expressões *instrumento* e *ponto de partida*. Sabe-se, com efeito, que em muitas línguas indo-europeias antigas o complemento do comparativo podia receber o caso do instrumental ou do lugar de onde se vem (por exemplo, o ablativo em latim). Ora, na forma casual da comparação, o acento era geralmente posto no termo comparado *A* da estrutura comparativa. Pense-se no verso de Virgílio em que Ana *se dirige* a Dido: *O luce magis dilecta Sorori,* (Virg. *Eneida, 4,* 31) (Ó você, que é mais cara à sua irmã do que a luz, ..."). Este verso é particularmente interessante pelo fato de que é *magis,* e não, como é frequente, o comparativo sintético, que comanda o ablativo. Nas línguas que não exprimem o comparativo através de casos, recorre-se a outros meios, analíticos, para explicitar a ideia de que *A*, sendo o tema, sua valorização passa pela de *B*. Cf. a utilização de *até mesmo* em *João é mais inteligente até mesmo do que Pedro.*

c_2) O último ponto que devemos mostrar é que *B* é mantido na parataxe *B mas p_A A*. À primeira vista, isto não constitui nenhum problema e não deve dar lugar a nenhuma discussão — já que *B*, nessa estrutura, não é objeto de uma negação gramatical. Duas precisões são, entretanto, necessárias para evitar mal-entendidos.

Primeira questão: em que sentido se pode dizer que *B*, antes de *mas p_A* , não é jamais objeto de uma negação gramatical? Se isto significa que a frase que precede *mas p_A* não pode conter um morfema negativo, é claramente falso. Cf. *Pedro não é inteligente, mas pA é forte: ele ganhará*. O que, de fato, é preciso dizer é que, no caso de *mas p_A*, o morfema negativo é interno ao termo *B:* não tem nenhuma relação com o movimento argumentativo de negação marcado por *mas*. Ao contrário, com *mas SN* a negação gramatical incide sobre *B:* exprime o movimento argumentativo de negação implicado pelo *mas*. Em outros termos, a negação gramatical que pode preceder *mas p_A* pertence ao discurso relatado ao qual o locutor se opõe. Em compensação, o que precede sempre *mas SN* marca, ao mesmo tempo que este morfema, a oposição do falante ao discurso que ele relata.

Para ilustrar isso, tomemos o exemplo precedente. O locutor da frase citada deve necessariamente, segundo a nossa concepção, opor-se a um enunciado virtual ou real. Qual pode ser este enunciado? Será sempre do tipo *Pedro não é inteligente, Pedro é burro*: a negação gramatical releva do que é acordado, e não do desacordo. É o inverso com *mas SN*. A quê se opõe o locutor quando diz *Pedro não é inteligente, mas SN (apenas) forte?* Não pode ser senão a um discurso favorável à inteligência de Pedro, do tipo *Pedro é inteligente*. Aqui a negação gramatical não é absolutamente acordada: ligada a *mas SN,* marca o desacordo. Um outro meio de fazer aparecer a mesma conclusão seria procurar as paráfrases comparativas dos enunciados que estudamos. Para o que comporta um *mas SN* teríamos: *Pedro é mais forte do que inteligente,* no qual o tema seria a inteligência de Pedro, admitida por um interlocutor virtual ou real, e negada alegando sua força (em francês, o enunciado correspondente seria *Pierre est plus fort qu'il n'est inteligent,* em que o *n'* não faz senão explicitar a função negativa de *plus*). Em compensação, quando se trata de um *mas p_A,* a paráfrase comparativa seria, se este enunciado fosse possível, *Pedro é mais forte do que é não-inteligente,* a forma efetivamente utilizada sendo *Pedro é mais forte do que burro.* O importante é ver que o termo comparante contém ele mesmo uma negação, que é exterior àquela implicada por *mais* e, no caso do francês, explicitada ainda por n (Cf. *Pierre est plus fort qu'il n'est bête (*ou *inintelligent)*.

Esta ideia de que o termo *B* que precede *mas* $_{PA}$ não é jamais o objeto de uma negação gramatical é expressa sob uma outra forma em Anscombre e Ducrot, 1977: aí se diz que o morfema negativo que pode vir antes de *mas PA* marca a negação "descritiva" e aquele que precede *mas SN* marca a negação "polêmica". Vê-se agora que a negação chamada "polêmica" nesse artigo é aquela que notifica o ato de recusa realizado pelo falante no momento em que ele fala. A que é chamada "descritiva" é aquela que pertence ao discurso relatado pelo locutor: do ponto de vista deste, ela não tem, portanto, função polêmica — mas pode tê-la no discurso atribuído ao outro.

O que acabamos de mostrar, é que o termo *B* não é jamais o objeto de uma negação gramatical. Mas isso não basta para dizer que ele é "mantido" (donde um segundo mal-entendido possível que é preciso discutir). O que entendemos por negação, em semântica, não é, com efeito, como já dissemos, a "negação lógica", mas a negação argumentativa. Ora, esta não implica necessariamente uma negação gramatical, que é somente a marca de um tipo particular, e particularmente forte, de negação argumentativa. De sorte que *B* pode ser perfeitamente negado na estrutura (4) *B* mas $_{PA}$ A : na verdade, segundo nossa concepção, é o que sempre acontece. É, pois, interessante precisar como essa negação se articula com uma manutenção.

Tal como a utilizamos até aqui, a noção de "manutenção" implica somente o reconhecimento do discurso do outro. Este reconhecimento pode ter diversos graus, inversamente proporcionais à força da negação. No caso do *mas NS*, em que a negação, marcada pelo morfema gramatical negativo, é forte, o reconhecimento é mínimo. Trata-se do simples registro necessário à refutação: não se pode refutar sem pretender ter escutado e compreendido e, portanto, num certo sentido admitido.

Quando a oposição ao outro é marcada por um mas *PA*, o reconhecimento tem um grau mais forte, permitido pela ausência de uma negação gramatical, e, consequentemente, pela fraqueza relativa da negação argumentativa. Esta se manifesta somente pelo ato de argumentar num sentido oposto ao do outro. A estratégia empregada consiste, então, em acordar à palavra do outro um valor argumentativo, mas em servir-se desta concessão para dar mais peso à decisão que se toma em sentido inverso: a retórica da persuasão

(Cf. Pascal, fragmento 9 da edição Brunschvicg) mostra quanto é vantajoso "dar razão" ao outro a fim de melhor enredá-lo em seu equívoco. Apresentando, assim, as concessões implicadas pelo *mas PA* como um instrumento para uma argumentação negativa, pensamos tê-lo, uma vez mais aproximado da estrutura comparativa (3), na qual o termo comparante *B* serve sobretudo para valorizar o termo comparado *A*, e na qual o que é dado ao primeiro beneficia com muito mais razão o segundo.

III — *Um magis e dois mas?*

Tentamos relacionar, do ponto de vista semântico, o *mas SN* com a estrutura comparativa de tema *B*, e o *mas PA* com a estrutura comparativa de tema *A*. Um quadro resumirá os resultados aos quais chegamos.

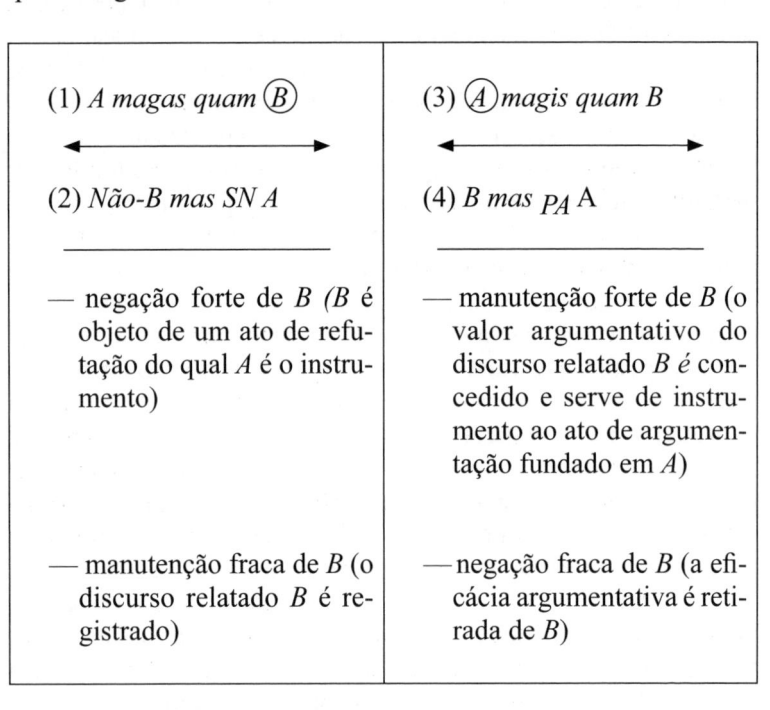

(1) *A magas quam* ⓑ ←——→ (2) *Não-B mas SN A*	(3) Ⓐ*magis quam B* ←——→ (4) *B mas p_A A*
— negação forte de *B* (*B* é objeto de um ato de refutação do qual *A* é o instrumento)	— manutenção forte de *B* (o valor argumentativo do discurso relatado *B* é concedido e serve de instrumento ao ato de argumentação fundado em *A*)
— manutenção fraca de *B* (o discurso relatado *B* é registrado)	— negação fraca de *B* (a eficácia argumentativa é retirada de *B*)

As noções essenciais, neste estudo, são as de *manutenção* e de *negação*. Uma e outra têm um caráter relativo, gradual. Isto se deve, no que concerne à *negação*, ao fato de que ela não constitui, para nós, a inversão de um conteúdo informativo, mas uma atitude argumentativa de oposição, que é, portanto, suscetível de diversos graus, indo da simples recusa de argumentar ao ato de refutação. Mesma coisa para a *manutenção,* entendida como o relato do discurso do outro. Na medida em que, para nós, a alteridade é constitutiva, este relato é inseparável de um certo grau de adesão, que pode variar do simples registro à concessão.

O aspecto gradual, escalar, dos conceitos que intervêm na descrição do *mas* SN e do *mas* $_{PA}$ permite prever possibilidades de passagem, entre as duas funções. Se bem que tenhamos falado de um estilhaçamento semântico-pragmático do comparativo, a coexistência primitiva dos dois movimentos argumentativos transparece em certos usos da coordenação adversativa.

Não citaremos senão um exemplo tomado do português. Suponhamos que um interlocutor D tenha observado ao locutor L que uma terceira pessoa, Pedro, *foi ao cinema (Pedro foi ao cinema). L* pode responder, para marcar o seu desacordo:

(1)   *Pedro não foi ao cinema, mas SN ao teatro.*

Mas o mesmo desacordo pode ser expresso de uma outra forma, muito utilizada em português:

(2)   *Pedro foi, mas $_{PA}$ é ao teatro.*

Para explicar a equivalência funcional das respostas (1) e (2), é preciso ver que o discurso relatado não é o mesmo nos dois casos. Em (1) é *Pedro foi ao cinema,* e em (2) é simplesmente o começo do discurso de *D,* a saber *Pedro foi.* Suponhamos que se admita, como aqui sustentamos, que todo discurso, por sua própria existência, é um argumento para aquilo que afirma: pode-se, então, considerar que o discurso de D constitui um argumento forte para a conclusão *Pedro foi ao cinema* (conclusão que abreviaremos por *r*). Mas na réplica (1) de *L*, em que este discurso é relatado na sua totalidade e acompanhado de uma negação gramatical seguida de um *mas SN,* ele é objeto de uma manutenção fraca, equivalente ao puro registro. O efeito global é, então, o de uma refutação.

O mesmo resultado global é obtido, por um mecanismo diferente, na réplica (2). O que é tomado, neste caso, é a simples indicação *Pedro foi* que, de fato, constitui um argumento, mas um argumento muito fraco, para a conclusão *r* (= "Pedro foi ao cinema"). De sorte que a manutenção forte (concessão) implicada por *mas PA* não impede *L* de argumentar efetivamente contra *r* dizendo *Pedro foi ao teatro*. O que produz, indiretamente, um efeito de refutação idêntico ao obtido, diretamente, com a ajuda do *mas, SN*. Pode até mesmo acontecer que o elemento retomado e concedido ao outro na construção *mas P_A* seja puramente formal e vazio de sentido. Cf. o diálogo:

D: *Pedro está contente*
L: Está, mas P_A é muito chateado.

Aqui *L* acorda somente o fato de que Pedro está num certo estado, concessão pouco comprometedora e que é compatível com não importa que refutação. A estratégia subjacente a esta construção portuguesa é a de anular a força da manutenção (própria do *mas P_A*) pela fraqueza do que é mantido. Daí, a equivalência com a negação forte e com a manutenção fraca (próprias do *mas S_N*) de um discurso relatado de valor forte. Se estas estratégias discursivas são possíveis, nas quais os atos e os conteúdos se compensam mutuamente, é que elas põem em jogo operações semânticas que têm sempre um caráter gradual.

Campinas, outubro de 1978

Por uma pragmática das representações[1]

> *Trata-se do homem — que ao mesmo tempo, UM AGENTE E UM ATOR —, que provoca e representa o seu drama, vivendo as contradições de sua situação até a explosão de sua pessoa ou mesmo à solução dos seus conflitos.*
>
> (J. P. Sartre,
> *"Entrevista a Madeleine Chapsal"*)

O objetivo deste artigo é discutir o problema das relações entre linguagem e ideologia, procurando mostrar que o objeto de estudo específico da pragmática é o domínio dessas relações.

---

[1] Publicado na revista *Discurso,* nº 11, São Paulo, 1980, p.p. 85-98.

O termo ideologia será aqui entendido como designando tanto os sistemas de ideias-representações sociais (ideologias no sentido restrito) como os sistemas de atitudes e comportamentos sociais (os costumes) e não necessariamente como sinônimo de "má consciência" ou "mentira piedosa", embora possa se dar o caso de que esta última acepção se aplique ao que vamos apresentar.

É evidente que não pretendo aprofundar-me numa questão para cujo mergulho me falte talvez oxigênio suficiente, mas apenas apontar um dos possíveis modos pelo qual o ideológico também está inscrito na linguagem humana, e um dos tratamentos possíveis que a linguística poderia a ele dispensar, acreditando que ele a constitui tanto quanto as propriedades que permitem à linguagem relacionar-se com o mundo e, assim, descrever uma realidade.

Do ponto de vista semântico, se se adotasse uma terminologia fregeana, poder-se-ia dizer que, assim como o sentido, o pensamento e o significado são, em diferentes níveis, propriedades das línguas naturais, também as *representações* o são.

Se me permitirem uma outra heresia, gostaria de sugerir, como mera ilustração didática, que o domínio do ideológico nas línguas naturais corresponde, *grosso modo*, ao espaço móvel das relações entre o signo, o objeto e seus interpretantes, caso se quisesse adotar a perspectiva perceiana de conceber a semiótica.

Como se sabe, o funcionamento dos signos para Peirce, 1965a), vol. II, p. 195, se dá numa relação triádica em que um *signo* ou *representamen* é algo que, sob certo aspecto ou de algum modo, representa alguma coisa para alguém. Dirige-se a alguém, isto é, cria na mente dessa pessoa um signo equivalente ou talvez um signo melhor desenvolvido.

A partir do caráter triádico do signo, Peirce, 1965a), vol. II, cap. 2, p. 134 e segs., divide a semiótica em três ramos: o da *gramática especulativa*, segundo a denominação de Duns Scotus ou da *gramática pura*, segundo Peirce, cujo objetivo é "determinar o que deve ser verdadeiro a propósito do *representamen* utilizado por toda inteligência científica para que possa incorporar um significado"; o da *lógica* propriamente dita, isto é, da "ciência formal das condições de verdade das representações", e o da *retórica pura*, cujo objetivo é "determinar as leis em obediência às quais, em toda inteligência científica, um signo dá surgimento a outro e, especialmente, um pensamento provoca outro".

A teoria dos signos em Peirce é tanto mais importante quanto lembramos que contra o intucionismo de Descartes, o filósofo americano nega a possibilidade de que o pensamento possa interpretar-se a si mesmo e afirma que só em termos de signos ele se efetua. O pensamento é, assim, completamente estruturado numa relação triádica e tem um caráter fundamentalmente relacional.

Esta rápida e imperfeita apresentação da semiótica de Peirce não pretende, de forma alguma, constituir sequer uma paráfrase de sua complexa concepção do signo. Meu objetivo é apontar para o fato de que Peirce, introduzindo como propriedade do pensamento as relações do signo com a cadeia infinita de interpretantes, concebe estas relações como objeto específico de um dos ramos da semiótica, o da *retórica pura*. Este domínio poderia ser ainda caracterizado como o da pragmática, se quiséssemos adotar a perspectiva da teoria linguística concebida por Morris ou, simplesmente, da retórica ou argumentação se preferíssemos as posições de Chaim Perelman e L. Olbrechts Tyteca e, de modo mais particularmente linguístico, as de Ducrot e as que eu próprio tenho assumido para análise de línguas naturais.

O termo *representações* será, ao longo deste trabalho, utilizado sobretudo numa acepção mais teatral para designar os diferentes papéis distribuídos nessas pequenas cenas dramáticas que são os atos de fala e cujo desempenho cabe aos interlocutores que delas participam através de um mascaramento recíproco que é, a meu ver, parte constitutiva essencial do jogo argumentativo da linguagem.

I. *Linguagem pragmática e ideologia: nas trilhas de uma macrossintaxe*

Granger, 1968a, partindo da concepção peirceiana do signo, estabelece uma distinção entre sentido e significação e reserva o primeiro termo para designar as relações entre signo e objeto objetivadas na estrutura com que a língua intervém na experiência. O recorte é, neste caso, tanto abstrato quanto transparente e objetivo. Já as significações, como se articulam nas relações entre o signo e seus interpretantes, isto é, entre o objeto de estrutura e o não objetivável da experiência, elas se caracterizam por um comportamento amorfo, indefinido, e, no limite, até mesmo imprevisível. Não haveria, neste caso, como estabelecer regras explícitas capazes de prever as significações. Elas constituiriam o residual de toda prática que procura transformar a unidade da experiência em unidade de uma estrutura.

Entretanto, o próprio Granger considera que esta relação entre o objetivável e o residual da experiência não é de forma alguma fixa. Ao contrário, é ela responsável pelo caráter provisório de toda abstração, de qualquer objetivação científica, já que os seus limites dependem dos progressos da prática humana e a tendência é a de ampliar o campo do objetivável ou do estruturável. Evidentemente, ninguém, nem mesmo o mais crente e ortodoxo dos cientistas, acreditará que a realidade ou a experiência permanecem imutáveis e estáticas à espera de uma redução final que a transforme em unidade definitiva de uma definitiva estrutura. Em outras palavras, quanto mais ampla é, qualitativamente, a estrutura-objeto do signo, mais amplo é também o residual da experiência, vazado na redução.

Talvez seja este um dos alcances da afirmação de Peirce, 1965a), vol. VIII, livro 2, p. 221, quando diz que "a consciência da ação de um novo sentimento, a destruir o sentimento anterior, é aquilo a que denomino experiência. De modo geral, experiência é o que, ao longo da vida me compeliu a pensar".

Do ponto de vista do valor semântico das línguas naturais estou convencido de que não só o sentido, na acepção acima exposta, ou o significado, como o entende Frege (referência e valor de verdade) constituem as suas propriedades fundamentais. As significações, embora a título diferente, também o são, e o seu estudo é que poderá trazer à luz o intrincado problema das relações entre linguagem e ideologia.

Veja-se, a este respeito, a observação de Granger, 1968a), p. 121, quando diz que se pode conceber a relação da infraestrutura para as superestruturas como a relação do "objeto-estrutura" para os interpretantes.

O problema é que esta analogia, no que diz respeito à linguística, costuma ser sempre interpretada num sentido único, determinista, e por que não dizer, mecanicista.

Espera-se, tem-se esperado e se continua esperando que a objetivação do sentido numa estrutura abstrata de regras ou relações sistemáticas possa de fato explicar a essência da linguagem e estabelecer, assim, as regras do comportamento linguístico, sem obviamente perder de vista os "erros", os "desvios", "as contravenções", podendo eles mesmos ser explicados, já que toda regra contém canonicamente a possibilidade de sua transgressão. *Performance* e *parole* são, neste sentido, sinônimos de significação.

A concepção da pragmática tal como aparece em Charles Morris, 1938 e 1946, segue mais ou menos este caminho, já que o componente pragmático de sua teoria linguística ou semiótica é, dos três componentes (os outros dois são o sintático e o semântico) o mais exterior à linguagem, devendo ser metodologicamente aplicado na análise de um enunciado apenas depois que as informações sintáticas e semânticas forem fornecidas.

Entendendo-a como o estudo da dimensão pragmática da *semiósis*, ou seja, o estudo da relação dos signos com o contexto de uso, deveremos considerar que o emprego de uma frase é, um fenômeno interindividual, um acontecimento na história das relações entre vários indivíduos. É a situação em que o falante se encontra, diante das pessoas presentes (ouvintes e destinatários) que o leva a empregar tal frase ou o autoriza a fazê-lo. Além disso, o fato de empregar esta frase decorre da intenção de produzir um certo efeito naqueles com quem ou para quem ele fala.

Cabe perguntar, no entanto, se a pertinência da situação, do contexto de uso, da enunciação, enfim, para um tratamento adequado das línguas naturais é suficiente para caracterizar um domínio autônomo da teoria linguística. É óbvio que metodologicamente isto sempre pode ocorrer e ter consequências interessantes para o estudo do fenômeno da significação linguística. Aliás, parece ter sido este o sentido da evolução da semiótica de Morris que na obra de 1946 — *Signs, Language and Behavior* — deixa de considerar, talvez sob a influência do pragmatismo de Peirce, a distinção entre semântica e pragmática como correspondendo a dimensões objetivas da *semiósis,* para considerá-las apenas como "dois pontos de vista", diferenciados por características metodológicas próprias.

Em outras palavras, o que pretendo dizer é que não basta falar em enunciação, situação, contexto de uso para que se tenha automaticamente uma dimensão da linguagem humana jamais tangida pela semântica. Digo isto pensando, por exemplo, na apresentação feita por Todorov, 1970, ao número 17 da revista *Langages,* todo ele consagrado à enunciação, na qual o autor divide a linguística em dois grandes momentos a que ele chama respectivamente linguística do enunciado e linguística da enunciação. Puro jogo de palavras, simples prestidigitação.

Leve-se em conta, por exemplo, a teoria da restrição que se desenvolve na Idade Média, relacionada cem o problema da suposição e da referência por lógicos como Pedro da Espanha ou Occam e ter-se-á uma medida de como e de quanto os problemas de enunciação estiveram presentes em suas reflexões sobre a linguagem.

Segundo estes autores, são fontes fundamentais da restrição tanto a aposição de um adjetivo, com função de adjunto, ao substantivo *(homem branco)* como o tempo verbal. Neste último caso, particularmente, em virtude da dessimetria do sujeito e do predicado, sob a influência do tempo verbal, há para o sujeito sempre duas possibilidades: ou o nome supõe para os seres (refere-se aos seres) aos quais se aplica no momento do tempo designado pelo verbo, ou supõe para os seres aos quais se aplica no momento da enunciação, isto é, para os seres presentes. Com o verbo no presente, estas possibilidades se confundem, havendo ambiguidade nos outros casos. Assim, quando digo *No ano passado, meu carro era azul* tanto posso estar descrevendo meu carro antigo, como o estado passado de meu carro atual. Da mesma forma, ambiguidades espaciais poderiam ser analogamente registradas. Quando digo, por exemplo, *Os sapatos brasileiros são pouco apreciados nos* E.U.A. tanto posso estar me referindo aos sapatos brasileiros atualmente em serviço nos E.U.A (admitindo-se que existam sapatos brasileiros por lá), como aos sapatos brasileiros em geral. (Cf. Ducrot, 1976)

Por outro lado, para citar apenas mais um exemplo, este mais imediatamente próximo das teorias semânticas modernas, os próprios atos de linguagem de que fala Searle, 1969, no seu conhe*cido* *Speech* Acts poderiam ser, no limite, tratados dentro de uma perspectiva de análise semântica propriamente dita. Penso, neste caso, no famoso artigo de Frege, 1892, p. 15, *Sentido e Significado,* e, particularmente, na sua observação sobre o problema do significado indireto das palavras ou das proposições. Cito como ilustração a seguinte passagem do artigo:

"As 'proposições subordinadas com *que* após *ordenar, pedir, proibir,* apareceriam em discurso direto como imperativas. Tais proposições não têm significado, mas apenas sentido. Uma *ordem,* um *pedido,* não são de fato pensamentos, mas estão no mesmo nível dos pensamentos. Por isso as palavras em proposições subordinadas a *ordenar, pedir,* etc., têm seu significado indireto. O significado de uma tal proposição não é portanto um valor de verdade, mas uma ordem, um pedido, e assim por diante".

Creio ser este também o sentido das observações de Anscombre e Ducrot, 1976, quando, a propósito da distinção entre semântica e pragmática, procuram mostrar a ambiguidade da definição da pragmática, apresentada por Morris como o estudo das relações entre o signo e seus *interpreters*. O problema, como dizem eles, é que esta definição, quando se trata de uma língua natural, ocupa também o domínio da semântica, já que seria absurdo falar do referente de uma palavra ou das condições de verdade de uma frase sem fazer intervir os interlocutores e até mesmo toda a situação de discurso. Seria impossível, por exemplo, atribuir um valor de verdade qualquer a frases como *Eu estou cansado, Você está triste* ou *O dia está bonito* sem recorrer à situação em que elas ocorrem.

Para que a distinção semântica/pragmática tenha algum sentido é preciso, então, dar a esta uma interpretação mais restrita (o risco seria ter uma semântica que englobasse tudo ou uma pragmática que fizesse o mesmo).

É num sentido restrito da pragmática que caberia a observação de Benveniste, 1966, p. 252, de que o estudo dos pronomes diz respeito ao que "Morris chama pragmática". Não fosse assim, esta observação seria totalmente banal porque significaria apenas (coisa que todo mundo sabe) que *eu* e *tu* remetem às personagens do diálogo. Ora, o que Benveniste pretende dizer é que os pronomes pessoais não são apenas um meio econômico para referir a certos objetos da realidade — aproveitando do fato de que eles se encontram, em certos momentos, implicados numa situação de discurso. O que, além disso, os caracteriza é o fato de poderem designar os seres *enquanto* personagens do diálogo, no seu papel de *destinador* e de *destinatário,* isto é, nesta atividade pragmática que constitui a enunciação.

Deste modo, num sentido restrito, a pragmática deverá ser entendida como o estudo da atividade interindividual realizada no diálogo, e este, por sua vez, como uma unidade fundamental da significação nas línguas naturais. Deste ponto de vista ainda, a estrutura da significação em língua natural, seria entendida como o conjunto de relações que se instituem na atividade da língua entre os indivíduos que a utilizam.

A que perguntas deveria, então, responder um estudo pragmático em língua natural a questões do tipo: Este enunciado é apropriado a esta situação? Não seria fora de propósito? Que atos de linguagem ele permite realizar (asserção, interrogação, pedido, ordem, promessa... etc.)? Que reação ele exige do destinatário? Uma resposta, como nas perguntas? Uma ação, como nas ordens? Quais as intenções do falante ao produzir este enunciado?, etc.

Aceitar a pertinência teórica destas questões é evidentemente entender a língua como atividade. Não apenas no sentido em que esta atividade se manifesta pelo uso que os indivíduos fazem da língua (o que corresponderia de certo modo a noção de *fala* saussuriana) mas como atividade que se inscreve sistematicamente no interior da própria língua.

Que as línguas naturais tenham valor de conhecimento é indiscutível. Mas que além disso tenham valor de ação, parece-me também inegável. Ação que deve ser entendida como ação social que une, separa, influi, persuade, modifica e fundamenta comportamentos para os indivíduos de uma mesma comunidade. É sob este aspecto que a alteridade do signo linguístico se manifesta inteiramente.

Fenômenos como o da pressuposição, quando entendida em sua função discursiva e não apenas como condição de emprego lógico de um enunciado, certos morfemas como *mas*, *mesmo*, estruturas linguísticas como a comparação estão aí no cotidiano da linguagem a caracterizá-la não apenas pelo seu valor de uso, mas também pelo seu valor de troca. (Cf. Vogt, 1977)

Mesmo no caso de outras formas de implícito como as alusões e os subentendidos em geral é preciso considerar que também fazem parte da significação linguística e que o semanticista deve buscar explicá-los antes do que rejeitá-los para o arquivo morto de uma inteligente categoria metodológica qualquer. As línguas naturais são, por excelência, o domínio do implícito e a oposição entre explícito e implícito não se dá, na verdade, como oposição entre dois níveis interpretativos interiores a uma língua natural, mas pela comparação desta língua com uma linguagem mítica, ou artificial, em que todos os valores semânticos estariam dispostos de modo a evitar qualquer superposição de significações e onde entre o dizer e o não-dizer não há nenhum intervalo significativo, nenhuma possibilidade de significações intermediárias.

Sabemos que cada enunciação pode ter uma multiplicidade de significações e que as intenções do falante ao produzir um enunciado pode ter variações de tal ordem que tornam quase uma caricatura a pretensão de atribuir-lhes uma única e verdadeira interpretação.

O conceito de intenção, fundamental para uma teoria dos atos de linguagem, isto é, para uma concepção da língua como atividade convencional não deve, entretanto, no quadro de minha argumentação, ser entendido como um conceito psicológico, mas como um conceito hermenêutico ou semântico. A hipótese que aqui se levanta é a de que toda a atividade de interpretação presente no cotidiano da linguagem fundamenta-se na suposição de que quem fala tem certas intenções de comunicação. Compreender uma enunciação é, neste sentido, apreender estas intenções. Uma hipótese deste tipo não deve ser entendida como postulando a verdade dessa suposição, mas tão somente o seu papel efetivo da descodificação das enunciações. Como observa Ducrot, 1978, p. 3, "não se tem que procurar o que vale esta suposição, mas tentar definir mecanismos que permitam ler as intenções por trás das palavras. E se assim formos levados a prever para um mesmo enunciado, uma pluralidade de interpretações, isto não mostraria, de forma alguma, que a descrição linguística seria errada ou insuficiente. Ao contrário, dado que esta multiplicidade é um fenômeno de observação corrente, o inverso sim seria inquietante, isto é, a descoberta de uma interpretação que fosse incontestável e definitiva."

Se insistirmos somente no valor de uso do signo linguístico não será difícil perceber que a pragmática terá a dizer apenas ou tudo aquilo que a semântica, em sentido estrito, pode também representar. Recorrer à situação para explicar o valor semântico de um enunciado pode, em muitos casos, ser um critério inútil quando o próprio uso do enunciado constituir, ele mesmo, uma situação a ser explicada.

O problema é que a linguística parece proceder por acúmulo de conhecimentos e aposta apenas no progresso que lhe permitirá aos poucos ir ampliando o campo do objetivável. Espera-se que os fenômenos que ontem eram residuais possam hoje, e amanhã mais ainda, ser trazidos para a rede de relações abstratas que constituem o objeto da ciência. Ótimo se assim puder ser. Mas por que não partir também do outro lado e pensar que pode haver determinações que, embora vindo na contramão da ciência, podem produzir resultados interessantes para uma compreensão mais ampla do fenômeno da linguagem humana?

Se retomarmos agora a oposição estrutura-objeto/significação ou sentido/significações proposta por Granger, e aceitarmos ainda a sua extensão para a distinção infraestrutura/superestrutura, tal como ele próprio, sugere, e se, por outro lado entendermos, sem nenhuma alusão às posições de Granger quanto a este ponto particular, que se deve esperar que os fenômenos de significação ou de superestrutura sejam primeiro absorvidos pela transparência da estrutura ou pela natureza determinante da infraestrutura para que possam, então, ser legitimamente estudados, é evidente que não importarão mais como fenômenos específicos de significação ou de ideologia, porque simplesmente já terão deixado de sê-lo.

Pessoalmente, não me sinto assim tão confiante no progresso, *nem* mesmo no da ciência.

No estudo da significação linguística talvez fosse mais interessante partir, ao mesmo tempo, dos dois termos contrários e apontar para um possível ponto teórico de sua interação. Só neste caso a distinção entre semântica e pragmática seria, a meu ver, plenamente justificável.

Parece-me indiscutível que o específico das línguas naturais seja o sintático, embora a especificidade da linguagem humana não seja dada inteiramente por ele (no caso de se pensar a sintaxe tendo a frase como limite superior de seu domínio). Entretanto, não se trata aqui de nenhuma especificidade imanente, transcendente, metafísica, ou o que o valha, mas de uma especificidade relativa.

Ora, para que se apreenda, então, esta especificidade é preciso que se levem em conta outros sistemas de representações sociais, com os quais a linguagem tem relações bastante particulares. Para tanto, é preciso que se desenvolvam, no estágio atual de conhecimento linguístico, pesquisas pragmáticas que deverão ter como objeto de estudo estas imbricações de diferentes sistemas de representação. Num estágio posterior talvez se possam pensar as formas de interação, de determinação recíproca destes domínios de representação simbólica e chegar-se, assim, àquilo que concebo como uma espécie de macrossintaxe das línguas naturais. Este seria o ponto teórico de interação, a que antes me referi. Ele deveria, então, ser concebido como região teórica de convergência da unidade de estrutura e da unidade de experiência, ou como o intervalo semântico, a região das significações intermediárias entre o dizer e o não dizer, local de explicitações não só dos processos de reprodução das significações, mas também de sua produção.

Neste ponto é que as relações efetivas do linguístico com o social, isto é, com outros sistemas sociais de representação, ganhariam importância, e a pergunta fundamental que a pragmática, neste caso, deveria fazer-se é como a língua se representa estes outros sistemas de representação. Notar que não se trata de uma indagação apenas sobre os conteúdos destas representações, mas antes sobre a sua forma. Daí justificar-se a denominação de macrossintaxe para um estudo que incorporasse, na sua elaboração teórica, também estes dados. Semântica Argumentativa é outro nome que se poderia dar, como eu o fiz (Vogt, 1977) a esta maneira de conceber o estudo da linguagem.

A distância entre a linguagem e o mundo é dada pela própria natureza dos signos. Eles fazem as vezes de, estão sempre por que algo falta. É esta falta do mundo que estabelece entre o indivíduo e a linguagem um jogo de cumplicidades, no qual a representação do mundo passa sempre, de alguma forma, pela representação ideológica do outro. Neste sentido, parece legítimo falar de uma ideologia interna à própria linguagem. O seu estudo é, no que me diz respeito, objeto da pragmática.

Se se quiser, no entanto, uma definição mais clara do que entendo por pragmática, diria o seguinte.

Admitamos com Benveniste, 1966c) e 1966d), a existência de dois níveis distintos de enunciação na linguagem: o nível do *discurso* e o nível da *história*.

Sabemos que estes níveis de enunciação dizem respeito à integração, ou melhor dizendo, ao modo de integração do sujeito da enunciação no enunciado. Ter-se-ia, no caso da *história,* a apresentação de fatos ocorridos num dado momento, sem a intervenção do narrador no "récit" (narrativa); o *discurso,* ao contrário, seria qualquer enunciação que, supondo um destinador e um destinatário, supõe ainda uma intenção, por parte do primeiro, de influenciar, de algum modo, o segundo. Cada língua possuiria, assim, um certo número de elementos destinados a caracterizar o ato e o sujeito da enunciação, efetuando a conversão da linguagem em discurso, enquanto outros elementos seriam destinados a apresentar fatos ocorridos, a descrever situações e estados de coisas, convertendo a linguagem em história.

Pois bem, embora sabendo que esta distinção dificilmente se manifesta em estado de pureza, o que não faz a menor diferença, e até pelo contrário, eu diria que a semântica, se quisermos insistir na distinção semântica e pragmática, estudaria a conversão da linguagem em história e que o discurso, isto é, os mecanismos de conversão da linguagem em discurso, seria o domínio privilegiado da pragmática.

II. *As representações discursivas: os papéis complementares da subjetividade*

A distinção entre *história* e *discurso* proposta por Benveniste acarreta os mesmos problemas que toda categorização da realidade, no caso a linguagem, apresenta. Que ela tenha justificativas operacionais e didáticas é indiscutível. O próprio artigo de Benveniste, nas análises de textos que realiza, já é uma prova disto, e as diversas utilizações que se fizeram destas duas categorias da linguagem também o são. Este é o caso, por exemplo, do artigo de G. Genette, 1966, que sobre as categorias *destinador/destinatário* com que trabalha Benveniste propõe uma distinção análoga para o texto de ficção entre *narrador* e *narratário*.

Não vou discutir aqui em detalhes nem o texto de Benveniste, nem o de Genette. Gostaria, no entanto, de reter uma observação deste último no que diz respeito à oposição *discurso/história*. Diz ele que o discurso pode conter elementos, marcadores, próprios dá história sem que por isso deixe de ser discurso, enquanto a história, no momento em que um marcador de subjetividade interfere na sequência verbal da narrativa, esta se transforma em discurso. Há, portanto, um comportamento assimétrico das duas categorias: uma, a do discurso, pode conter a outra, sem perder a sua identidade, mas não o inverso. Em outras palavras, as operações que convertem a linguagem um discurso são inclusivas em relação às operações que a convertem em história, mas não o contrário.

Bastaria assim que numa narrativa impessoal, marcada pela objetividade com que os eventos são relatados (3ª pessoa, aoristo, etc.) houvesse uma pequena erosão para que as raízes de sua subjetividade se pusessem à mostra.

A razão desta dessimetria é apontada por Genette (p. 166):

"... en verité, le discours n'a aucune pureté à preserver, car il est le mode "naturel" du langage, le plus large et le plus universel, accueillant par definition à toutes les formes; le récit au contraire, est um mode particulier, défini par un certain nombre d'exclusions ét de conditions restrictives (refus du présent, de la premiére personne, etc.). Le discours peut "raconter" sans cesser d'être discours, le récit ne peut "discourir" sans sortir de lui-même. Mais il ne peut pas non plus s'en abstenir sans tomber dans la sécheresse et l'indigence: c'est pourquoi le récit n'existe pour ainsi dire nulle part dans sa forme rigoureuse. La moindre observation générale, le moindre adjectif un peu plus que descriptif, la plus discrète comparaison, le plus modeste "peut-être", la plus inoffensive des articulations logiques introduisent dans sa trame un type de parole qui lui est étranger, et comine réfractaire."

Talvez se pudesse pensar, no limite, o *logos,* ou *o que é dito* (para retomar a distinção feita por Platão) como um caso, uma das representações possíveis do modo *de dizer* ou *lexis.* Deste modo, explicar-se-ia o acúmulo de restrições necessárias para constituir a história e poder-se-ia mais facilmente entender o precário equilíbrio da pureza desta construção, constantemente ameaçada pela sua própria origem, que é o discurso (entendendo-se *discurso* e *história como* categorias análogas às de Platão).

O problema todo parece girar em torno das relações entre o indivíduo que dirige a palavra e aquele a quem ele se dirige, dirigindo-o. Em outras palavras, o que está em jogo é a própria noção de *sentido linguístico.* Se insistirmos em entendê-lo apenas como a relação entre a forma lógica de um dado enunciado e a estrutura dos fatos que ele descreve ou a que se refere, estaremos privilegiando a função referencial, cognitiva ou denotativa da linguagem humana. Neste caso, o sentido linguístico poderia ser concebido como objeto pleno da semântica e todo enunciado acabaria, por força da opção teórica, devendo ser analisado como *história.* Diríamos a mesma coisa se disséssemos que o sentido ou a significação de um enunciado é dado por suas condições de verdade. Mas se admitirmos que o sentido de um enunciado se constitui também pelas relações interpessoais que estabelece no momento mesmo de sua enunciação, pela estrutura do jogo de representações em que entram o falante e o ouvinte, quando na e pela enunciação atualizam suas intenções persuasivas, então a noção de sentido linguístico deverá ser encarada não só como identidade ou diferença entre a estrutura do fato e a estrutura do enunciado utilizado para descrevê-lo (verdade ou falsidade) mas, e principalmente, como a direção, as conclusões, o futuro discursivo, enfim, para: onde esse enunciado aponta. Como diz Ducrot ("Prefácio" a Vogt, 1977, p. 16), "a significação do enunciado residiria, então, menos no que ele diz do que na orientação que dá à sequência do discurso. Descrever um enunciado seria, antes de qualquer outra coisa, descrever aonde ele conduz. Absurdo? Mas descrever uma estrada é, na verdade, descrever para onde ela vai. Por que um enunciado não se assemelharia, neste ponto, a uma estrada (ou a uma encruzilhada, se se quiser considerar as ambiguidades possíveis, que abrem, a partir do mesmo enunciado, várias orientações diferentes, mas não quaisquer orientações)? Esta aproximação não é aliás sugerida pela própria palavra, sentido, que designa simultaneamente a significação e a direção?"

Dou um exemplo para ilustrar o que acaba de ser dito[2].

Suponhamos dois interlocutores (*L* e *D)* que discutissem as qualidades de dois amigos comuns (Pedro e João) e as suas possibilidades de serem aprovados, por exemplo, no vestibular, e que *L* dissesse:

Pedro é mais inteligente do que João.

Não creio que haja dúvidas quanto ao fato de que este enunciado, dito na situação de discurso acima descrita, visa a conduzir *D* à conclusão de que Pedro tem mais chances de sucesso nos exames do que João. Isto é, que o seu valor argumentativo está determinado por um outro enunciado, do tipo:

Pedro passará no vestibular.

Mas não é tudo. O mesmo enunciado que se destina a considerar favoravelmente as chances de Pedro no vestibular, quando ele é o tema da conversação, permite também, no caso em que João seja tomado como tema, argumentar inversamente no sentido de uma conclusão do tipo *João não passará no vestibular.*

Deste modo, o sentido do enunciado comparativo *Pedro é mais inteligente do que João* não deve ser entendido apenas como adequação ou não à situação que ele se propõe descrever — alternativa que delimita o horizonte de sua significação determinando-a necessariamente em termos de verdade ou falsidade. Ao contrário, para que este enunciado seja produzido, não se requer nenhuma identificação positiva prévia da inteligência de Pedro e da inteligência de João. O falante não precisa, de forma alguma, ter antes aplicado à cabeça dos dois personagens em questão qualquer espécie de

---

[2] Retomo aqui, em linhas gerais, a análise que já desenvolvi com mais detalhes em Vogt, 1977, p. 37 e segs.

bafômetro de inteligência para, obtidas grandezas positivas, poder, então, afirmar a superioridade de um em relação ao outro. Pode se dar o caso, mas o emprego do enunciado comparativo não é restrito a ele. Na verdade, de um modo geral, a comparação não é o resultado, o fim, a consequência de uma caracterização individual dos termos comparados que, postos um diante do outro, permitiria dizer *A mais que B* ou *A menos que B,* etc.. Ao contrário, é na e pela comparação que esta caracterização se dá.

Assim, o próprio enunciado comparativo é um meio, um instrumento cujo fim é a caracterização relativa dos termos comparados: Pedro não é inteligente senão por referência à inteligência de João e, simultaneamente, a inteligência deste não pode ser apreciada sem ter como ponto de partida a do primeiro. Evidentemente, a primeira forma de comparação, aquela que pressuporia uma caracterização individual prévia dos termos seria menos aberta para a discussão, a polêmica e o conflito, e portanto mais honesta e estimável. "Certamente, como observa Ducrot (Prefácio, a Vogt, 1977, p. 15), é a única que deveria ser permitida na Cidade de Deus. Mas o mundo que se exprime através da língua não é a Cidade de Deus, e o linguista não é Santo Agostinho".

Voltemos ao comparativo de superioridade e a questão do sentido do enunciado *Pedro é mais inteligente do que João.* Na medida em que este aponta para duas direções opostas, dizemos que este enunciado se caracteriza por um duplo movimento argumentativo: o que vai no sentido de *Pedro passará no vestibular* e o que está orientado para *João não passará no vestibular.* Deste modo, utilizando a metáfora de Ducrot pode-se dizer que o sentido da comparação é uma encruzilhada. Uma encruzilhada, cujas alternativas de rota, no entanto, são dadas pela própria língua. São estas determinações de possibilidades discursivas, as que se abrem e as que se fecham a partir de um dado enunciado, que constituem o objeto propriamente dito da semântica argumentativa ou de uma macros sintaxe das línguas naturais.

Para que se mostre que a orientação argumentativa, isto é, a possibilidade discursiva de encadeamento de um enunciado com outros enunciados, pode ser múltipla sem que por isso seja aleatória, considerem-se estas duas alternativas de continuidade para o enunciado que nos serve de exemplo:

*Pedro é mais inteligente do que João: Pedro não passará nas exames.
* Pedro é mais inteligente do que João: João passará nos exames.

No contexto ideológico em que o falante considera a inteligência como um argumento de sucesso nos exames e onde o próprio sucesso é, consequentemente, apreciado como uma espécie de legitimação da inteligência do personagem que constitui o tema do discurso, os encadeamentos acima são, no mínimo, estranho[3].

Mas dizer estranhos, não é ndizer anormais, de ocorrência impossível, agramaticais ou o que valha; nada de absoluto aqui também. Bastaria mudar a situação de discurso e considerar que quem fala tem a intenção de mostrar, por exemplo, que a inteligência das pessoas é incompatível com os mecanismos de seleção da carreira universitária. Neste caso as sequências acima passariam sem problemas e a estranheza recairia sobre os encadeamentos de enunciados que antes seriam vistos como coerentes:

* Pedro é mais inteligente do que João: Pedro passará nos exames.
* Pedro é mais inteligente do que João: João não passará nos exames.

Poder-se-ia objetar agora que, se todas as sequências aqui apresentadas são possíveis ou impossíveis, não valeria a pena o esforço para mostrar qual o sentido do enunciado comparativo, já que qualquer direção discursiva pode realizá-lo. Mas não é bem assim. Nos quatro casos apresentados permanece o fato de que o comparativo de superioridade argumenta sempre em favor do termo comparado e, inversamente, desfavorece o termo comparante. É o que se dá, como se pode verificar nos exemplos utilizados, quer o falante considere positivamente o teste dos vestibulares, quer ele o considere negativamente. Em segundo lugar, e quase como consequência do que se acabou de dizer, se os quatro encadeamentos são possíveis, eles não o são, entretanto, ao mesmo tempo. Constituem pares nos quais um é sempre o contrário do outro e onde, dado um par como aceitável, o outro fica necessariamente excluído como estranho.

---

[3] Marcarei essa "estranheza" com asteriscos postos antes dos enunciados sem pretender, contudo, utilizar este sinal como índice de agramaticalidade, no sentido em que o emprega, por exemplo, a gramática gerativa transformacional.

Chamemos r o enunciado que dá sequência ao enunciado comparativo, quando o termo comparado é o tema do discurso, e chamemos r o enunciado que faz a mesma coisa, quando o tema é o termo comparante. Uma forma de representar esta "encruzilhada" que o comparativo de superioridade carrega como virtualidade de significação seria:

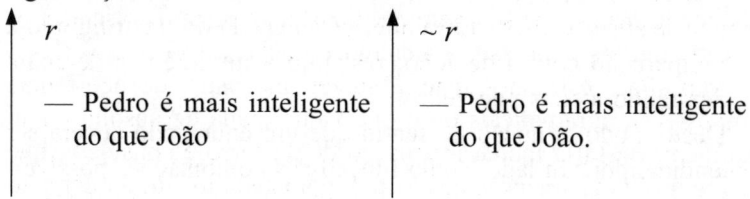

↑ r	↑ ~r
— Pedro é mais inteligente do que João	— Pedro é mais inteligente do que João.

(*Pedro* é o tema no primeiro esquema e *João* é o tema no segundo; r e r representam as conclusões que determinam o valor argumentativo do enunciado, ou seja, o seu sentido; se r for *Pedro passará nos exames,* ~ r será *João não passará* nos *exames,* e se r for *Pedro não passará nos exames,* ~ r será *João passará nos exames.*)

Uma outra maneira de mostrar que existe esta dupla orientação argumentativa no enunciado comparativo de superioridade[4] seria aquela que consistiria em procurar estabelecer que outros enunciados poderiam entrar no paradigma de r e quais os que entrariam no de ~ r[5] .Creio que não seria difícil admitir que no primeiro caso teríamos enunciados como:

— *Pedro é muito mais inteligente do que João.*
— *Pedro é inteligente.*
— *Pedro é muito inteligente,* etc.

E no segundo caso:
— *Pedro é muito mais inteligente do que João.*
— *João é pouco inteligente. João não é inteligente,* etc.

---

[4] O mesmo pode ser dito das outras formas de comparativo. Cf. Vogt, 1977.
[5] A noção de paradigma argumentativo corresponde *grosso modo* à noção de valor argumentativo e de escala argumentativa, tal como aparecem definidos em Ducrot, 1973a), p. 227 e segs. Dado um enunciado p cujo valor argumentativo é determinado por uma certa conclusão r, isto é, numa escala argumentativa determinada por r, os demais enunciados, p', p'' etc., que entrarem na mesma escala, constituirão juntamente com p' o paradigma argumentativo de r.

Em outras palavras, de um lado, a comparação vai no sentido da afirmação da inteligência de Pedro e, do outro, no sentido da negação da inteligência de João. Poder-se-ia também dizer que a comparação pertence, ao mesmo tempo, à categoria da afirmação e à categoria da restrição: no primeiro caso ela se apresenta como objeto de uma restrição; no segundo a restrição é que constitui o objeto da afirmação. Afirmo a inteligência de Pedro restringindo-a à comparação com a de João; restrinjo a inteligência de João, comparando-a com a de Pedro[6].

Deste modo, a noção de sentido de um enunciado deverá ser entendida, por um lado, como função das combinações possíveis deste enunciado com outros enunciados da língua, isto é, como função da sua orientação argumentativa ou, em outras palavras, como função do futuro discursivo que ele abre no momento mesmo em que é dito. Por outro lado, o sentido de um enunciado será ainda, como acabo de exemplificar, função das relações que este enunciado estabelece com outros enunciados pertencentes ao mesmo paradigma argumentativo. Relações sintagmáticas de um lado, relações paradigmáticas, de outro. Aqui é que se pode falar de um estruturalismo da fala ou do discurso. Aqui ganha corpo a proposta de um estudo macrossintático ou semântico-argumentativo da língua.

---

[6] Para um desenvolvimento detalhado das categorias da afirmação e da restrição, ver Ducrot, 1972, p. 191 e segs.
Se se quiser ter uma ideia das amplas possibilidades de aplicação destas duas categorias — para citar um caso extremo —, veja-se a composição da figura do Conselheiro Aires que faz Machado de Assis em *Esaú e Jacó* e no *Memorial de Aires* e ainda o belíssimo ensaio de Alfredo Bosi, 1978 — "Uma Figura Machadiana" — em que, por caminhos totalmente diferentes e que provavelmente se desconhecem, o autor capta no personagem estes dois movimentos contrários e simultâneos próprios de sua constituição.
Por outro lado, as noções argumentativas de *movimento favorável* e de *movimento desfavorável* utilizadas aqui neste artigo, no artigo anterior e, com mais frequência, no meu livro *O intervalo semântico*, poderão ser melhor caracterizadas se recorrermos a essas duas categorias, a da afirmação e a da restrição, que governam os paradigmas argumentativos opostos em que pode entrar um enunciado linguístico. O interesse dessa caracterização é que ela evita uma certa conotação moral que, porventura, possa ser veiculada pelos termos *favorável* e *desfavorável*. De qualquer modo, é sem nenhuma conotação desse tipo que os emprego.

Creio não ser sem consequências para o estudo da linguagem humana esta maneira de conceber o papel da semântica na sua descrição.

Considerem-se, por exemplo, os enunciados que venho utilizando e a possibilidade de substituir em cada um deles, depois dos dois pontos, o nome por um pronome anafórico:

Pedro é mais inteligente do que João: ele passará nos exames.
Pedro é mais inteligente do que João: ele não passará nos exames.

Se o que foi dito anteriormente é correto, há aqui um problema complicado de correferência, pois em cada um dos casos o pronome *ele* poderá estar substituindo tanto *Pedro* quanto *João*. É evidente que as condições da anáfora não estão, de forma alguma, restritas a fatores sintáticos ou semânticos, num sentido tradicional, presentes nestes enunciados. Os fatores que atuam aqui são de outra ordem. A condição, em cada caso, para que *ele* retome *Pedro* é que o sentido geral do enunciado acompanhe um dos movimentos argumentativos determinados na comparação de superioridade, aquele que constitui necessariamente uma valorização do termo comparado. Assim, quer o enunciado que segue o comparativo seja positivo quer seja negativo, o importante é que ele faça parte, no encadeamento, do elogio que o falante tem a intenção de fazer a Pedro. No caso particular do encadeamento negativo, no qual *ele* é correferente de *Pedro* ou do encadeamento positivo onde *ele* é correferente de *João* ter-se-á necessariamente, come condição de uso destes enunciados, a apreciação negativa que o falante faz dos exames vestibulares. Nos outros dois casos, aquele em que o pronome retoma *Pedro* no enunciado positivo e aquele em que retoma *João* no enunciado negativo será o contrário, isto é, o falante deverá se representar os exames deste tipo com bastante importância. Na verdade, estas intenções do falante, estas condições ideológicas ou pragmáticas de emprego destes enunciados não são dadas como algo alheio e distante da língua. É o próprio comparativo que, na dualidade do movimento argumentativo que o caracteriza, as determina como alternativas formais de comportamento linguístico. A questão não é, portanto, identificar positivamente este ou aquele aspecto da ideologia do falante, mas tentar dispor de um quadro das alternativas formais de comportamentos e representações que, presentes na língua como virtualidades, obrigam o indivíduo a assumir substantivamente, nas situações de uso efetivo da linguagem, os papéis que ela prescreve, ainda que seja como simples artifício dramático. Mas nem por ser artifício ou máscara este jogo de representações é menos constitutivo da linguagem que qualquer essência positiva e uma que se queira a ela atribuir.

Veja-se, por exemplo, o caso clássico dos discursos direto, indireto e indireto livre. Se reduzidos a diferenças de caráter meramente morfológico e sintático, dificilmente se apreenderá a especificidade de cada um. O interessante é notar que, nessas três formas de discurso, sob o disfarce de uma só voz narrativa, esconde-se sempre uma tensão dialética. Esta, manifestando-se de forma diferente em cada um dos casos, ativa, numa mesma e única enunciação, os mecanismos de alteridade responsáveis, no confronto *eu/outro,* pelo dinamismo dialético das significações que neles se articulam.

O que se passa é que o discurso do narrador, isto é, o discurso que refere (o discurso do *eu* da enunciação) e o discurso do personagem, isto é, o discurso referido (o discurso do *outro)* estão de tal modo interligados num processo peculiar de interação verbal, que a significação do enunciado global só pode ser inteiramente apreendida se passarmos antes pelo crivo do diálogo aí latente. E isso se dá porque, se é preciso admitir que tanto o discurso do narrador como o discurso do personagem estão orientados para os objetos a que referem, é preciso também admitir que, por sua vez, um é objeto de orientação do outro[7]. Assim, o modo de produção da significação desses tipos de discurso deve passar pela dialética das relações que entre si estabelecem narrador e personagem no jogo de apropriações, mais ou menos explícito, da fala de um pela fala do outro.

Observe-se, a título de exemplo, esta passagem do romance *Esaú e Jacó,* de Machado de Assis, 1962, p.p. 1015-1016, em que o Conselheiro Aires é instado, pelo conservador Batista, ex-presidente de província e aspirante, com a subida dos liberais, a uma nova presidência, a entrar em seu gabinete e a ouvir-lhe confidências políticas. Note-se que o trecho passa, num movimento admirável, da fala do narrador ao discurso direto dos dois personagens e dobra-se à fusão

---

[7] Para uma discussão original e inteligente dessas diferentes formas do discurso, ver Bakhtin (Volochinov), 1973, em particular os cap. 8, 9, 10, 11.

dos três discursos na forma do estilo indireto livre ("Aires escondia..." até "... que lhe parecia ao conselheiro?"), para retomar novamente o estilo direto:

"Batista não perdeu um instante, correu imediato ao assunto, com medo de o ver pegar em outro livro.
" — Confesso-lhe que tenho o temperamento conservador.
" — Também eu guardo presentes antigos.
" — Não é isso: refiro-me ao temperamento político. Verdadeiramente há opiniões e temperamentos. Um homem pode muito bem ter o temperamento oposto às suas ideias. As minhas ideias, se as cotejarmos com os programas políticos do mundo, são antes liberais e algumas libérrimas. O sufrágio universal, por exemplo, é para mim a pedra angular de um bom regime representativo. Ao contrário, os liberais pediram e fizeram o voto concitário. Hoje estou mais adiantado que eles, aceito o que está, por ora, mas antes do fim do século é preciso rever alguns artigos da Constituição, dois ou três.
"Aires escondia o espanto... Convidado assim àquela hora...
Uma profissão de fé política... Batista insistia na distinção do temperamento e das ideias. Alguns amigos velhos, que conheciam esta dualidade mental e moral, é que teimavam em querer que ele aceitasse uma presidência; ele não queria. Francamente, que lhe parecia ao conselheiro?
" — Francamente, acho que não tem razão.
" — Que não tenho razão por quê?
" — Em recusar."

O problema, neste caso, é saber quem comanda o discurso de quem e como os fatos aí referidos passam pela mediação do intercurso de vozes que compõem o tecido das representações e dos pontos de vista que informam o leitor sobre os acontecimentos que estão sendo narrados. A própria relação *autor/leitor* talvez seja, ela mesma, mediada por este conjunto de representações. De cada texto seria, então, possível, a partir dos enunciados que o integram, reconstituir a figura de leitor que o autor se representa, e no mesmo movimento, mas em sentido inverso, a representação que o autor se faz de si mesmo. Evidentemente a passagem desse autor e desse leitor implícitos no próprio texto para o autor e o leitor reais, historicamente identificados, deverá passar por mediações de outra ordem: sociais, econômicas, políticas, psicológicas, etc.. Mas em nenhuma hipótese se poderá prescindir das representações que a linguagem institui enquanto tal, isto é, enquanto mediação da identidade relativa dessas máscaras que simultaneamente se ajustam e simultaneamente fingem percorrer, em conivência, o universo factual da narrativa. Não sendo assim, é sempre possível identificar positivamente o autor e o leitor como indivíduos que têm uma biografia, nasceram em tal data, morreram em tal outra, vieram de uma família rica, verão a decadência, era um pequeno burguês que escrevia para os semelhantes, etc., etc.. É possível. Mas este conjunto de predicados não dará de um e de outro senão uma identificação semântica e historicizante. Jamais pragmática ou ideológica, no sentido em que empreguei antes estas designações.

Não creio que seja muito diferente o que se passa, deste ponto de vista, com a linguagem oral, utilizada nas interações do dia-a-dia. Aqui, como na linguagem escrita e, em particular, na literatura, este jogo de esconde-esconde é fundamental. Não basta falar em enunciação, em falante e ouvinte para que se alcance a complexidade das significações dos atos de fala. O problema é que sobre a identidade biológica, psicológica, individual, enfim, dessas categorias da enunciação, sobrepõe-se um jogo de representações, em que aquele que fala assume o papel do destinador, e, como tal, no momento mesmo em que fala, investe o ouvinte do papel de destinatário. Esta atribuição de papéis, no e pelo ato de fala que se pratica, requer uma reflexão que não pode limitar-se apenas às questões de competência linguística do falante, já que não se trata tanto de saber como os indivíduos falam significativamente sobre o mundo, mas como se representam uns aos outros no processo de interação verbal, processo que, se não exclusivamente, se põe também como mediador e filtro de sua visão do mundo.

Dentro dessa perspectiva de análise da linguagem não há franjas psicologizantes. Por isso eu dizia que o conceito de intenção é aqui entendido apenas como um conceito semântico ou hermenêutico. Mesmo a questão de saber se quem fala o faz "seriamente", no momento em que fala, ou se tem a investidura necessária para fazer o que faz, etc., talvez possa, da mesma forma que a chamada intenção do falante (num sentido psicológico), ser considerada com menor importância do que a que lhe tem sido atribuída.

Na verdade, o que se requer é apenas a admissão de que, por exemplo, quando dou uma ordem a alguém, num enunciado do tipo *Feche a porta,* o papel que assumo, neste e por este enunciado, seja o do destinador que podia dar a ordem, como de fato a deu. Aquele a quem a ordem é dirigida e que o destinador se representa como o destinatário de seu ato de fala também não existe, linguisticamente falando, senão como virtualidade do próprio discurso. Existir uma porta, a porta estar aberta são condições semânticas de emprego do enunciado, mas que se não forem satisfeitas, nem por isso impedem que a ordem se realize no momento em que digo este enunciado e deste modo se institua uma relação de autoridade que, por sua vez, se constitui no fundamento material das representações específicas que, neste e por este ato de linguagem, caracterizam o destinador e o destinatário. Certamente, não é o enunciado que obrigará o meu ouvinte real a comportar-se desta ou daquela maneira. Enquanto indivíduo, não é o fato de dizer *Eu prometo,* numa determinada circunstância, que me compromete com a promessa. Quem se obriga, quem se compromete o faz sempre como um *eu* à intenção de um *outro,* isto é, como pessoa, *persona,* ou máscara constituída no e pelo jogo de linguagem que o próprio ato de prometer estabeleceu[8]. Assim também, quem se obriga a cumprir uma ordem que dou é alguém que a própria ordem se representa — o destinatário —, cuja máscara ou investidura o ouvinte poderá sempre recusar.

---

[8] O que vai aqui dito tem, em linhas gerais,. o mesmo sentido da observação de Robert Ezra Park, 1950, p.p. 249-250, já citada aqui mesmo no artigo "Estrutura e função da linguagem", p.p. 100-101. Retomo-a simplesmente para facilitar o trabalho do leitor:
"Não é provavelmente um mero acidente histórico que a palavra *pessoa*, em sua acepção primeira, queira dizer "máscara". Mas, antes, o reconhecimento do fato de que todo homem está sempre e em todo lugar, mais ou menos conscientemente representando um papel... E nesses papéis que nos conhecemos uns aos outros; é nesses papéis que nos conhecemos a nós mesmos.
(...) Em certo sentido e na medida em que esta máscara representa a concepção que formamos de nós mesmos — o papel que nos esforçamos por chegar a viver — esta máscara é o nosso mais verdadeiro eu, aquilo que gostaríamos de ser. Ao final, a concepção que temos de nosso papel torna-se uma segunda natureza e parte integral de nossa personalidade. Entramos no mundo como indivíduos, adquirimos um caráter e nos tornamos pessoas"

Esta recusa em assumir o papel que, contido na fala do locutor, lhe é atribuído, pode desorientar o discurso, desviá-lo de sua trajetória inicial, fazer com que seja abandonado dos futuros que propunha, ou ainda que o seu desenvolvimento não possa ser, a partir da recusa, senão polêmico, ao menos até que novos papéis sejam acordados entre os interlocutores por outros atos de enunciação.

A deontologia da língua está longe de constituir-se no código explícito de um aparelho jurídico capaz de obrigar, pelo simples uso, o indivíduo a comportamentos prescritos em regras ou leis. Se ela o faz é antes de tudo como representação, como jogo. Assim, se, de um lado, se evita qualquer possível interpretação behaviorista desta visão da linguagem como forma de comportamento ideológico, do outro, recua-se o extremo oposto, isto é, aquele que vê a língua como um produto acabado, disponível, com as condições de significação já estabelecidas e no qual o lugar do indivíduo é apenas o do usuário que, de acordo com as necessidades ou desejos, vai ao supermercado dos signos abastecer-se de provisões.

De um modo geral, o que estou propondo é que se distingam no interior da enunciação três diferentes níveis de participação do sujeito. Um primeiro nível em que se poderia falar de um *eu* e de um *tu* gramaticais ou locucional, para usar a terminologia de Austin, 1962, e no qual se identificaria a capacidade ou a competência dos indivíduos para produzirem e reconhecerem frases numa dada língua; um segundo nível, a que se poderia chamar semântico, no qual se dariam as condições de referência efetiva aos indivíduos designados por *eu* e *tu* no ato de enunciação; o terceiro nível, entretanto, seria aquele que viria não depois dos anteriores mas que se situaria entre eles. Neste nível é que se articulariam o *eu* e o *tu* representados no ato de fala e por ele passaria necessariamente o processo de autorreferência característico de toda ocorrência do pronome de primeira pessoa, ou, mais amplamente, contido em todo ato de enunciação efetivamente realizado. Deste modo, a passagem do nível gramatical ou locucional para o semântico teria sempre a mediação deste terceiro nível. O *eu* não designaria apenas o indivíduo que fala no momento em que emite uma frase e o *tu*, da mesma forma, não designaria apenas aquele que a ouve. O fato de falar me identifica, evidentemente, como quem fala. Mas as línguas, os homens as falam. E isto é tão genericamente verdadeiro que não vale a pena discutir. A questão é saber como eu falo. A pergunta pelo modo, neste caso, é também a pergunta sobre como eu me represento, e ao outro, no ato de linguagem que pratico. Aqui a identificação dos interlocutores é sempre relativa: *eu* e *tu* integram dinamicamente a identidade de um e de outro, de tal modo que a referência positiva aos indivíduos do mundo tenha de levar em conta os predicados desta representação. A este nível eu gostaria de reservar o nome de pragmático ou ideológico. Teríamos assim um *eu* e um *tu* locucionais; um eu e um tu semânticos e, a mediar a relação entre eles, um *eu* e um *tu* ilocucionais (ou mesmo perlocucionais).

A constância da dramatização de caracteres nas trocas linguísticas é algo que me leva a pensar a linguagem como um processo de interação. Não, entretanto, um processo que se desenvolvesse como simples resultado da ação de dois indivíduos que, postos frente a frente, tomassem do instrumento comum disponível e tornassem concretas as intenções de informar-se mutuamente. A informação pode até resultar, mas terá, sem dúvida, passado antes pelo jogo de intenções argumentativas que caracteriza a relação dos atores no pequeno ato que entre eles se desenrola e que, ao desenrolar-se, lhes constitui a identidade com que mutuamente se representam para atingir seus fins. Talvez, agora, se diga que estou torcendo as palavras já que nego, de um lado, a natureza instrumental da linguagem para, em seguida, recuperá-la na noção de identidade instrumental dos participantes de um ato verbal. Mas é preciso dizer que se a linguagem aqui é meio, os meios são seu próprio fim. E dizer isso não é dizer outra coisa diferente de quando afirmo que a linguagem é um jogo. O ato de linguagem tem, assim, um duplo sentido: o da ação que se pratica quando se produz um enunciado e o da representação dramática que estabelece as próprias condições para o desenvolvimento desta ação. Ato de falar e ato de representar, a um só tempo[9].

Os exemplos em que o falante aparece claramente como um destinador cujas características se moldam na própria representação que, no ato de linguagem realizado, ele se faz do seu destinatário não são poucos.

Cito alguns, tomados emprestados ao *Diário* de Rosa Attié Figueira. Em todos, trata-se sempre de diálogos entre a própria Rosa e sua

---

[9] Várias pesquisas, em diferentes áreas da linguística, parecem hoje orientar-se no sentido geral destas reflexões. Por exemplo, para uma concepção dos jogos de representações como constitutivos do processo de aquisição e desenvolvimento da linguagem na criança, ver De Lemos, 1978.

filha, Anamaria, sujeito de sua pesquisa sobre aquisição da linguagem e datam de quando a menina tinha pouco mais de três anos[10].

1. Anamaria, falando para si mesma, perto de sua mãe:
   A.: *Aquele (vestido) é quando que é ir na colinha, né? Agora não vai tirar não.*

2. Anamaria vem do quarto da mãe e diz:
   A.: *Mãe, eu num fez(i) nada no seu quarto.*
   M.: Sinal que fez alguma coisa. Pode dizer.
   A.: (Tentando desviar a atenção do objeto em que 'mexera): *Eu mexi naquele branco.* (Tinha mexido no batom).

3. A.: *Ô mãe, eu não posso ir no Danilo, não?*
   M.: O Danilo tá jogando bola.
   A.: *Cê qué que eu vou ou fico aqui em casa. Fico aqui em casa, né?*

4. A criança aproxima-se da mãe que está estudando e diz:
   A.: *Onde eu tava mãe? Eu tava lavando a mão.*
   (Tinha feito bagunça no banheiro).

5. Anamaria dirige-se à mãe que não queria que ela tirasse o paletó do pijama:
   A.: *Tirei a blusa do pijama, mãe.*
   M.: (Desapontada) : Ah!
   A.: *Depois eu fico tô'pirrando, né? Não é, fico tó'pirrando, é resfriada, né?*

Sem me estender na análise detalhada destes diálogos, chamo, contudo, a atenção para o fato de que, em cada um deles, há sempre enunciados da criança (os que estão em itálico) que contêm um discurso citado da mãe, mesmo que este discurso não tenha sido efetivamente produzido pelo destinatário real. São discursos de um destinatário representado (discursos referidos) que, no entanto, orientam

---

[10] Agradeço a enorme gentileza de Rosa Attié Figueira, minha colega no Departamento de Linguística da Unicamp, por ter não só me permitido o acesso a seu material de trabalho, como também por ter selecionado os exemplos que aí vão.

o próprio comportamento linguístico de Anamaria, no sentido em que eles, na relação com o seu discurso (discurso que refere) constituem os papéis que ela representa, enquanto destinador. E não é preciso muito esforço para perceber que é neste jogo de máscaras que se reproduzem as condições sociais da interação mãe/filha.
Outro exemplo, tirado agora de um fenômeno linguístico bastante amplo e comum. Trata-se da negação, em particular, da negação gramatical que ocorre em frases encadeadas a outras frases pela conjunção adversativa *mas,* como nos enunciados:

Pedro não é inteligente, mas aplicado.
Pedro não é inteligente, mas é aplicado.

Muitos teóricos da linguagem desde Occam, na Idade Média até Strawson, Ducrot e Searle, mais recentemente, referem-se à possibilidade de um enunciado do tipo sujeito-predicado ser falso ou quando o sujeito não designa nenhum ser, ou quando o predicado não se aplica ao ser designado pelo sujeito. Estas duas condições, ambas suficientes para provocar a falsidade de um enunciado, levam consequentemente a distinguir dois tipos de negação ou duas diferentes funções preenchidas pela negação. Ducrot, 1977, p. 46 e segs., fala de uma função descritiva da negação (negação da conveniência do predicado ao objeto referido pelo sujeito) e de uma função metalinguística da negação (no caso em que a falsidade do enunciado decorre da ausência de referência da expressão sujeito), enquanto Searle, 1969, p. 159, refere-se à possibilidade de distinguir uma negação "externa" e uma negação "interna".
Sem pretender discutir aqui o acerto ou desacerto dessas distinções[11], quero, no entanto, observar que a função metalinguística da

---

[11] a) Como se sabe, o problema envolvido nestas discussões todas é, originalmente, o da referência e o da pressuposição, e, de um modo mais amplo, o de uma teoria da falsidade. Desnecessário dizer que os textos sobre os quais está centrada a polêmica são particularmente os textos de Frege, 1892, e de Russel, 1905.
b) Quando, no decorrer de minha exposição, passo a falar da negação metalinguística ou polêmica como um ato de refutação, e uma vez feita no meu texto alusão à distinção entre negação externa e negação interna que aparece em Searle, corre, evidentemente, por minha conta e risco a

negação, apontada por Ducrot, tem o caráter de uma refutação cujo objeto é uma afirmação anterior, afirmação esta cuja formulação pode não ter sido feita explicitamente pelo destinatário a quem a refutação se dirige, mas que lhe é, de qualquer modo, emprestada pelo enunciador, no momento mesmo em que este a contesta no enunciado negativo que produz.

Ducrot, comparando os enunciados

Não há uma nuvem no céu.
Esta parede não é branca.,

diz que o segundo enunciado é, em geral, empregado para manifestar a oposição do enunciador à uma afirmação anterior *Esta parede é branca.* É esta afirmação que, embora não tendo sido formulada explicitamente pelo destinatário, lhe é atribuída pelo enunciador ou destinador, de tal modo que a sua enunciação, a sua realidade linguística, se dá como pura representação. Neste sentido o destinatário é um destinatário representado e da aceitação ou não deste papel que é atribuído ao destinatário real no e pelo enunciado negativo dependerá a forma de desenvolvimento do diálogo entre os indivíduos que dele participam.

Suponhamos, para continuar usando a descrição feita por Ducrot, que o enunciado *Esta parede não é branca,* tivesse sido endereçado ao pintor que deveria ter pintado a parede de branco e que, como resposta ele dissesse:

Mas eu não disse isto!

Esta resposta é interessante na medida em que o pronome demonstrativo que aí aparece aponta direta e explicitamente para o discurso implícito contido na fala do enunciador, mas atribuído ao destinatário. Um dêitico ou um anafórico? Nem um, nem outro. Os dois ao mesmo tempo, já que remete à situação de discurso, mas onde esta situação é ela mesma um segmento linguístico, um enunciado com que o destinador se representa o destinatário a quem então se dirige. Esta representação, este processo de dramatização,

---

assimilação que aí vai sugerida entre negação externa e o que Searle, 1969, p.p. 32-33, chama negação ilocucional.

ou de atribuição de papéis é que permitirá a ação linguística de refutação que caracteriza a enunciação de *Esta parede não é branca.*
Voltemos, agora, aos nossos enunciados com *mas:*

Pedro não é inteligente, mas aplicado.
Pedro não é inteligente, mas é aplicado.

A diferença entre eles, como já foi apontado por Anscombre & Ducrot, 1978, é que no primeiro caso tem-se a ocorrência de um *mas* equivalente ao *sino* do espanhol e ao *sondern* do alemão e que os autores chamam *mas SN,* enquanto no segundo caso o *mas* é do tipo *mas pA* e corresponde ao emprego que caracteriza a conjunção *pero,* em espanhol e a conjunção *aber,* em alemão.

No que diz respeito à negação, no primeiro enunciado ter-se-ia, segundo os autores, uma negação metalinguística, isto é, uma negação cujo emprego se dá num enunciado sobre outro enunciado; no segundo caso, a negação seria descritiva e, deste modo, o enunciado em que se dá a sua ocorrência estaria destinado a falar de coisas e não de enunciados. No primeiro caso, a negação seria refutativa, formando com a conjunção *mas* o morfema descontínuo *não... mas* desta refutação; no segundo, seriam dois morfemas distintos e com funções distintas: o morfema *não* marcaria uma negação e a conjunção *mas* oporia argumentativamente o enunciado que introduz ao primeiro enunciado *(Pedro não é inteligente* seria um argumento para uma certa conclusão r, por exem*plo, Ele não tem chances de ser aprovado,* enquanto *Ele é aplicado* seria argumento para uma conclusão contrária $\sim r$ = *Ele tem chances de ser aprovado),* de tal modo que quem dissesse *Pedro não é inteligente, mas é aplicado,* no contexto ideológico do exame, aqui imaginado, estaria efetivamente argumentando em favor da aprovação de *Pedro.* O enunciado, como um todo, é apresentado como um argumento para $\sim r$ e é isto que caracteriza fundamentalmente o ato de argumentar que se pratica quando se emprega a conjunção *mas* na sua função p_A.

Assim, no que diz respeito à negação, dados dois enunciados *B mas $_{SN}$ A* e *B mas $_{p_A}$ A,* a diferença fundamental entre eles é que *B* antes de *mas $_{p_A}$* não é jamais o objeto de uma negação gramatical, enquanto que *B,* no caso de *mas $_{SN}$* constitui necessariamente o objeto de uma negação gramatical:

Pedro é inteligente, mas $_{p_A}$ é aplicado.
Pedro não é inteligente, mas $_{SN}$ aplicado.

Entretanto, isto não significa que a frase que precede *mas PA* não pode conter um morfema negativo. O exemplo que aqui vem sendo utilizado mostra bem o contrário:

Pedro não é inteligente, mas p_A é aplicado: ele será aprovado.

É neste ponto que a análise de Anscombre & Ducrot, 1978, dirá que o morfema negativo que precede o *mas SN*, tem função metalinguística e o que precede o *mas p_A*, função descritiva.
Talvez não seja totalmente falso explicar o valor dessas duas ocorrências da negação gramatical nesses termos. Parece-me, no entanto, que ainda assim sobram alguns aspectos dessas ocorrências a serem explicados. Esta explicação, segundo creio, só será satisfatória se levarmos em conta os diferentes processos de representação do outro, do destinatário, envolvidos na utilização que o enunciador ou destinador faz da conjunção *mas,* na função SN ou na função PA. Diríamos, então, que no caso do *mas PA*, o morfema negativo é interno ao termo *B* e não tem nenhuma relação com o movimento argumentativo de negação, de oposição marcado por *mas*. Com *mas $_{SN}$*, a negação gramatical é externa, isto é, incide sobre *B* e exprime, assim, o movimento argumentativo de negação implicado pelo *mas*. Até aqui, como se pode notar pela oposição de uma negação interna a uma negação externa, para usar a distinção apontada por Searle a que me referi anteriormente, estamos no domínio do descritivo *versus* o metalinguístico ou o polêmico. O que não está ainda explicitado é que a negação gramatical que pode preceder *mas p_A* pertence não ao discurso do falante mas ao discurso relatado do ouvinte, ao qual o falante se opõe. É neste movimento de oposição, que caracteriza o emprego de *mas p_A*, que o ouvinte ganhará o *status* linguístico argumentativo de uma representação — a do destinatário que disse ou teria dito *não-B* (= *Pedro não é inteligente*). Esta representação, por sua vez, permitirá ao falante representar-se como o enunciador, o destinador que a ele se opõe, depois de um momento de acordo estratégico, instrumental ou de concessão: *Pedro não é inteligente, (de acordo, concedo); mas é aplicado.* Deste modo, a negação gramatical que pode ocorrer antes de *mas p_A* não tem como autor original o falante, mas o ouvinte, cuja fala está representada na duplicidade de vozes que caracteriza a enunciação efetiva desta entidade complexa que é o sujeito da enunciação, misto de destinador e destinatário. Portanto, uma das

condições para que a negação gramatical possa ocorrer no contexto de *mas p_A* é que o destinatário tenha dito *não — B* ou seja representado como se o tivesse feito. Por outro lado, o *eu* da enunciação de um enunciado com *mas p_A* é ele mesmo uma representação, uma categoria cuja identidade não é de forma alguma positiva, já que depende necessariamente da representação do *outro* para que o seu papel se complete na finalidade a que se propõe, isto é, argumentar contra as conclusões que poderiam ser tiradas das opiniões do destinatário, ainda que estas não lhe fossem atribuídas senão com um papel necessário para fundamentar o desempenho do próprio enunciador. No caso do *mas $_{SN}$*, a negação gramatical que sempre o precede marca, ao mesmo tempo que este morfema, a oposição do falante ao discurso que ele relata. Neste caso, o *não* pertence ao sujeito da enunciação e caracteriza a sua atitude de recusa ou de refutação relativamente à afirmação B que o destinatário produziu ou que lhe é atribuída pelo enunciador de *não-B, mas $_{SN}$ A*[12]:

Pedro não é inteligente, mas aplicado.

Como ocorre com o *mas p_A*, o emprego do *mas SN* depende de um discurso real ou virtual do destinatário com o qual o enunciador, num caso, finge estrategicamente concordar e ao qual, no outro caso, se opõe diretamente.

Assim, as duas funções do mas têm como condição comum a representação do discurso do outro no discurso de quem dirá mas, e, como traço específico, o modo desta representação em cada um dos casos. Com o mas $_{SN}$, o discurso do outro é citado como objeto de uma recusa imediata por parte de quem o cita; com o mas pA, ele é citado como objeto de um acordo instrumental que será desfeito logo em seguida, uma vez atingida a finalidade do enunciado que é a de argumentar contra as conclusões que poderiam ser tiradas do discurso do destinatário.

Na medida em que, empregando o mas na sua função $_{SN}$, o falante refuta diretamente a opinião de seu interlocutor para corrigi-lo sem mais delongas, poder-se-ia dizer que, assim utilizada;

---

[12] Cf. aqui mesmo, no artigo "De *magis* a *mas:* uma hipótese semântica", p. 112 e segs., a análise da expressão *ao contrário* e a explicação da negação gramatical como recusa de um discurso atribuído ao *outro*.

a conjunção mas fornece como que um fundamento linguístico para a ideologia autoritária. Com o mas p_A, como o falante concede primeiramente um certo reconhecimento à argumentação do ouvinte para, em seguida, opor-se a ele e argumentar contra a sua opinião, ter-se-ia no emprego da conjunção mas um fundamento linguístico para um outro tipo de comportamento ideológico ou pragmático que poderia ser caracterizado como liberal.

Por outro lado, se as condições de emprego da conjunção *mas*, quer na função $_{SN}$, quer na função p_A envolvem a necessidade de o discurso do enunciador reproduzir o discurso do destinatário, e se nada obriga que o destinatário tenha de fato dito o que o enunciador lhe atribui, embora também nada o impeça, é que a natureza deste jogo linguístico instituído pela conjunção mas é fundamentalmente dramática, teatral. Jogo de representações em que a atribuição de papéis obedece a diferentes formas de interação linguística e de relação social entre os interlocutores: autoritária com *mas* $_{SN}$, liberal com *mas* p_A. Em termos mais simples, as duas funções do *mas* constituem dois modos de dizer *não*. E é nisto que me parece residir o seu caráter pragmático e ideológico.

Ao discurso do outro, que pode não ser mais do que representação do falante mas que deve, de qualquer forma, ser citado na sua fala para que a significação do *mas* se complete, proponho chamá--lo segundo um conceito apresentado por Berta Waldman a propósito de um expediente narrativo por ela identificado na obra do contista Dalton Trevisan, discurso direto livre. O que o diferenciaria das outras formas de relatar o discurso do outro e, em particular, do discurso direto é que, em primeiro lugar, a sua ocorrência não se daria jamais em contextos propriamente narrativos onde a fala do outro é a fala de um terceiro, mas em contextos dialógicos em que o outro é sempre o interlocutor, o *tu* relativamente ao qual se instaura na língua a subjetividade do falante, este *eu* discursivo cuja identidade depende a cada momento das representações que ele atribui ao ouvinte e que este lhe devolve como destinatário e *enunciados* na aceitação ou recusa dos papéis que lhe são destinados. Em segundo lugar, se é o destinatário quem fala no interior do discurso do enunciados, a representação de seu discurso, embora direta, pois se trata de um diálogo, é livre, já que ele fala sem falar. Deste modo, o diálogo se reproduz no interior de si mesmo e estabelece, numa mesma e única enunciação, a tensão de vozes que caracteriza fundamentalmente o jogo argumentativo da linguagem.

III. *A linguagem como ação dramática*

As noções de destinatário representado e, correlativamente, de enunciados ou destinador que se representa nos levam, como foi dito anteriormente, a reconhecer na atividade linguística, além das categorias locucionais falante/ouvinte e das identidades semânticas ou referenciais — enunciados/destinatário — que lhes correspondem, personagens discursivas intermediárias cuja identidade é de natureza um pouco mais complexa e cuja constituição se faz pela atribuição dos papéis que os atos de linguagem estabelecem no processo de interação verbal. É no nível pragmático que estes papéis adquirem sua força dramática e, enquanto categoria pragmática, o enunciados, longe de ter uma identidade positiva, mostra-se como uma superposição de máscaras que representam a duplicação do rosto do personagem e a tensão que se esconde atrás da aparente unidade do enunciado produzido pelo falante. Talvez que a imagem mais adequada para sugerir a duplicidade do sujeito pragmático da enunciação, que é ao mesmo tempo enunciados e destinatário, já que a sua fala só se representa como representação de seu duplo, seja a das máscaras que, num certo tipo de representação teatral, colocadas atrás da cabeça dos atores, dobram a identidade dos personagens. A cada movimento cênico, a cada volta de seus corpos afirmam a realidade do outro que as constitui. Estar atrás, neste sentido, é esconder, mas é também sustentar.

Se chamarmos E_o e D_o os personagens locucionais ou gramaticais da enunciação e que correspondem, *grosso modo,* ao falante e ao ouvinte; se chamarmos E_2 e D_2 às categorias semânticas que lhes correspondem e permitem a sua identificação positiva no mundo; se, enfim, chamarmos $E1$ e D_1 o destinador que se representa em relação ao destinatário representado, diremos que a passagem das categorias locucionais para as categorias semânticas é sempre mediada pelo sistema de representações pragmáticas que caracteriza o nível E_1. - D_1. E que, além disso, o destinador bem como o destinatário são, neste nível, entidades postas uma diante da outra de modo especular. As suas imagens se reproduzem, potencialmente, ao infinito e o limite real de sua reprodução é dado, a cada momento da história, pelo social.

Uma forma de esquematizar a relação e os papéis destes diferentes níveis de identidade das personagens do discurso, poderia ser:

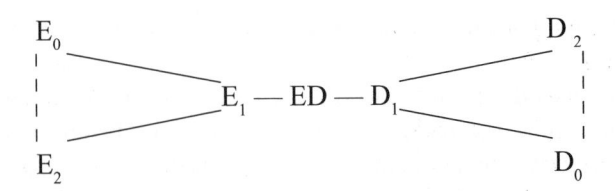

$$E_0 \diagdown D_2$$
$$E_1 - ED - D_1$$
$$E_2 \diagup D_0$$

As linhas pontilhadas indicam as passagens diretas do nível gramatical ou locucional para o nível semântico da enunciação. Poderiam representar as tendências mais tradicionais no tratamento do problema. As linhas contínuas procuram representar a relação enunciado-mundo como necessariamente mediada pelas representações pragmáticas dos interlocutores.

Quando digo que o social estabelece os limites da região ideológica em que se reproduzem e combinam as imagens do enunciados e do destinatário, pretendo simplesmente dizer que as significações que assim se produzem têm o limite das convenções sociais que as autoriza. Parece-me bastante óbvio que falar do *mas* como fundamento linguístico de comportamentos autoritários ou liberais só faz sentido enquanto (ainda que sejam séculos) estes comportamentos estiverem inscritos na ideologia de uma sociedade. Se as relações sociais de mando deixarem um dia de existir, o modo imperativo não terá certamente uso ou, pelo menos, será empregado de forma diversa para caracterizar uma atividade que estabelecerá entre os interlocutores um tipo de relação que dificilmente poderá continuar a ser chamada de comando, de ordem, de autoridade, etc.

Tirar o chapéu foi durante muito tempo nas sociedades ocidentais uma forma convencional e cerimoniosa de cumprimento. Não que os chapéus tenham desaparecido e que as pessoas que ainda os usem não possam tirá-los com a intenção de saudar alguém. Mas porque este gesto tem para nós hoje um sabor de antigo e a sua prática nos é cada vez mais estranha?

Provavelmente, — na linha desta antropologia especulativa —, no caso em que desaparecessem socialmente as relações autoritárias e liberais, continuássemos a chamar ordem a uma ordem ou acordo instrumental a um acordo instrumental, da mesma forma que chamamos afronta a um tipo de gesto que caracterizou, por exemplo, um certo comportamento social de fundo aristocrático no século XIX. Nós o compreendemos, mas não o praticamos. Já não faz parte de nossa prática social.

Gostaria, por fim, de dizer que este aspecto cerimonial ou ritual da linguagem pode, em casos excepcionais, caracterizar quase que exclusivamente a função de uma língua. Penso no *Cafundó,* comunidade de negros no estado de São Paulo, constituída de 74 pessoas, descendentes de antigos escravos e que além do português, língua utilizada amplamente nas suas necessidades de comunicação, fala também uma "língua" de origem africana. Na verdade um léxico bantu, Kimbundu predominantemente, de umas 200 palavras mais ou menos, sobre uma estrutura morfossintática do português[13].

Ao que tudo indica, a função desta "língua" é inteiramente ritual, criando para os membros da comunidade um espaço mítico em que eles se percebem como "africanos" e assim são também percebidos pela sociedade branca envolvente. Se etnicamente eles são vistos como pretos e socialmente como peões ou "vagabundos", a língua lhes dá um expediente ritual de compensação que, sobreposto à miséria social, que em geral caracteriza a história do negro no Brasil, renova uma identidade cultural para sempre perdida, porque historicamente vilipendiada. A língua, neste caso, teria, socialmente, o mesmo papel que outras manifestações rituais da cultura e tradição africanas no país, como os candomblés, os congos, etc.[14]

A singularidade do Cafundó dever-se-ia, assim, não apenas ao fato de que esta língua tenha sobrevivido em meio às ruínas que o capitalismo acumulou no seu desenvolvimento no Brasil, mas também a este caráter extremo de representação ritual, a que estaria ligada a própria razão de sua sobrevivência.

---

[13] A Comunidade do Cafundó situada no município de Salto de Pirapora, comarca de Sorocaba é um caso singular de sobrevivência ativa de uma "língua" africana no Brasil. O estudo desta comunidade tem sido feito pelos professores Peter Fry, antropólogo, Maurizio Gnerre, linguista, e por mim, todos da Unicamp. Para uma informação mais precisa sobre a comunidade, ver Vogt, Fry & Gnerre, 1980.

[14] Num estudo interessante sobre a relação entre brancos e negros na cidade de Goiás, Carlos R. Brandão, 1977, distingue três diferentes formas de manifestação da identidade dos negros: nas representações do trabalhador negro, como peões, nas representações étnicas, como pretos, e nas representações rituais, como congos. É mais ou menos na linha destas distinções que proponho entender esta "língua africana" com um papel basicamente ritual na comunidade do Cafundó.

Falar cafundó é ser "africano" ou, ao menos, reconhecer quem o fala como tal. Aqui o ato de fala é único. O modo de enunciar na língua é um só. Falar é representar-se "africano".

É evidente que este é um caso extremo. Mas creio que sua polaridade não é mais do que a exacerbação social de uma virtualidade das línguas naturais. Aquela que se apresenta quando se considera a linguagem humana como uma atividade. Uma atividade cuja característica fundamental é o aspecto dramático de sua constituição. Neste sentido, dizer que a linguagem é uma forma de ação significa dizer que a forma desta ação é dramática, no sentido em que é sempre ação que se representa.

Campinas, dezembro de 1979

Dois verbos *achar* em português?[1]

em colaboração com Rosa Attié Figueira

Este artigo tem por objetivo expressar uma diferença intuitivamente sentida em certo tipo de enunciado do português, em que entra o verbo *achar*. Pareceu-nos que era possível *fazê-lo* com a ajuda da noção de pressuposição. Sendo assim, partimos, nesta análise, de uma concepção de pressuposto tal como foi formulada por Ducrot, em *Dire et ne pas Dire* (1972)[2].

Nesta obra encontra-se formulada uma proposta de descrição semântica, cujos pontos principais procuraremos reproduzir a seguir, com o objetivo de situar o eleitor relativamente ao quadro teórico que nos serviu de ponto de partida.

---

[1] Publicado originalmente em Estudos de Semântica Aplicada ao Português (Boletim do Curso de Pós-graduação em Linguística e Língua Portuguesa), ano I, nº 1, UNESP, Araraquara, 1984.

[2] Faremos as citações a partir da tradução da obra para o português.

Dois pontos principais compõem a noção de pressuposto tal como é apresentada por Ducrot: a) o pressuposto é um implícito que integra (tanto quanto o posto) a significação literal do enunciado; b) o pressuposto tem por função específica impor as condições para o prosseguimento do discurso. "Pressupor um certo conteúdo é colocar a aceitação de tal conteúdo como condição do diálogo ulterior" (cf. Ducrot, 1977:101). A partir deste último traço Ducrot afirma o caráter ilocucionário da pressuposição, isto é, sua característica de ato específico do sujeito falante, ato que transforma as possibilidades de fala do interlocutor, uma vez que o obriga — se ele quiser dar prosseguimento ao discurso iniciado — a tomar os pressupostos do falante como quadro de sua própria fala.

Reconhece-se um conteúdo como pressuposto, fazendo-se negar, interrogar e encadear o enunciado em questão. Se há um conteúdo semântico que se mantém inalterado face à negação, interrogação e encadeamento, este conteúdo é dito pressuposto. Ao contrário, o conteúdo que se deixa negar, interrogar e encadear é o posto do enunciado, ou seja, aquilo de que se deseja informar explicitamente o ouvinte.

Deve-se acrescentar que, de acordo com o modelo de descrição semântica proposto por Ducrot (1972), o pressuposto — por ter marcas formais na sintaxe e no léxico da língua — deve ser analisado (juntamente com o posto) no nível de um *componente linguístico,* componente "que caracteriza os enunciados independentemente de qualquer enunciação, mas em relação ao papel que eles podem representar na enunciação" (cf. Ducrot, 1977:141). Neste sentido difere de outro tipo de implícito — o subentendido (ou implicatura conversacional, numa outra terminologia) — pois, sendo este derivado de regras discursivas, deve ser tratado num segundo componente — *componente retórico* — onde interferem as circunstâncias da elocução.

Tal é o quadro teórico onde se originou nossa análise. Entretanto, como adiante se verá, na medida em que a análise foi sendo desenvolvida verificou-se a necessidade de se alterar a concepção de sentido de um enunciado, de maneira a tornar menos rígida a distinção entre o linguístico e o retórico, o explícito e o implícito. No próprio Ducrot (1978, 1978a) e em Vogt (1977), a distinção entre significação linguística e significação retórica deixa de ter, mesmo do ponto de vista metodológico, o papel proeminente que antes lhe era atribuído na descrição semântica.

Por outro lado, estudos das mais diferentes origens teóricas e mesmo históricas, que vêm, por exemplo, desde a *Lógica de Port-Royal* e encontram atualmente na filosofia analítica da linguagem um tratamento sistemático e adequado dos aspectos pragmáticos que envolvem o enunciado, mostram também que essas distinções devem ser vistas com mais reservas do que com entusiasmo. Não quer dizer que elas não continuem a operar na caracterização do sentido. Quer sim dizer que, adotada uma outra concepção do sentido de um enunciado, modificar-se-ão também as fronteiras entre o linguístico e o não-linguístico.

Nosso artigo está comprometido com estas transformações. Numa primeira parte, procuraremos estabelecer uma diferença entre dois usos do verbo *achar* em português, recorrendo a uma análise baseada em critérios distribucionais e em aspectos semânticos, pressuposicionais, em particular. A segunda parte do trabalho será destinada à interpretação desta diferença. Tentaremos aí, em termos de uma análise pragmática, na qual a noção de intenção terá um papel fundamental, mostrar que os verbos distinguidos na primeira parte como $achar_1$ (palpite) e $achar_2$ (apreciação) constituem indicações de modalidades de enunciação diversas, e que $achar_2$, além de participar desta indicação, é também parte do conteúdo proposicional do enunciado. Buscaremos interpretar os traços distribucionais característicos destes dois verbos como consequência da força ilocucionária própria de cada um. É, pois, no quadro de uma teoria geral dos atos de linguagem que a interpretação semântico-pragmática do verbo *achar* deverá ser feita.

A análise assim desenvolvida permitirá ainda que se façam algumas considerações sobre o lugar e o papel do componente pragmático na teoria linguística. O que também será feito na segunda parte do artigo.

1. Fixemos inicialmente o escopo de nossa análise.

Vamos considerar neste artigo apenas os casos em que o verbo *achar* pode reger uma oração completiva iniciada por *que,* isto é, quando é passível de integrar a seguinte estrutura sintática:

$$X \ldots\ldots que\ P$$

em que X é o sujeito de *achar* e P uma sentença copulativa.

Excluem-se, deste modo, várias das acepções que Francisco Fernandes enumera para este verbo em seu *Dicionário de Verbos e Regimes*. Por exemplo: a de *estar, encontrar-se,* em que o verbo é pronominal (ex.: Achava-me de frente para o prédio da Biblioteca); as de *encontrar por acaso* ou *procurando* (ex.: Não achei o relógio) e *descobrir, inventar* (ex.: O cientista achou uma nova fórmula para impedir o desenvolvimento de bactérias), em que o verbo é transitivo direto, regendo complemento não-oracional. Por outro lado incluem-se como pertinentes aquelas acepções em que o verbo rege complemento oracional: 1. *julgar supor* e 2. *julgar considerar*[3].

Inicialmente, em nossos exemplos, X será o sujeito da enunciação *(eu)* e P uma sentença copulativa, em que o predicativo do sujeito é um adjetivo:

Eu acho que O é/está Y.

Parece-nos possível mostrar que neste contexto o verbo *achar* tem dois sentidos distintos, que podem ser evidenciados através de uma análise em posto e pressuposto.

Tomemos o exemplo:

(1) Eu acho que o novo carro da Fiat é caro.

Este enunciado pode ser empregado em duas situações:

---

[3] Notemos que, na acepção de *julgar, considerar,* o verbo *achar* é classificado por Francisco Fernandes como sendo transitivo relativo, nome com o qual designa a classe dos verbos "a que se ajuntam, para formar sentido, um objeto direto e um complemento terminativo" (cf. Fernandes, 1955, p. 26). Por complemento terminativo Fernandes designa "todo elemento preposicionado (inclusive o próprio adjunto adverbial) que concorra, de algum modo, para integralizar a significação do verbo" (cf. Fernandes, p. 25). Seu exemplo, tomando a R. da Silva é: *Eles achavam imoral a pasmaceira no locutório.* Nós preferimos vê-lo, inicialmente, como um verbo transitivo direto com objeto oracional, que pode — à diferença —? o verbo *achar* na acepção de *supor* — ter uma forma alternativa com *o* complementizador e a cópula elípticos: *Eles achavam imoral' a pasmaceira no locutório* (= Eles achavam que a pasmaceira *no* locutório era imoral).

1º) o falante não conhece o preço do novo carro da Fiat. Então, para dar a seu interlocutor uma ideia que ele tem a respeito deite objeto, emprega o adjetivo caro.

2ª) o falante conhece o preço do novo carro da Fiat e este lhe parece alto. Emprega o adjetivo *caro* para dizer o que pensa do valor, já conhecido, do objeto.
Observe-se que a pergunta

(2)   Você sabe o preço do novo carro da Fiat?

pode ter duas respostas, de acordo com as duas situações possíveis: conhecimento e desconhecimento do valor do objeto:

(3)   Não, mas eu acho que o carro é caro.
(4)   Sim, e eu acho que o carro é caro.

Com base nisto, propomos para (1), duas descrições baseadas na decomposição do sentido do enunciado nos constituintes: pressuposto (= PP) e posto (= P).

1ª	2ª
Eu acho que o carro é caro.	Eu acho que o carro é caro.
PP: O falante não sabe o valor do carro	PP: O falante sabe o valor do carro.
P: Para o falante, é provável que o carro seja caro.	P: Para o falante, o carro é caro.

No primeiro caso, sem se apoiar no dado objetivo: valor do carro, o sujeito da enunciação faz uma suposição no segundo caso, a partir de uma medida anteriormente conhecida, o sujeito emite um julgamento. Trata-se de duas atitudes diferentes, que chamaremos respectivamente de palpite e apreciação. Em francês, estas duas atitudes são expressas por verbos distintos: *croire* e *trouver,* respectivamente. Em português, para indicar esta diferença, no caso do verbo *achar,* usaremos a notação *acham,* para palpite e *achar$_2$* para apreciação.
O fato em que nos apoiamos para propor esta distinção são evidências sintáticas. Mostraremos que cada um dos valores que

apontamos para o verbo *achar* está associado à propriedade que não é compartilhada pelo outro. Sendo exclusivas de cada emprego, estas propriedades serão marcas que distinguirão *achar* de *achar2*. Observemos de início que, se a situação for igual à primeira, pode-se substituir no enunciado (1) a cópula pela locução verbal *deve ser* (no sentido de possibilidade e não no de obrigação do auxiliar *dever*). (Para explicitação do contexto, apoiar-nos-emos na pergunta (2).)

(2)   *Você sabe o preço do novo carro da Fiat?*
(5)   Não, mas eu acho que o carro deve ser caro.

Mas se a situação for igual à segunda, esta substituição determina uma frase estranha:

(2)   Você sabe o preço do novo carro da Fiat?
(6)   *Sim, e eu acho que o carro deve ser caro[4].

Logo, só *achar* com valor de palpite admite um auxiliar modal na completiva. Outros enunciados que também poderiam levar à verificação desta incompatibilidade entre *achar* apreciação e a locução *deve ser* são os seguintes:

---

[4] A enunciação (6) torna-se aceitável se for ampliada.
(6') Sim, e eu acho que o carro deve ser caro para a maioria dos brasileiros. Neste caso, porém, o falante, ao invés de dar a sua opinião, aponta em seu lugar a da maioria dos brasileiros, fazendo-a sob a forma de palpite. Em outras palavras, *caro* é a apreciação que o sujeito da enunciação supõe (a título de palpite) que a maioria dos brasileiros fará quando souber o preço do carro. É equivalente a *A maioria dos brasileiros deve achar o carro caro,* em que o palpite é marcado pelo morfema *deve* e a apreciação pela forma reduzida da completiva. A representação do enunciado acima deveria portanto conter duas vezes o verbo *achar*: *Eu acho$_1$ que a maioria dos brasileiros acham (que) o carro (é) caro*. Trata-se de uma suposição de X sobre a opinião X'.
Esta ressalva é útil para que o leitor se dê conta do uso que fazemos do asterisco. Este não marca no nosso trabalho — tal como na gramática gerativa transformacional — a impossibilidade total de ocorrência do enunciado, mas um certo grau de estranheza do mesmo em relação a uma dada situação de discurso, situação esta que é definida não só pelo contexto linguístico, mas também pelo contexto extralinguístico.

(7)   Embora não saiba o preço do carro, eu acho que ele deve ser caro.
(8)   *Embora saiba o preço do carro, eu acho que ele deve ser caro.

Observemos agora que se o contexto for igual ao segundo, podemos ter apagamento do complementizador e da cópula, sem consequência para o sentido do enunciado:

(2)   Você sabe o preço do novo carro Fiat?
(9)   Sim, e eu acho o carro caro.

Tal supressão é, entretanto, estranha quando se trata do contexto definido para $achar_1$.

(2)   Você sabe o preço do novo carro da Fiat?
(10)   *Não, mas eu acho o carro caro.

Logo, supressão de *que* + *cópula* só ocorre com $achar_2$.

Pode-se então tomar o uso do auxiliar modal e o apagamento de *que* + *cópula* na completiva como traços específicos de *achar*, e $_2$ respectivamente. E traços inequívocos, porque, conforme se viu, a locução que indica hipótese não se emprega quando o contexto é de apreciação, enquanto redução da completiva não ocorre se o contexto é de suposição. As anomalias de (6), (8) e (10) se explicam exatamente pelo fato de os contextos linguísticos em que estão inseridos os enunciados *Eu acho que o carro deve ser caro* e *Eu acho o carro caro* serem incompatíveis com as pressuposições que estão implicadas na formulação destas duas opiniões.

Nossa análise em pressuposição destes enunciados sugere que para fazer uma apreciação é preciso que o sujeito tenha uma certa experiência com aquilo que está sendo considerado; do contrário, se lhe falta esta experiência, tudo o que lhe é permitido fazer é uma suposição. Senão vejamos. De um lado, (6) e (8) parecem estranhas porque o falante afirma ter uma informação que lhe permite fazer uma apreciação, e, não obstante, faz uma suposição. Ora, isto representa — como se sabe — violação de um princípio que rege a troca de falas, conhecido como lei da exaustividade (ou máxima da quantidade), segundo o qual o locutor deve dar "sobre o tema de que fala, as informações mais fortes que possuir, e que sejam suscetíveis de interessar o destinatário" (cf. Ducrot 1977: 145). De outro lado, (10) parece estranha porque o falante emite um julgamento, apesar de afirmar o desconhecimento de um dado necessário para a apreciação. Em suma, dizendo (6) o falante faz menos do que poderia fazer: dizendo (10), faz mais do que lhe é possível fazer; atitudes ambas que têm toda a possibilidade de serem, no contexto discursivo, apontadas como inadequadas (para não dizer levianas).

2. Afirmamos na seção precedente que a propriedade de redução da completiva é privativa do *achar* que convencionamos chamar de *achar$_2$*. Assim, um enunciado com estrutura do tipo descrito — *X acha que O é/está Y* — pode ser interpretado como um palpite ou uma apreciação (é portanto ambíguo), mas outro da forma *X acha O Y* terá apenas a leitura de apreciação.

Notemos, porém, a título de curiosidade, que a sequência *X acha O Y* exibe uma configuração formal que pode, coincidentemente, ser a de outros empregos do verbo *achar,* empregos que deixamos de lado no presente trabalho. Seja, por exemplo, o enunciado:

(11)   O médico achou o menino pálido.

Trata-se de um enunciado que admite três leituras distintas. Explicitemo-las. Ouvindo-se (11) pode-se, em primeiro lugar, entender que um menino, caracterizado no discurso como pálido, estava perdido e que o médico o encontrou. Neste caso, *pálido* é a qualidade pela qual é conhecido o menino. Pode-se também entender que um menino estava perdido e que o médico o encontrou pálido. Neste caso, *pálido* é o estado do menino no momento em que o médico o encontrou (predicativo do objeto, na gramática tradicional). Pode-se finalmente entender que o menino foi examinado pelo médico e que este o considerou pálido. Neste caso, *pálido* corresponde ao julgamento do médico sobre o estado do menino. É somente nesta última interpretação que (11) pode ser desdobrado em

(11')   O médico achou que o menino estava pálido.

enunciado que tem configuração sintática igual à dos enunciados que isolamos para análise, isto é, enunciados com objeto oracional. Nas outras interpretações, *achar* tem a acepção de *encontrar* e é um verbo transitivo direto que rege o objeto não-oracional.

A esta possibilidade de cruzarem-se numa só configuração sintática vários sentidos de *achar* deveu-se nosso cuidado inicial em precisar que nosso objeto de análise seriam os enunciados em que "o verbo *achar* pode reger uma oração completiva iniciada por *que*" (cf. aqui mesmo p. 167). Feito este recorte, pareceu-nos que também neste domínio restrito de análise, o verbo *achar* oferecia uma duplicidade de sentidos, a ser explicitada. Foram então invocadas, para descrição destes sentidos, as pressuposições envolvidas em cada um dos empregos. Paralelamente, mostrou-se que só a um dos sentidos se aplicava a operação de redução da completiva, bastando portanto como traço marcador da oposição. Assim, o enunciado da forma X *acha que O é Y* que pode ser transformado em X *acha O Y,* ou inversamente, o enunciado X *acha O Y* que permite o desdobramento em X *acha que O é Y* é um enunciado que coloca uma apreciação e não um palpite.

É um fato conhecido, desde Gordon & Lakoff (1971:385-389), que uma regra que elide elementos numa oração pode tornar unívoca a interpretação de um enunciado antes ambíguo quanto à sua força ilocucionária. Estes autores fixaram-se no exemplo:

(i) Why are you painting your house purple?

mostrando que (i) pode ser interpretado como uma pergunta normal ou como uma insinuação de que não se deveria pintar a casa de violeta. Reduzido, porém, a uma sequência em que uma regra de elisão de you + *tense* (tempo verbal) se aplicou:

(ii) Why paint your house purple?

a primeira possibilidade de interpretação fica eliminada. Concluíram então que as condições para a aplicação da regra de apagamento destes elementos está na dependência das circunstâncias em que a frase é pronunciada e de uma implicação conversacional.

Poder-se-ia, a partir daí, objetar que a diferença que apontamos não é específica do verbo *achar;* mas que tem a ver com condições mais gerais (exteriores ao próprio item verbal), a que estão sujeitos quaisquer enunciados suscetíveis de terem formas contraídas. Acreditamos, porém, que se pode mostrar que no caso dos enunciados que estamos analisando, a redução da completiva é a marca específica de um valor do verbo *achar.*

Uma diferença que ressalta de saída entre os enunciados de Gordon & Lakoff e os nossos é que no caso de (i)-(ii) não há razão para se postular uma relação necessária entre apagamento de pronome + forma progressiva e sentido do verbo *pintar:* qualquer verbo que integrasse a frase (inclusive o nosso *achar*) comportar-se-ia da mesma maneira. Admitindo dupla interpretação na forma plena e uma só na reduzida. Já no caso dos nossos exemplos, cremos que se pode defender a hipótese de que a operação de redução da completiva é específica de um sentido do verbo *achar.* Procuraremos fazê-lo, invocando, para contraste, outros verbos aparentados a este quanto ao sentido.

Há, em português, verbos não-ambíguos quanto à oposição palpite-apreciação. No sentido de palpite (não no de apreciação) podemos ter: *supor, imaginar, calcular,* presumr[5]. No sentido de apreciação (não no de palpite) podemos ter: *considerar, reputar, ter na conta de, chamar, qualificar, classificar, definir.* Os primeiros podem ser empregados com elementos apagados na completiva (complementizadores e cópula). Ex.:

(12)   Na reunião de amanhã será votada uma proposta que *suponho/imagino/calculo/presumo* (que) (seja) contrária aos nossos interesses.

Mas nenhuma diferença marcante de sentido acarreta: o enunciado pleno e o enunciado reduzido dizem a mesma coisa. Já no caso de *achar,* tal não se dá. Como já mostramos, um enunciado como *Acho o carro confortável* é pressuposicionalmente diferente de *Acho que*

---

[5]   Não é nossa pretensão estender a análise para estes outros verbos, mas somente apresentá-los como substitutos possíveis do verbo *achar* em um dos seus sentidos. Um trabalho nesta direção teria de examiná-los ao lado de muitos outros que não foram mencionados como: *crer, acreditar, julgar, pensar, ter a impressão de, parecer,* que comportam nuances semânticas particulares. Todos eles, porém, se enquadram entre os chamados verbos de opinião. Um trabalho mais amplo com este grupo de verbos foi empreendido por Ducrot em relação ao francês, no interior de um artigo sobre o verbo *trouver.* Usando critérios relacionados com as condições de emprego dos verbos, o autor chegou a uma classificação dos verbos de opinião que vai desde o verbo *considérer,* até o verbo *croire,* passando por *trouver, estimer, juger, avoir l'impression, être sûr penser.*

o carro é confortável, numa de suas leituras (*Acho que o carro deve ser confortável*). Parece-nos assim que esta propriedade sintática, que é a redução da completiva, estaria sendo chamada a cumprir o papel de marca de oposição apenas quando funcionasse com um item lexical que comportasse variação de sentidos.[6] Lá onde não existe flutuação de sentido (*supor, imaginar, presumir,* etc.) não teria função opositiva, constituindo-se tão somente numa forma alternativa de expressão.

Vejamos agora como se comportam, em relação à forma da subordinada, os outros verbos que indicamos como pertencentes à categoria de apreciação: *considerar, reputar, ter na conta de, qualificar,* etc. Estes, com uma ressalva para o verbo *considerar*, só admitem subordinada reduzida, excluindo a plena[7]. Veja-se nos exemplos abaixo:

(13) Considero arbitrária a medida/Considero que a medida é arbitrária.

---

[6] Na II parte do trabalho tentaremos mostrar, entretanto, que a ambiguidade do verbo *achar*, em português, embora constatada por uma diferença sintática característica de cada um dos dois empregos, não pode ser totalmente explicada por ela. Esta explicação tem, como procuraremos mostrar, fundamentos pragmáticos, que do ponto de vista linguístico, longe de desfazer a distinção, antes a confirmam. A questão está na própria concepção do que é a pragmática e do seu papel na descrição semântica dos enunciados.

[7] Vendler (1970:68) mostra que estes verbos, juntamente com outros que exibem o mesmo comportamento (exclusão da subordinada introduzida por *que*), correspondem à classe dos veridictivos de Austin. São verbos que consistem em exprimir o que foi constatado, a partir da evidência ou das razões concernentes aos fatos, ao caráter e ao valor destes fatos. Transcreveremos a lista destes verbos, para que fique evidente a sua semelhança com os verbos por nós chamados de verbos de apreciação: *ranger, placer, apprécier, évaluer, estimer, coter, diagnostiquer, caractériser, classer, décrire, appeler, définir, trouver, régler, tenir.* Notemos ainda que, enquanto para nós a contração da subordinada é um traço que separa os verbos de apreciação dos verbos de suposição, para Vendler este traço é invocado para separar os veridictivos de outra classe de performativos: os expositivos *(énoncer, asserter, déclarer,* etc.). Estes últimos tendem, segundo Vendler, a resistir à contração mesmo quando o verbo subordinado é o verbo *être*.

(14) A tarefa *que reputo inatingível* deverá ser abandonada.
(15) A notícia *que tenho na conta de mentirosa* não deverá ser divulgada.
(16) Chamei de desviante o enunciado número 3.
(17) Qualifico/classifico/defino sua intervenção como inoportuna.

A conclusão a que se pode chegar neste quadro ampliado por verbos aos quais a distinção suposição-apreciação se aplica é a seguinte.

Verbos que pertencem à categoria *suposição* admitem tanto a subordinada plena quanto a contraída. *Achar*, por sua vez, exclui a subordinada contraída, admitindo apenas a plena. Verbos que pertencem à categoria apreciação só admitem a subordinada contraída. *Achar$_2$*, por sua vez, admite subordinada contraída, mas não exclui a subordinada plena.

A descoberta desta peculiaridade do verbo *achar* relativamente a outros verbos que lhe são comparáveis pelo sentido, chama a nossa atenção para o fato de que seria inadequado — para quem se coloca na perspectiva de uma análise gerativa transformacional clássica — derivar-se por uma lei transformacional *Acho o carro confortável* de *Acho que o carro é confortável,* a menos que se distinguisse no léxico dois verbos *achar,* um deles somente podendo sofrer a transformação (opcional) de redução da completiva.

3. Para a explicitação dos dois sentidos do verbo *achar* partimos de uma caracterização semântica em termos de posto e pressuposto, mas até agora não se mostrou — a não ser intuitivamente — que o que se apontou como pressuposto se enquadra na definição deste elemento, feita por Ducrot (1972).

Detenhamo-nos um momento em justificar tal análise, utilizando agora outros exemplos.

Consideremos inicialmente uma situação em que A e B, interlocutores ocasionais de uma reunião social, estejam conversando sobre a viagem que uma outra pessoa (= C) fez recentemente à Europa. A conversa se segue de tal forma que A não fica sabendo de B e B não fica sabendo de A, se eles próprios já estiveram na Europa (dizê-lo explicitamente seria se exibir). Em determinado momento, A pode — sem fazer disto o objeto explícito de seu discurso — "dizer" que conhece, por exemplo, a França, se resolve fazer uma apreciação que depende exclusivamente do conhecimento direto do país:

(18)   A França é um belo país; mas acho o metrô parisiense muito abafado.

A forma como este conhecimento é colocado difere essencialmente das outras duas afirmações ("a França é um belo país" e "o metrô parisiense é muito abafado"), porque ele é implicado pelo julgamento expresso por A de que o metrô de Paris é muito abafado. Estando pressuposto neste julgamento, tem no discurso um caráter de pseudo-evidência, isto é, é dado como se fosse do conhecimento de B, e, por isto, não precisasse ser formulado explicitamente.

Imaginemos agora uma situação em que algumas pessoas estejam conversando sobre alimentos caros e sofisticados, desconhecidos, ou que se supõe desconhecidos, da maioria delas (o clima é de palpite). Em algum ponto da conversação, uma delas (A), diz:

(19)   Eu acho caviar muito indigesto.

A impressão que uma frase deste tipo pode causar é fácil de imaginar: os ouvintes concluirão que A esnobou a sua experiência com o prato em questão. O que causa sensação não é propriamente a apreciação feita, isto é, o fato de caviar ser indigesto na opinião de A (= X), mas o dado que está implícito nela, isto é, que A teve uma experiência com caviar (= Y). Se o falante tivesse usado a completiva na sua forma inequívoca de palpite:

(20)   Eu acho que caviar deve ser muito indigesto.

teria menos chance de ser acusado de pedante, pois tal enunciado seria interpretado como conjectura. Neste caso, estaria implícito o desconhecimento do objeto de que se fala (= Y), e explícita a ideia que o sujeito faz dele (= X).

X não é afirmado da mesma maneira que Y. X é enunciado explicitamente, é o posto. Y, o pressuposto, é aquilo que o falante toma como uma evidência, como algo que, mesmo sabendo ignorado dos ouvintes, supõe que eles aceitarão de saída sem contestar. Esta expectativa pode, porém, ser contrariada. Assim, é possível que os ouvintes se recusem a admitir *Y*, respondendo a (19) com:

(21)   Mas você nunca provou caviar!

ou a (20) com:

(22)   Mas você já provou caviar! Pode dar a sua opinião!

Tais réplicas, como mostra Ducrot, têm no desenrolar do discurso um estatuto particular: são consideradas respostas polêmicas que questionam a direção que o falante quer dar ao discurso, reclamando outra[8]. Como se pode ver, elas acusam o autor das frases (19) e (20) de, no primeiro caso, apreciar quando não tem condições de fazê-lo, e de, no segundo caso, fazer suposições, quando tem condições de apreciar; acusações das quais este não tem como se esquivar, porque o dado "ter/não ter provado caviar" não é implícito deduzido de (19) e (20) por meio de leis discursivas (e, como tal, atribuível ao ouvinte), mas um implícito contido na significação literal de (19) e (20) (e portanto, de responsabilidade de quem os enunciou)[9].

Estes fatos não bastam para provar que estamos diante de um fenômeno de pressuposição; há que ver ainda os critérios habituais da negação, interrogação e encadeamento.

Retomando nosso exemplo inicial, observa-se que a negação de (1), tanto na leitura de suposição como na leitura de apreciação, conserva o dado que se apontou como pressuposto, alterando somente a predicação feita ao objeto.

Fazendo as alterações que identificam o tipo de *achar*, temos:

---

[8]   Para o esclarecimento da relação existente entre negação do pressuposto e discurso polêmico, ver capítulo 3 de Ducrot (1972) e os trabalhos de Vogt (1970), e neste mesmo volume, o artigo anterior "Por uma pragmática das representações".

[9]   Estamos contrastando as duas formas de implícito: pressuposto (PP) e subentendido (SE). Segundo Ducrot (1969, 1972), o SE, mas não o PP, tem a característica de cancelabilidade: A diz X, querendo dizer X'; B recebe Y e extrai daí X'; na hipótese em que A condene B por dizer X', A pode recusar a responsabilidade de ter dito X', limitando-se a assumir X. X' será apresentado como sendo uma interpretação (não-literal) feita por B, de suas palavras. Tal movimento é impossível de ser feito em relação ao pressuposto.

(23)   É falso que eu acho que o carro deve ser caro.
(24)   É falso que eu acho o carro caro.

(23) e (24) não têm uma leitura única. Dados os vários escopos da negação, podem ser reconhecidas em (23) três leituras; em (24), apenas duas. Torná-las-emos claras pelo encadeamento do discurso.

(23)   (a) É falso que (eu disse) que eu acho que o carro deve ser caro. Eu nunca manifestei opinião nenhuma a este respeito.
         (b) É falso que eu acho que o carro deve ser caro. Eu tenho certeza disto.
         (c) É falso que eu acho que o carro deve ser caro. Eu imagino até que seja barato...

(24)   (a) É falso que eu acho o carro caro. Eu nunca manifestei opinião nenhuma a este respeito.
         (c) É falso que eu acho o carro caro; para mim, ele é até barato...

Em *a*, nega-se uma declaração atribuída ao sujeito da enunciação, seja sob a forma atenuada da suposição (= (23)) ou sob a forma fundamentada da apreciação (= (24)). Em *b* nega-se o modo de afirmação: trata-se de uma certeza, não de uma conjetura. Em *c* nega-se a predicação feita ao objeto. Mas o que nos interessa notar é que em (23) — seja em *a*, *b*, ou *c* — não se nega que "o falante não tem uma experiência com o valor do carro" (conteúdo que apresentamos como pressuposto). Este dado é mantido inalterado. Paralelamente, em (24) — seja em *a* ou em *c* — a negação não recai sobre o dado; "o falante sabe o preço do carro"; somente o que se apontou como posto é afetado pela negação. Nessa medida, nossa decomposição de (1) nos constituintes posto e pressuposto (ver p. 169) fica confirmada pelo teste da negação.

Passemos agora ao teste da interrogação. Ressalta de imediato que, em se tratando de um enunciado como (1), ele não pode ser utilizado. Não se pede aos outros que nos deem nosso próprio palpite ou apreciação (o normal é que se peça aos outros que deem o seu palpite ou façam a sua apreciação sobre um objeto qualquer).

Substituamos, pois, no enunciado (1) *eu* por *você*, e transformemo-lo em interrogativo.

(25)   Você acha que o carro é caro?

Fazendo as alterações que desfazem o duplo sentido, temos:

(26)   Você acha que o carro deve ser caro?
(27)   Você acha o carro caro?

É bastante claro que (25) é uma pergunta dirigida a um sujeito que não sabe o preço do carro (pede-se uma conjetura), enquanto que (26) é endereçada a um sujeito que sabe o preço do carro (pede-se um julgamento). Nos dois casos, desconhecimento e conhecimento do valor do carro é pressuposto pelo falante, e não está em questionamento: a pergunta recai sobre a qualidade atribuída ao objeto (posto). Uma paráfrase, ainda que grosseira, poderia servir para ilustrar esta exterioridade de pressuposto em relação ao conteúdo interrogado.

(26')   Dado que você não conhece o preço do carro (= PP), para você é possível (imaginar) que o carro seja caro (= P)?
(27')   Dado que você sabe o preço do carro (= PP), para você o carro é caro (= P)?

Observemos que há, no português, formas mais correntes do que (25) e (26) de solicitar um palpite ou uma apreciação. *Como você acha que é X?* é uma pergunta que se presta mais a ser respondida por *achar;* já *O que você acha de X?* é uma pergunta que pede resposta com $achar_2$. Assim,

(28)   Como você acha que é o carro?

é adequadamente respondida por:

(29)   Acho que o carro é verde.
(30)   Acho que o carro deve ser mais econômico do que o modelo anterior.

Já respostas do tipo de:

(31)   Acho o carro espaçoso.
(32)   Acho o carro confortável.

parecem não corresponder à pergunta (28). Por outro lado, cabem perfeitamente como respostas a:

(33)   O que você acha do carro?

pergunta para a qual (29) e (30) são, por sua vez, inadequadas. Há, nesta seleção de respostas adequadas a (28) e (33), um aspecto a ser destacado. As respostas que formam par com (28), de um lado, e com (33), de outro, são aquelas que compartilham os mesmos pressupostos da pergunta. Encontramos aqui um fato apontado por Ducrot quando busca precisar a função da pressuposição na atividade da fala, ou seja, a conservação de pressupostos no par pergunta-resposta (cf. 1972:99-101). É a partir deste fato e de dois outros (a redundância dos pressupostos no discurso e a sua exterioridade em relação ao encadeamento dos enunciados), que este autor procura interpretar a pressuposição como um ato ilocucionário, ato que obriga o interlocutor a tomar os pressupostos do falante como quadro de sua própria fala.

Resta-nos, agora, para completar os testes formais de identificação de pressuposto, mostrar que o que se apontou atrás como pressuposto de (1), não intervém no encadeamento dos enunciados.

Sejam os enunciados:

(34)   Eu acho que o carro deve ser caro, porque foi destinado a uma faixa da população de alto poder aquisitivo.
(35)   Eu acho o carro caro. Não convém a meus clientes.

Parece evidente que a progressão dos enunciados acima se faz no sentido do posto, isto é, da opinião expressa pelo sujeito da enunciação a respeito do carro.

4. Vimos até aqui enunciados — como (1) — em que a predicação feita a O pode ser interpretada como suposição ou apreciação.

Consideremos agora:

(36)   Eu acho que a mesa é azul.
(37)   Eu acho que a mesa é quadrada.

Os enunciados acima dificilmente podem ter uma leitura apreciativa (seriam provavelmente respostas às perguntas: *Qual a cor da mesa? Qual o formato da mesa?).* Isto tem a ver com o tipo predicado atribuído a O. *Azul* e *quadrada* são indicações objetivas, relativas a propriedades (cor e forma), para as quais não há diferença de opinião possível; enquanto *caro* implica na consideração de uma escala de valores que é pessoal, admitindo portanto variação de opinião (o que é caro para X pode não ser para Y, e vice-versa).

Pode-se tirar daí uma conclusão a respeito das restrições de concorrência de *achar$_2$*. Este não coocorre com completivas, cujo predicativo do sujeito é um adjetivo que expressa um dado objetivo, mas apenas com aquelas cujo predicativo do sujeito é um adjetivo que comporta um elemento de avaliação, de julgamento[10].

Vamos considerar agora a ocorrência de *achar* com completivas copulativas, cujo predicativo é constituído por um sintagma nominal.

A pergunta que se coloca inicialmente é se a distinção palpite/apreciação se mantém nestes casos.

Sejam os enunciados:

(38) Eu acho que Betty Friedan é uma feminista.
(39) Eu acho que Betty Friedan é uma mulher como as outras.
(40) Eu acho que Betty Friedan é uma autêntica líder feminista.
(41) Eu acho que Betty Friedan é a maior líder feminista da América.
(42) Eu acho que a luta pela libertação feminina é uma tolice.

O primeiro seria a resposta a uma pergunta como: *Quem é Betty Friedan?*, que pede uma resposta identificatória. Já (39), (40) e (41) responderiam à pergunta *O que você acha de Betty Friedan?* e (42), à pergunta *O que você acha da luta pela libertação feminina?*

(38) é uma frase de palpite, que informa — sob o modo implícito — que o sujeito da enunciação não tem conhecimento suficiente a respeito do objeto para fazer uma afirmação definitiva; faz então uma

---

[10] Ou coocorre mais dificilmente — deveríamos dizer — pois não é impossível que, mediante a redução da completiva, se construa uma apreciação em contexto incompatível com esta marca. Imagine-se uma situação em que as pessoas não estão de acordo quanto à cor de um objeto que têm diante de si: uma poderá dizer *acho a mesa azul,* outra *acho a mesa verde.*

afirmação atenuada, ou para usarmos a expressão de Benveniste (1966), "uma afirmação mitigada"[11]. Por outro lado, (39)-(42) são frases de apreciação: põem uma apreciação do sujeito da enunciação sobre Betty Friedan ou sobre o movimento feminista, deixando implícito que este tem uma experiência com tais objetos. A apreciação contida nestes enunciados decorre da localização do objeto da apreciação numa escala de valores onde se situam outros objetos afins. Esta avaliação é expressa nos enunciados (30)-(42) pelos sintagmas: *como as outras, autêntica* e *maior da América,* que modificam o núcleo nominal; já em (42) o traço avaliativo está no predicativo do sujeito, que é formado por um nome, morfologicamente derivado de um adjetivo (observe-se — de passagem — que (42) pode ter a mesma estrutura de (39), ou seja: *Eu acho que a luta pela libertação feminina é tola*).

Sendo assim, identificamos como *achar$_1$* somente o verbo de (38), e como *achar$_2$* o de (39)-(42). Isto se confirma quando se verifica que somente as últimas podem sofrer redução da completiva.

(38')   * Eu acho Betty Friedan uma feminista[12].
(39')   Eu acho Betty Friedan uma mulher como as outras.
(40')   Eu acho Betty Friedan uma autêntica líder feminista.
(41')   Eu acho Betty Friedan a maior líder feminista da América.
(42')   Eu acho a luta pela feminista uma tolice.

Como critério paralelo, veja-se que (38) se traduz com *croire,* em francês, enquanto os demais se traduzem com *trouver.* Usando-se agora um critério de tradução intralíngua, veja-se que em (38), *achar* substitui-se por *supor,* mas não por *considerar,* e que de (39) a (42) *achar* substitui-se por *considerar,* mas não por *supor.*

O que vimos em relação a estes exemplos leva-nos para a mesma conclusão a que chegamos em relação a (36) e (37): *achar$_2$* exige um traço avaliativo no predicativo do sujeito, seja este expresso por um adjetivo do tipo de *caro,* seja por um núcleo substantivo modificado.

Como parte das restrições de ocorrência de *achar$_2$* convém mencionar ainda um fato relacionado com uma classe de verbos que,

---

[11] Voltaremos de maneira mais detalhada a esta questão na parte II do artigo.
[12] O enunciado (38') deixa de ser estranho se o sintagma *uma feminista,* mais do que identificar ou classificar, estiver servindo para qualificar o objeto.

em outra parte, analisamos como sendo verbos de apreciação implícita (cf. Figueira, 1974, "Verbos introdutores de pressupostos", mimeografado). Trata-se dos verbos: *ousar, atrever-se, aventurar-se* e *dignar-se*.
Consideremos os enunciados:

(43) O jornalista ousou publicar a notícia.
(44) Os estudantes se atreveram a paralisar as aulas.
(45) O médico se aventurou a fazer nova operação.
(46) O reitor se dignou receber os alunos.

Os enunciados acima, ao mesmo tempo que informam que alguém é responsável pelo ato de:
a) publicar a notícia.
b) paralisar as aulas.
c) fazer nova operação.
d) receber os alunos.

veiculam uma apreciação do sujeito da enunciação sobre estes atos:

a) publicar a notícia é uma ousadia.
b) paralisar as aulas é um atrevimento.
c) fazer nova operação é uma aventura.
d) receber os alunos é uma concessão.

Há, portanto, dois dados: atribuição de responsabilidade por um ato e apreciação do ato. Eles não têm o mesmo estatuto no enunciado: a negação e a interrogação alteram somente o primeiro, mantendo o segundo (deixamos o leitor verificá-lo por si mesmo). Isto nos permite concluir que os verbos *ousar, atrever-se, aventurar-se* e *dignar-se* quando presentes em enunciados como os acima, pressupõem uma apreciação subjetiva, em relação a um fato do qual afirma-se explicitamente (isto é, através do posto) que alguém é responsável.

Chamando-se ao ato de A, e ao responsável por A de X, pode-se colocar a análise sob o esquema abaixo[13]:

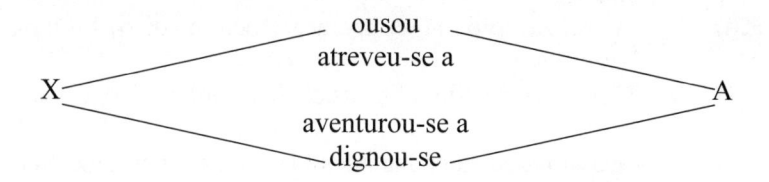

```
                ousou
             atreveu-se a
X                                    A
            aventurou-se a
              dignou-se
```

PP: A é um (a) ousadia/atrevimento/aventura/concessão.
P: X fez A.

A apreciação é, nestes casos, um dado implícito.
Consideremos agora o enunciado:

(47)   O médico se aventurou ao fazer nova operação.

Este enunciado contém os mesmos dados que (45), só que os constituintes estão invertidos. Aplicando-se a negação e a interrogação, verificar-se-á que o dado atingido por estas transformações é o de que fazer a operação é uma aventura, enquanto se mantém inalterado que o médico fez a operação. Pode-se assim, propor para (47) a seguinte descrição:

PP: X fez A
P: A é uma aventura.

A apreciação é, aqui, um dado explícito.
A explicitação deste dado é consequência da implicitação de outro (a ação de X), e isto foi obtido, no enunciado (47), pela definitização da expressão "fazer nova operação". Os demais enunciados (e também (45)), podem ter a sua descrição invertida se se utiliza como recurso a nominalização da expressão referente a "X fez A". Como se sabe, a nominalização é um procedimento corrente para a introdução de pressupostos no discurso.

---

[13] Ao fazermos esta análise estamos pensando no enunciado proferido com tonicidade neutra. Não excluímos a possibilidade de, mediante uma alteração na tonicidade, deslocar-se para o nível de posto o que indicamos como pressuposto.

(48) A publicação da notícia pelo jornalista foi uma ousadia.
(49) A paralisação das aulas pelos estudantes foi um atrevimento.
(50) A realização de nova operação (pelo médico) foi uma aventura.
(51) O recebimento dos alunos pelo reitor foi uma concessão.

Verifica-se assim que os enunciados (43) — (46) têm uma contraparte de explicitação da apreciação.
Visto isto, consideremos a possibilidade destes enunciados coocorrerem com o verbo *achar*.

(52) Eu acho que o jornalista ousou publicar a notícia.
(53) Eu acho que os estudantes se atreveram a paralisar as aulas.
(54) Eu acho que o médico se aventurou a fazer nova operação.
(55) Eu acho que o reitor se dignou a receber os alunos.

Só há — parece-nos — possibilidade de interpretá-los como prefixados por $achar_1$. Com efeito, (52)-(55) exprimem suposições sobre acontecimentos, cuja representação é previamente julgada como ousadia, atrevimento, aventura ou concessão. É interessante destacar que o efeito da prefixação de *eu acho* a (43)-(46) só recai sobre a expressão do fato (que passa a ser apresentado com as reservas próprias da modalidade do possível), não sobre o julgamento do fato (este permanece inalterado). Temos aqui um caso de conservação da pressuposição da sentença complemento para a sentença principal, fenômeno já referido por Karttunen como predicado que deixa vazar pressuposições (ing. "hole")[14].

---

[14] Karttunen distingue três tipos de predicados:
  a) "plugs" ou predicadas que bloqueiam todas as pressuposições da sentença complemento. Ex.: verbos de "saying" ou performativos: *dizer, mencionar, perguntar, prometer, ordenar, acusar,* etc.
  b) "holes" ou predicados que deixam passar as pressuposições da sentença complemento. Ex.: verbos factivos *(saber, lamentar, estranhar,* etc.); verbos implicativos *(conseguir, evitar, forçar);* e também — note-se bem — verbos de atitude proposicional, como: *achar, acreditar, duvidar,* etc.
  c) "filters" ou predicados que cancelam certas pressuposições do complemento, sob certas condições. *Ex.: se... então; ou ... ou.*

Para que (43)-(46) pudessem ser tomadas como complemento de *achar$_2$*, seria necessário que o conteúdo avaliativo fosse explicitado por algum meio sintático, como em (47) e (48)-(51).

(56) Eu acho (que) a publicação da notícia pelo jornalista (foi) uma ousadia.
(57) Eu acho (que) a paralisação das aulas pelos estudantes (foi) um atrevimento.
(58) *a)* Eu acho (que) a realização de nova operação (foi) uma aventura.
 b) Eu acho que o médico se aventurou ao fazer nova operação.
(59) Eu acho (que) o recebimento dos alunos pelo reitor (foi) uma concessão.

Chega-se assim à conclusão de que, quando *achar$_2$* rege completiva que veicula dois conteúdos, sendo uma apreciação sobre um fato, este deve ser posto e não simplesmente pressuposto. Trata-se de mais uma restrição de combinação deste verbo.

5. Até aqui procuramos apresentar evidências semânticas e sintáticas para a existência de dois empregos do verbo *achar*. Gostaríamos agora de, sob um número maior de enunciados: *a)* exercitar os critérios que definimos como típicos de cada valor de *achar;* b) jogar mais luz sobre as condições de emprego de *achar$_1$* e *achar$_2$*, de forma a tornar mais precisa a formulação do pressuposto (não ter/ter experiência com O).

Sendo assim, consideremos os enunciados abaixo:

A
(60) Eu acho que o livro é caro.
(61) Eu acho que o filme é bom.
(62) Eu acho que a lista de convidados é grande.
(63) Eu acho que o espetáculo é curto.
(64) Eu acho que o quarto está sujo.
(65) Eu acho que o hotel é confortável.
(66) Eu acho que Gil Vicente é um autor do período medieval.
(67) Eu acho que a estória é imoral.

Dizendo (60)-(67), o falante pode estar arriscando um palpite ou fazendo um julgamento. Contextualizando:

B
(60) a) Eu não sei o preço do livro, mas eu acho que o livro é caro, pois se trata de um livro importado.
b) Eu me informei do preço do livro, e eu acho que o livro é caro.
(61) a) Eu não vi o filme, mas eu acho que o filme é bom, porque a fila do cinema tem dobrado quarteirões.
b) Eu vi o filme, e acho que o filme é bom.
(62) a) Eu não vi a lista de convidados, mas eu acho que a lista é grande, pois os noivos conhecem muita gente.
b) Eu vi a lista de convidados, e acho que a lista é grande para o pouco espaço que há para a festa.
(63) a) Eu não sei qual a duração do espetáculo, mas eu acho que o espetáculo é curto, porque, do contrário, não seria indicado para crianças.
b) Eu marquei o tempo do espetáculo, e acho que o espetáculo é curto.
(64) a) Eu não vi o quarto, mas eu acho que o quarto está sujo, porque Pedrinho jamais se preocupa em limpá-lo.
b) Eu examinei o quarto, e acho que o quarto está sujo.
(65) a) Eu não conheço o hotel, mas eu acho que o hotel é confortável, porque Pedro, que é um sujeito exigente, se hospeda lá.
b) Eu conheço o hotel, e acho que o hotel é confortável.
(66) a) A: Cite o nome de um autor português do período medieval.
E: Eu não me lembro, mas eu acho que Gil Vicente é um autor do período medieval.
b) *Li* toda a obra de Gil Vicente e acho que Gil Vicente é um autor do período medieval, pois embora vivesse no início do Renascimento, situa-se ideologicamente dentro da cultura medieval[15].

---

[15] Notemos que em (66b) o sujeito da enunciação faz uma predicação, fundamentada sobre um julgamento pessoal da obra de Gil Vicente, enquanto em (66a) ele se limita a repetir, sob uma forma atenuada, uma afirmação, que é (supostamente) a dos manuais de literatura portuguesa.

(67) a) Não conheço a estória, mas eu acho que é imoral porque foi proibida pela Censura Federal.
b) Conheço a estória e acho que é imoral.

Basta, entretanto, que se substitua o verbo da completiva por *deve ser/deve estar* (no sentido de possibilidade de "deve") para a leitura de julgamento ser excluída e que se apague complementizador e cópula para a leitura de palpite ser excluída. Mesmo sem entrar nos detalhes desta demonstração não será difícil perceber que a primeira alteração dá por resultado enunciados que são adequados no interior das frases *a* de *B*, mas não nas frases *b* de *B*, enquanto a segunda alteração dá por resultado enunciados que são adequados às frases *b* de *B*, mas não às frases *a* de *B*[16]. Se isto for verdade, então os traços sintáticos se excluem mutuamente. Presentes num enunciado, eles veiculam uma pressuposição de natureza distinta, o que faz com que haja uma seleção dos contextos adequados a cada tipo distinto de opinião que univocamente expressam.

Visando agora uma esquematização, diremos que todos os enunciados da forma *X acha que O é Y* (seja Y um adjetivo ou um sintagma nominal) cabíveis em *a* (ou: que admitem substituição da cópula simples pela cópula modalizada) dão a entender que X não teve ou não se lembra de ter tido uma experiência com O, enquanto que os enunciados da forma *X acha que O é Y* que cabem em *b* (ou: que admitem redução da completiva), dão a entender que X teve uma experiência com O.

Esta experiência, explicitada em nossos exemplos, é o que X sabe de O em relação à propriedade expressa em Y, ou seja: seu preço, valor, tamanho, duração, estado de limpeza, condições de conforto, lugar na história da literatura portuguesa, fundo moral. Em *a*, dado que X não teve uma experiência com O ou não se lembra de ter tido uma experiência com O, estes enunciados põem

---

[16] O leitor observará que enunciados com cópula modalizada, em contexto com *b* soam como um recuo do falante face ao que a extensão de seu conhecimento declarado (sobre o objeto em questão) o obriga a realizar verbalmente (a isto nos referimos na seção I.$_1$, como violação da lei de exaustividade). Por sua vez, enunciados contraídos, em contextos como *a*, soam como um avanço, não autorizado, em direção a um ato para o qual o falante não está capacitado.

que a predicação contida na completiva é aquilo que X acha *provável;* em *b,* dado que X teve uma experiência com O, estes enunciados põem que a predicação contida na completiva é aquilo que, na opinião de X, o objeto *é.*

Sendo assim, propomos para os enunciados:

$$X \text{ acha que } O \text{ é } Y$$

duas descrições:

1ª) PP: X não teve ou não se lembra de ter tido experiência com a propriedade de O expressa em Y.
    P: Para X, é provável que O seja Y.
2ª) PP: X teve experiência com a propriedade de O expressa em Y.
    P: Para X, O é Y.

Dentro dos limites de análise acima, podemos dizer que a apreciação é fundamentada naquilo que o sujeito sabe do objeto, em relação à qualidade que lhe é predicada; enquanto o palpite é fundamentado num dado qualquer que não decorre da experiência com o objeto.

Poderíamos nos perguntar agora: qual o dado sobre o qual se fundamenta o palpite?

De acordo com *B a,* são evidências indiretas, ou, como mostraremos na II parte, índices que o falante considera insuficientes para comprometê-lo com a verdade daquilo que diz. Compreendem:

a)   sinais exteriores da qualidade do objeto.
    Ex.: "fila longa" para "filme bom".
b)   traços do objeto (ou associados ao objeto) que implicam — para o sujeito do palpite — na atribuição da qualidade Y. Ex.:
— "livro importado" implica em "livro caro";
— "espetáculo para criança" implica em "espetáculo curto";
— "lista pertencente a pessoas que conhecem muita gente" implica em "lista grande";
— "quarto pertencente a Pedrinho, criança desleixada" indica em ",quarto sujo";
— "hotel frequentado por Pedro, sujeito exigente" implica em "hotel confortável";

— "estória proibida pela Censura Federal" implica em "estória imoral"[17].

Pode acontecer também que não se saiba ou não se possa explicitar o fundamento do palpite. É o caso do enunciado abaixo:

(68)   Eu acho que os marcianos são altos.

Se alguém perguntar ao responsável pela frase acima: (

(69)   Por que você acha que os marcianos são altos?

poderá receber uma resposta do tipo:

(70)   Porque eu acho.

que não é uma verdadeira resposta, porque se limita a responder (69) com o pressuposto desta pergunta.

A este respeito, Ducrot (1968:50) afirma que um enunciado que se contenta em pôr o pressuposto da pergunta a que corresponde, não é uma verdadeira resposta, mas uma resposta que se recusa dar ao interlocutor. No caso específico de (70), entretanto, não se trataria de "má vontade de responder", mas de impossibilidade de se dar a conhecer a razão por que se concebe os marcianos como seres de estatura elevada, por desconhecimento. Nestas circunstâncias são bem apropriadas as expressões: *trata-se de mero palpite* ou *pura intuição minha*. Encontraríamos sim, esta atitude de recusa, quando o falante, podendo determinar o fundamento de seu palpite (por ex.: nos enunciados *B a)* se negasse a dá-lo, com a mesma resposta: porque eu acho.

Dissemos que a apreciação pressupõe uma experiência de X com O. Especifiquemos agora de que ordem pode ser esta experiência.

Embora muitas vezes esta experiência deva ser com o objeto em si *(Eu acho o metrô parisiense muito abafado; Eu acho caviar indisgesto; Eu acho o quarto sujo;* etc.), não se deve entender que ela

---

[17] Trata-se, evidentemente, de um emprego do termo *implicar* que nada tem a ver com a implicação material, e que tem motivações muito mais culturais do que lógicas.

dependa sempre do conhecimento direto, de uma experiência sensível, com o objeto.

Note-se que: *Eu acho a sala espaçosa* pode ser dito por alguém que apenas viu a planta da sala. *Eu acho este aluno inteligente* pode ser dito por alguém que não conhece o aluno, e que apenas viu as provas que ele fez. *Eu acho a igreja grande* não pressupõe necessariamente que o autor da frase conheça materialmente a igreja; é suficiente, por exemplo, que ele saiba que a capacidade da igreja é da ordem de 15.000 pessoas. Nestes casos, a expressão "*eu acho*" introduz uma apreciação pessoal, baseada numa experiência que se pode dizer indireta. A situação é, entretanto, diferente daquela que faculta o emprego de *achar$_1$*. Nos exemplos *B a,* a opinião de X se fundamenta em dados *relacionados* com o objeto, mas *diferentes* dele. Nos exemplos acima, os dados em que se baseia a opinião de X não são radicalmente diferentes do objeto; trata-se de signos do próprio objeto: a planta, as provas e o total de pessoas que cabem na igreja são representações imediatas do espaço, inteligência e tamanho dos objetos em questão.

Outra observação a ser feita diz respeito aos recursos que utilizamos para contextualizar os enunciados *A*: trabalhamos propositalmente com enunciados simplificados, agrupados em partes, de maneira que as duas sequências se distinguissem apenas por um ponto bem determinado e tão limitado quanto possível. Ignoramos, neste nível, enunciados mais complexos em que se tivesse superposição de duas opiniões de X e X' (ver a este respeito nota 3). Tal procedimento, meramente didático, não deve dar a impressão de que toda negativa que preceda *achar* deva introduzir um palpite ou que toda afirmação de conhecimento que preceda este verbo deva introduzir uma apreciação. Se fosse assim, os enunciados que se seguem seriam contraexemplos para a análise:

(71) Eu não conheço Geografia, mas acho Geografia inútil, porque meu primo que estuda esta matéria não sabe o que fazer com ela.
(72) Eu nunca estudei Matemática, mas eu acho Matemática difícil, porque vejo estudantes sofrendo com ela.
(73) Acabo de conhecer o chefe, e acho que ele deve ser nervoso.

Em (71) e (72) temos uma afirmação de desconhecimento a que se segue uma apreciação, pois se tem a forma contraída da completiva. Cabe então explicar em que se fundamenta a apreciação, dado que X afirma não conhecer O. Tudo se esclarece se observarmos que, apesar de afirmar o contrário, o falante não deixa de ter uma experiência com as disciplinas: a que ele vê materializada na inaplicabilidade dos estudos de Geografia do primo e no sofrimento dos estudantes de Matemática.

Quanto à (73), se fôssemos julgar pela afirmação de conhecimento, seria de se esperar uma apreciação; no entanto, a presença da locução *"deve ser"* indica um palpite. Neste caso, deve-se entender que, apesar de ter conhecido o chefe, este contato não foi suficiente para determinar uma apreciação. Confronte-se (73) com o enunciado abaixo, mais difícil de ser aceito:

(74)   Conheço profundamente o chefe, e acho que ele deve ser nervoso.

Considerem-se agora as sequências

(75)   Eu vi a lista de convidados e acho que a lista deve ser grande para o espaço de que dispomos.
(76)   Eu sei o preço do carro, mas não sei dizer se é caro ou barato, porque eu não estou a par do preço de outros carros. Mas eu imagino que seja caro (= acho que deve ser caro).
(77)   Eu ouvi as recomendações do chefe, mas não sei dizer se são justas ou arbitrárias, porque nunca fui empregado e não sei quais as exigências que um chefe pode fazer.

(75), (76) e (77) exemplificam situações em que falta algo para configurar-se um julgamento. (75) mostra que o sujeito sabe qual é a extensão da lista, mas não fez o confronto do número de convidados com o espaço disponível, situação que o impede de fazer um julgamento definitivo. As sequências (76) e (77), que se pode facilmente imaginar como resposta a uma solicitação de apreciação: *O que você acha de...?* se desenvolvem no sentido de justificar a ausência de *achar*$_2$. Tal como (75), elas deixam entender que o falante possui uma condição que é necessária para a apreciação, mas que não é suficiente.

Estes fatos sugerem que, conhecido o ângulo sob o qual o objeto vai ser avaliado, o falante não julga no vazio; ele julga relativamente a uma norma ou ponto de referência. O que é *caro* ou *grande* é *caro* ou *grande* em relação a alguma coisa (fato já mencionado na página 182).

Assim, concluímos que, além de pressupor uma experiência com o objeto, a apreciação pressupõe também um conhecimento da norma, padrão ou ponto de referência em relação ao qual o objeto é avaliado. Isso nos faria alterar a descrição de $achar_2$ proposta na página 189 para:

PP: X teve experiência com a propriedade de O expressa em Y.
PP: X sabe situar O na escala avaliativa relativa à propriedade expressa por Y.
P: Para X, O é Y.

Notemos que situar o objeto numa escala de valores implica, seja na comparação do objeto com outros objetos da mesma natureza (como em (76) e (77)), seja na comparação do objeto com outro(s) de natureza diferente, relevante(s) para o julgamento (como em (75), em que se confronta número de convidados e espaço).

II

1. Esperamos que ao longo destas páginas tenhamos conseguido, senão convencer, ao menos simpatizar o leitor com a distinção entre os verbos $achar_1$ e $achar_2$.

Esta esperança apoia-se sobretudo na regularidade dos fenômenos distribucionais que apresentamos e que nos permitiram, apontada a diferença de uso, caracterizar $achar_1$ como verbo de palpite, e $achar_2$ como verbo de apreciação.

Gostaríamos, entretanto, nesta última parte do trabalho, de discutir um pouco mais essa distinção, procurando interpretá-la, de maneira mais ampla, dentro da teoria dos atos de linguagem.

Como mostramos na seção I.4., o verbo $achar_2$ só ocorre com completivas que possam, quando analisadas individualmente, expressar um julgamento; o verbo $achar_1$, por sua vez, pode tomar por completiva, seja uma sentença que expressa um julgamento, seja uma sentença que expressa um fato, ou uma representação de um fato[18]. Em outras palavras, o objeto da enunciação de $achar_1$ e de $achar_2$ não se confunde jamais, ao menos nos enunciados em que é possível distinguir claramente o fato, da apreciação que sobre ele se faz. Por isso, ainda nessa seção, procuramos mostrar que, mesmo nos casos em que $achar_2$ introduz uma completiva que expressa um fato, este deve ser, entretanto, pressuposto.

Na maior parte dos casos por nós analisados, os critérios distribucionais parecem ser impositivos da distinção entre os dois usos. Mas, o que ocorre quando a completiva introduzida por *achar* dificilmente permite a contraposição fato-julgamento que, até então, parecia decisiva?

Foi este tipo de indagação que nos levou a considerar enunciados como

(78) Eu acho que o carro é confortável,

isto é, enunciados do tipo *Eu acho que P* (em que P é igual a *O (substantivo) é Y (adjetivo)*, e nos quais fica difícil decidir se P é a enunciação de um fato ou de um julgamento.

Assim, recorremos ao critério da contração da completiva, tentando fazer ver que a própria língua, mais uma vez, recorta, do ponto de vista sintático, a diferença de sentido entre $achar_1$ e $achar_2$. Mas, mesmo este recorte sintático não deve ser entendido de modo absoluto, porque se ele permite constatar a diferença, não permite, contudo, explicá-la. Na verdade, a ocorrência de $achar_2$ não é restrita a completivas contraídas. Pelo contrário, é a ocorrência de completivas contraídas que é restrita à ocorrência de $achar_2$. Em outras palavras, a presença da contração é suficiente para a ocorrência de $achar_1$ mas não necessária, já que o verbo *achar* pode, nesta acepção, ser empregado com completivas não contraídas. Simetricamente, no que diz respeito a $achar_1$, basta haver contração para que ele não possa ocorrer, mas também não é necessário que haja para que ele não ocorra.

---

[18] O termo *representação* é aqui equivalente a "descrição" e diz respeito à função referencial ou cognitiva da linguagem. Muitas vezes, no decorrer desta exposição, usaremos também o termo *representação* no seu sentido teatral de "encenação". Dirá, então, respeito à função pragmática ou argumentativa da linguagem. Indicaremos a particularidade do uso acrescentando ao termo *representação* uma ou outra dessas especificações.

Fica, pois, difícil formular, em termos puramente distribucionais, uma condição suficiente e necessária para o emprego do verbo *achar* em português, nos dois sentidos aqui indicados.

Parece, aliás, ser esta mesma impossibilidade que leva Ducrot (1975:5 segs.), a formular as condições de emprego do verbo *trouver*, em francês, em termos pragmáticos mais amplos, afirmando assim que a sua ocorrência, quando usado como equivalente ao nosso *achar*$_2$, depende basicamente da atitude que o locutor toma diante da proposição P, isto é, diante da proposição expressa pelo enunciado que vem introduzido por *trouver* em esquemas do tipo *Je trouve que P*. Como *Je trouve* é a marca de uma apreciação fundada num julgamento pessoal do falante, realizado a partir de sua própria experiência com o objeto da apreciação, esta experiência deve ser pressuposta, suposta ou pelo menos subentendida, mas, em nenhuma hipótese, constituir ela mesma o objeto explícito da enunciação ou, em outros termos, o conteúdo posto do enunciado. Dizendo *Je trouve que P*, o falante se representa para o interlocutor como tendo tido uma experiência pessoal com o que é objeto de sua opinião e enuncia esta opinião sobre este objeto, de tal modo que, se a estrutura semântica do enunciado não comportar a possibilidade da distinção fato-apreciação do fato, mesmo que de forma muito indireta, fica descartado, nestes casos, o emprego do verbo *trouver* em francês.

Entretanto, o enunciado

(79) Je trouve qu'il va pleuvoir demain, que em francês é no mínimo estranho, constitui, no mais das vezes, a tradução do enunciado

(80) Eu acho que amanhã vai chover,

automaticamente feita pelo falante do português quando se propõe a expressar-se naquela língua. É que, certamente motivado pela identidade de forma e pelo duplo emprego de *achar* na sua língua materna, ele o estende, por analogia, ao francês que, ao contrário, restringe o uso de *trouver* apenas aos casos que no português ocorre *achar*$_2$.

Da mesma maneira que (80), os enunciados

(81)   Eu acho que ele se chama João.
(82)   Eu acho que o nome dele é João.
(83)   Eu acho que João foi ao cinema.
(84)   Eu acho que o filme já começou.

só admitem a interpretação *achar*, a que chamamos palpite, e se vertidos para o francês excluem todos a possibilidade de *trouver*

Poder-se-ia, assim, generalizar dizendo que $achar_2$ só ocorre em estruturas que permitem expressar uma apreciação sobre um objeto, fato ou acontecimento, e jamais naquelas em que o conteúdo principal do enunciado (o posto) é a descrição deste objeto, fato ou acontecimento. O que leva à constatação de que, nas estruturas linguísticas do tipo *Eu acho que P*, a interpretação $achar_2$ depende, em primeira instância, da própria estrutura da completiva P, excluindo-se essa interpretação sempre que P não for uma proposição de tipo atributivo. Nos casos em que for é que *achar* será ambíguo, reservando-se para a interpretação $achar_2$ a possibilidade de contração da completiva. Mas mesmo esta generalização distribucional que, à primeira vista, parece impositiva, na verdade não o é. A impossibilidade, considerada por Ducrot (1975:80-85) de se encontrar uma situação que em francês permita dizer:

(85) Je trouve que cette voiture est un Citroën.

e, por outro lado, a verificação da mesma impossibilidade em português, isto é, a de interpretar o enunciado *Eu acho que este carro é um Citroën* como uma apreciação pessoal do falante relativamente ao objeto considerado, mostra o quanto os critérios distribucionais, embora índices importantes da distinção, são pouco decisivos para a sua explicação.

É isto que leva Ducrot (1975:81), a afirmar que o fato distintivo do emprego de *trouver* em francês não deve ser procurado na estrutura da completiva, mas na atitude que diante dela toma o falante. Propõe,. então, que se distingam nas línguas naturais dois tipos de predicação: uma predicação original e uma predicação segunda. No primeiro caso, não se trata, nas proposições do tipo *O (= substantivo) é Y (adjetivo)*, nem de dizer que Y se encontra no objeto O, como propriedade que lhe é inerente, nem de dizer que O pertence ao conjunto associado a Y. Em outras palavras, um ato de predicação original é, ao contrário da predicação segunda, um ato que não supõe uma classificação prévia do objeto de que se fala e do qual se pretende informar o ouvinte. Ao dizer *Eu acho que O é Y,* o falante não se refere a esta classificação para dizer alguma coisa do objeto considerado: ele o classifica no momento em que o enunciado é dito, isto é, simultaneamente ao próprio ato de predicar.

Não é difícil entender, seguindo esta linha de reflexão, que Ducrot proponha considerar o verbo *trouver* em francês como um performativo de predicação original e que o nosso verbo *achar*$_2$ responderia inteiramente a esta caracterização. Isto explicaria, entre outras coisas, não só a impossibilidade de ocorrência de *achar*$_2$ em enunciados do tipo *Eu acho que amanhã vai chover*, mas também a própria possibilidade da contração da completiva nos enunciados em que tal ocorrência se desse.

Para tentar esclarecer o que acaba de ser afirmado diremos o seguinte:

A distinção *achar*$_1$/*achar*$_2$ em português depende totalmente das intenções do falante ao realizar o ato da fala introduzido por *eu acho*. Haveria, é certo, para cada interpretação não só condições de felicidade mais gerais (ter ou não ter tido experiência pessoal do fato relatado, por exemplo), mas também, parafraseando Austin, condições linguísticas de felicidade (a enunciação pura e simples de um fato exclui *achar*$_2$; a contração da completiva exclui *achar*$_1$).

De qualquer maneira, a noção de intenção é, neste caso, fundamental. Ela não tem aqui, como também não o tem em toda tradição da filosofia analítica, nenhum suporte psicológico. Isto é, quem diz *eu acho*, no sentido de *achar*$_1$ ou no sentido de *achar*$_2$ pretende, independentemente das condições reais que propiciam o seu julgamento, ressalvadas as condições linguísticas de felicidade, apresentar-se (diríamos mais adequadamente representar-se, no sentido teatral do termo) investido de imagens (máscaras) totalmente distintas para o interlocutor.

2. A noção de intenção tem, como se sabe, um papel fundamental em todas as análises semânticas desenvolvidas sob a influência teórica da filosofia da linguagem comum. Austin (1962: 115-116) inclui entre as condições para que um ato ilocucionário se realize efetivamente a do *uptake*. Ora, o *uptake* nada mais é do que o reconhecimento e a compreensão, por parte do destinatário de uma enunciação, da força ilocucionária com que o destinador produziu o seu anunciado. Trata-se, portanto, do reconhecimento das intenções do falante ao dizer o que diz, e das possibilidades que tem o ouvinte de tomar, orientado por essas intenções, as atitudes e comportamentos que o falante espera lhe impor. Da mesma forma, em Strawson (1971b) — que, aliás, procura articular de maneira sistemática esse aspecto da teoria austiniana concernente ao *uptake* com

as análises intencionais de Grice (1969, 1971, 1971a) — a noção de intenção tem também este papel constitutivo na atribuição da força ilocucionária de um enunciado.

A importância desta noção para a análise semântica conhece-se, entretanto, de uma história mais antiga, que remonta à Idade Média e tem, por exemplo, no século XVII, na *Lógica de Port-Royal,* de Arnauld e Nicole (1965, II, cap. V-VIII) um momento de grande explicitação. Ao distinguir as proposições compostas das proposições complexas, os autores estabelecem no interior destas uma outra diferença, conforme a complexidade incida sobre a *matéria* da proposição (o sujeito, o atributo, ou ambos, ao mesmo tempo), ou sobre a sua *forma* (sobre a proposição como um todo, isto é, sobre a modalidade de sua enunciação). A complexidade de uma proposição é expressa, ela mesma, por uma outra proposição, cujo sentido permanece, no entanto, marginal ao da proposição que ela modifica. Por isso, é chamada, na *Lógica de Port-Royal,* proposição acessória (*incidente*). Entre as proposições acessórias estão aquelas introduzidas pelo pronome relativo *que,* cujo valor restritivo ou explicativo depende, como diz a *Lógica* (p. 123), mais do sentido e da intenção daquele que fala do que da simples expressão.

Ao tratar, no cap. VIII, das proposições complexas quanto à forma, isto é, quanto à afirmação ou à negação expressas pelo verbo, Arnauld e Nicole analisam enunciados do tipo de *Todos os filósofos asseguram que as coisas pesadas caem por si mesmas.* Nestes enunciados, a primeira oração — *Todos os filósofos asseguram* — é tida como acessória, pois o seu papel é apoiar a afirmação *As coisas pesadas caem por si mesmas,* sem acrescentar nada a seu conteúdo (ao sujeito ou ao atributo). Esta afirmação que, como ocorre frequentemente, já vem expressa pelo verbo é, torna-se ainda mais explícita através da proposição acessória.

Este enunciado, porém, é ambíguo. Esta ambiguidade, como é observado na *Lógica* (p. 129), só se desfaz quando se levam em conta as intenções de quem o enuncia. Assim, se minha intenção for mostrar que as coisas pesadas caem por si mesmas, a primeira proposição será acessória; se, ao contrário, minha intenção for simplesmente relatar a opinião dos filósofos sobre as coisas pesadas sem comprometer-me com a verdade desta opinião, então a primeira proposição será a principal e a segunda será, de fato, subordinada. Neste caso, o objeto de minha afirmação é a opinião dos filósofos e não o conteúdo desta opinião, como acontece na interpretação anterior.

As consequências teóricas desta dupla possibilidade de interpretação de que nos fala a *Lógica de Port-Royal* são no mínimo reveladoras da importância que aí se atribuía àquilo que modernamente, no estudo das significações de enunciado, é reservado ao domínio da pragmática. Com efeito, se os enunciados do tipo *Todos os filósofos nos asseguram que a Terra é redonda* admitem dupla interpretação linguística, é preciso admitir que sob a aparência de uma relação sintática de subordinação entre duas proposições está contida, numa das interpretações possíveis, uma estrutura semântica que nega esta relação e apresenta a proposição sintaticamente subordinada — *A Terra é redonda* — como proposição principal. Como o fator decisivo para a escolha da interpretação destes enunciados é a intenção do falante, e como, numa das interpretações, é negado aquilo que é sintaticamente mais visível no enunciado — o elo de subordinação entre as duas proposições que o constituem —, é possível dizer, neste caso, que o que se altera é a própria sintaxe do enunciado, em função dos fatores pragmáticos, que orientam a sua leitura.

Ora, se se admitir isto, poderemos também admitir que não é descabido falar, como acima fizemos (p. 196), em condições linguísticas de felicidade e, assim, dizer que muitas vezes aquilo que chamamos de situação de uso é algo interno do próprio enunciado linguístico. Isto é, o enunciado cria, desde o seu interior, as condições de seu próprio uso. Numa linguagem menos ontogênica diríamos que ele se representa, no ato mesmo de sua produção, as situações de sua própria aceitabilidade.

Além disso, se o recorte sintático e a interpretação semântica dependem das intenções do falante, é que o lugar teórico do componente pragmático na análise linguística não é nem antes nem depois dos componentes sintático e semântico, mas entre eles. Numa teoria geral da linguagem, concebida como fenômeno tipicamente humano e social, o domínio da pragmática não só integra a chamada teoria linguística, como também é seu integrador.

Por último, nessa linha um pouco abusada de extrapolações ao texto da *Lógica de Port-Royal,* vale a pena notar que as diferenças sintáticas e semânticas de fundamento pragmático aí consideradas remetem para uma questão teórica, não menos complexa que as anteriores, que diz respeito à constituição de uma sintaxe do discurso ou, como a chamamos em outros trabalhos, de uma semântica argumentativa (Vogt, 1977), ou ainda de uma macrossintaxe das línguas naturais. Entendendo que o sentido de um enunciado não se esgota na proposição que ele expressa, isto é, no estado de coisas que descreve, mas que é também constituído pelas direções que a partir dele se estabelecem no discurso, e que o transbordam incessantemente para o texto, ainda aqui este capítulo VIII da *Lógica* é revelador:

> "Mais il est souvent aisé de juger par la suitte, auquel de ces deux sens on la prend. Car, par exemple, si après avoir fait cette proposition (*Tous les philosophes nous assûrent que les choses pesantes tombent d'elles-mêmes en bas*) j'ajoûtois: *Or les pierres sont pesantes; donc elles tombent en bas d'ellesmêmes,* il seroit visible que je Paurois prise au premier sens, & que la première partie ne seroit qu'incidente. Mais si au contraire je concluois ainsi; *Or cela est une erreur, & par consequent il se peut faire qu'une erreur soit enseignée par tous les philosophes,* il seroit manifeste que je *l'aurois* prise dans le second sens, c'est-à-dire que la première partie seroit la proposition principale, & que la seconde seroit partie seulement de l'attribut", (p.p. 129-130).

Em outras palavras, o modo pelo qual este enunciado se relaciona com o contexto pragmático de sua enunciação determina a sua estrutura semântica, a sua estrutura sintática e as suas combinações possíveis com outros enunciados no discurso, isto é, a sua estrutura macrossintática ou lógico-argumentativa.

3. A. H. Gardiner (1969) no livro *The Theory of Speech and Language,* cuja primeira edição é de 1932, numa clara antecipação à teoria dos atos de fala, distingue (p. 22 e segs.) dois aspectos constitutivos do sentido de qualquer enunciado linguístico: "a coisa significada "(*thing-meant*) pelo enunciado, e a sua "qualidade oracional" (*sentence-quality*). A "coisa significada" pelo enunciado é o estado de coisas que ele descreve ou representa, isto é, o seu conteúdo proposicional; a "qualidade oracional" é o aspecto do sentido de um enunciado através do qual se estabelece a relação de comunicação entre o falante e o ouvinte, necessária para que um grupo de palavras seja de fato um enunciado. É o aspecto que

permite ao falante chamar a atenção do ouvinte para o que lhe é dito, para o estado de coisas que é o conteúdo proposicional do enunciado, que deixa, assim, de ser algo abstrato, para se constituir num fato efetivo de comunicação. Em outras palavras, se o ouvinte não reconhecer no enunciado a intenção geral do falante de comunicar o que é comunicado, não haverá comunicação verdadeiramente. É preciso que ele compreenda que o falante se dirige a ele para que possa compreender o que lhe é dirigido.

Entretanto, como diz Gardiner (1969:185-186): "não basta ao destinatário reconhecer que o falante tem a intenção geral de comunicar; ele quer saber mais detalhadamente como se especifica esta intenção, de modo a conformar-lhe mais adequadamente sua atitude receptiva. Da mesma forma, do ponto de vista do falante, é desejável que o destinatário possa conhecer precisamente a sua (do falante) finalidade ou intenção". Define-se, assim, o que Gardiner chama "qualidade oracional específica" (*special sentence-quality*) de um enunciado. Como ela varia, segundo as intenções do locutor de produzir uma afirmação, uma ordem, uma promessa, uma pergunta, etc., percebe-se imediatamente a importância desta distinção, sobretudo quando se considera a multiplicidade dos modos de enunciação própria de uma língua natural. O fato social da comunicação garante, pois, a sua convencionalidade linguística específica através da relação pragmática particular estabelecida entre o falante e o ouvinte no e pelo enunciado, de maneira que a coisa nele significada só pode ser efetivamente comunicada, se houver uma indicação, no enunciado, da intenção do falante de comunicá-la sob um modo determinado.

Nesta perspectiva de análise, a significação linguística é tratada sob um duplo aspecto. Estes dois aspectos, embora diferentes, são complementares e integram o sentido total de um enunciado. Descrever um estado de coisas e indicar o modo desta descrição constituem as duas faces de um mesmo e complexo processo semântico. Por isso, um enunciado, ao mesmo tempo que *diz, descreve, representa* um estado de coisas — o seu *conteúdo* proposicional — *mostra, indica, implica* o modo no qual este conteúdo é dito, isto é, o modo de sua enunciação, a sua força ilocucionária, a sua *forma*.

A forma de um enunciado tanto pode ser indicada através de recursos internacionais, como através de elementos do interior da própria frase e frequentemente pela combinação dos dois. E não raro o elemento da frase que mostra a força ilocucionária do enunciado faz também parte do conteúdo que ele expressa. É o que acontece, por exemplo, em enunciados do tipo *A Terra é redonda* em que o verbo *é,* ao mesmo tempo em que estabelece a relação de atribuição entre o nome e o adjetivo, indica também que a força ilocucionária deste enunciado é a de uma afirmação. Nestes casos, como observa Gardiner (1969:213), "a referência objetiva dos enunciados e a finalidade do falante quando os enuncia estão a tal ponto ligadas que não se pode, em um sentido estrito, isolar uma da outra". Mesmo nestes casos, em que a "qualidade oracional específica" de um enunciado é reflexivamente indicada no seu interior, por um de seus elementos, a diferença entre os dois modos de significar permanece. Assim como permanece no outro caso extremo da indicação modal, ou seja, aquele em que a força ilocucionária do enunciado é determinada por um outro enunciado linguístico que se justapõe ao primeiro, por intercalação ou não, ou que até mesmo o subordina sintaticamente, e cujo conteúdo comenta o modo de enunciação do primeiro enunciado. É nesta categoria que entrariam as proposições acessórias (*incidentes*) da *Lógica de Port-Royal* a que acima nos referimos e aqueles enunciados a que Strawson (1971b) chama *quase comentários*.

Assim, por exemplo, nos enunciados

(86) Eu ordeno que você fique sentado.
(87) Eu aviso que o cachorro é bravo.
(88) Fique sentado, eu ordeno.
(89) Fique sentado, é uma ordem.
(90) O cachorro, eu aviso, é bravo.
(91) O cachorro é bravo, é um aviso.

nem há subordinação efetiva nos casos em que ocorre a conjunção integrante *que,* nem há, nos outros casos, dois enunciados, um comentando o outro metalinguisticamente, mas um só ato de enunciação no qual se diz alguma coisa — *O cachorro é bravo,* por exemplo — e no qual se indica descritivamente ou, para usar um aparente paradoxo, no qual é explicitamente implicada a força ilocucionária particular deste ato: ordem ou aviso nos enunciados em questão. Como diz Strawson (1971b:160), este segundo enunciado "dirige-se ao mesmo público que a enunciação de que ele é um quase comentário. Na medida em que é parte da intenção do falante, relativamente a este público, manifestar claramente que sua enunciação é, por exemplo, um aviso, e na medida em que o quase comentário posposto serve diretamente a esta intenção, é preferível considerar, apesar das aparências, que não se está diante de duas enunciações, uma comentando a outra, mas de um só e mesmo ato de linguagem. Breve, a adição do quase comentário *é um aviso* é uma parte do ato total de aviso".

Vê-se por aí que a distinção dos dois modos de significar presentes em todo enunciado — o dizer e o mostrar — é uma distinção muito mais funcional do que material: o mesmo elemento linguístico pode acumular a função referencial e a função modal no enunciado — caso do verbo é no exemplo *A Terra é redonda;* pode ser, às vezes, uma representação de um estado de coisas — o enunciado *É um aviso* dito, por exemplo, quando me refiro a um cartaz pendurado na porta; pode, outras vezes, ser uma indicação explícita da força ilocucionária com que pretendo produzir um enunciado — *é um aviso,* nos exemplos do tipo *o cachorro é bravo, é um aviso.*

Há, portanto, uma gama variadíssima de recursos que funcionam como indicadores da força ilocucionária específica de um enunciado: desde os gestos, propriamente ditos, e a entonação, até elementos da frase, ou mesmo frases inteiras.

Neste sentido, poder-se-ia falar, abusando um pouco do nome, numa ampla e disseminada função gestual da linguagem (a que em outro artigo chamamos também função ritual (Vogt, 1980)), e que se caracterizaria como uma função eminentemente pragmática. Ou seja, aquela que, fornecendo as condições linguísticas da identidade social dos interlocutores, organiza a língua como uma espécie de código jurídico que, por sua vez, sistematiza o conjunto de representações sociais, ideológicas portanto, por que passam necessariamente as representações do mundo na linguagem. É neste sentido ainda que insistimos em dizer que o domínio específico da pragmática é o das relações entre linguagem e ideologia e que o espaço metodológico de sua atuação não está, na teoria linguística, nem antes nem depois da sintaxe e da semântica, mas no intervalo entre as duas.

Urmson (1963:239-240) tratando dos verbos parentéticos, diz o seguinte:

"Quando estes verbos são empregados na primeira pessoa do presente, e de modo particularmente claro quando estão gramaticalmente na posição de frases intercaladas, a asserção propriamente dita está contida na proposição declarativa à qual estão associados... Não têm, neste emprego, um sentido descritivo, mas funcionam sobretudo como sinais que guiam o ouvinte para uma apreciação correta da afirmação no seu contexto... não são parte da afirmação, nem uma afirmação suplementar, mas funcionam, relativamente à afirmação que é feita como *Leia com atenção* funciona em relação à notícia cujo texto vem em seguida, ou como um bater de calcanhares ou uma continência funciona no nível do exército para indicar que se faz um relatório oficial. Podem, talvez, ser comparados a indicações cênicas do tipo *dito com um tom melancólico* ou *dito com convicção,* na sua relação com a peça. Ajudam a compreender e a captar o que é dito sem, contudo, dele fazer parte, propriamente."

Compare-se esta observação de Urmson com as considerações que fizemos sobre a *Lógica de Port-Royal* e a concepção no sentido de um enunciado como orientação do discurso. Seja ela também comparada com o que diz Vendler (1970:89) sobre os verbos performativos: "... são semelhantes a agulhas que indicam que curso tomará a sequência do discurso.".

E através das indicações modais que o enunciado se relaciona de um modo particular com o contexto pragmático de sua enunciação. Ao mesmo tempo em que o enunciado diz, representa ou descreve alguma coisa, ele indica, mostra ou representa (no sentido teatral) as atitudes e identidades dos interlocutores que dele participam não apenas como falante e ouvinte, mas como destinador e destinatário constituídos no próprio ato de enunciação que dá origem ao enunciado. Em outras palavras, dizer algo sobre alguma coisa a alguém supõe mais do que a novidade do que é dito e a identidade de quem diz. Supõe, na verdade, que não há dizer sem mostrar, não há explícito sem implícito, não há representação (no sentido de descrição de um estado de coisas) sem apresentação (no sentido teatral). Quem *fala* produz *frases,* quem *diz* produz *valores de verdade,* quem *mostra* produz *identidades sociolinguísticas.* Estas identidades medeiam, em todo processo semântico, a relação entre a linguagem e o mundo.

Não há como dizer algo sem se mostrar dizendo-o de alguma maneira. A não ser em situações particulares de uso, nas quais, em nome da objetividade e da verdade, se pretende apagar programaticamente as origens da enunciação. Caso, por exemplo, do discurso demonstrativo próprio da ciência e, em especial, do enunciado assertivo que lhe serve de fundamento linguístico. Mesmo nesses casos, porque a asserção é uma entre as várias modalidades linguísticas de enunciação, poder-se-ia dizer que a verdade e a objetividade são funções da representação (no sentido teatral) particular que os interlocutores reciprocamente se fazem na particularidade desse jogo linguístico que é a asserção. Não há universo de discurso que se caracterize apenas como universo de referência, pois este, em língua natural, sempre supõe um universo de interação que forneça as condições socioculturais de qualquer referência, por mais abstrata e genérica que possa parecer.

4. Todo enunciado contém uma indicação do modo como ele se relaciona com o contexto pragmático de sua enunciação e é, pois, simultaneamente, pelo seu sentido uma representação (descrição) de um estado de coisas no mundo e uma representação (teatral) de sua própria enunciação. Vale dizer, *todo enunciado é uma representação de uma representação.*

As indicações pragmáticas de um enunciado podem servir para relacioná-lo com o contexto "psicológico" de sua enunciação, como quando eu digo, por exemplo, *Infelizmente Pedro foi ao cinema.* Neste caso eu digo ao meu interlocutor que Pedro foi ao cinema e indico-lhe minha atitude de pesar diante deste fato. Tais indicações podem mostrar o modo particular como o enunciado se relaciona com o discurso no qual se insere, isto é, as suas relações lógicas e argumentativas com outros enunciados que compõem o discurso, como quando eu digo, por exemplo, *Eu concluo que o governador é um tipo perigoso.* Digo agora que o governador é um tipo perigoso, mas não me descrevo concluindo. O que faço é indicar que isto que digo decorre do que foi anteriormente dito. Pratico o ato de concluir e mostro, assim, que meu enunciado não diz nada de novo. Apenas conclui do que já tinha sido dito. Podem, ainda, no caso das afirmações, mostrar o grau de compromisso do falante com a verdade do que é dito. Como se sabe, uma afirmação supõe certas condições de felicidade entre as quais que tenha um fundamento, uma justificação, isto é, que não seja gratuita (Cf., por exemplo, Austin: 132 e segs.). Searle (1969:54 e segs.), procurando estabelecer a estrutura de alguns atos ilocucionários, considera entre eles o da asserção para determinar-lhe como regras constitutivas, além de uma regra essencial (se *p* representa a proposição expressa num enunciado assertivo, *p* deve ser verdadeiro), uma regra de sinceridade (o falante acredita na verdade de *p*) e duas regras preparatórias (a) o falante tem provas da verdade de *p*, e (b) não é evidente para o falante e o ouvinte que ambos conheçam *p*.

No entanto, muitas vezes posso fazer uma afirmação sem que eu tenha certeza absoluta da verdade daquilo que nela digo. Posso considerar, por exemplo, que não tendo provas suficientes do que digo o mais acertado é comprometer-me num grau mais atenuado com a verdade da minha afirmação, de maneira a me resguardar de uma eventual cobrança a que teria direito o meu interlocutor, caso eu fizesse simplesmente uma afirmação. Quando eu digo, por exemplo:

(92)   Creio que Pedro foi ao cinema.
(93)   Pedro foi ao cinema, eu creio.
(94)   Suponho que Pedro foi ao cinema.
(95)   Pedro, eu suponho, foi ao cinema.,

seja o verbo usado parenteticamente, como diz Urmson, seja ele usado como aparente verbo principal de uma estrutura de pseudossubordinação, o que eu afirmo é que Pedro foi ao cinema, afirmação esta modalizada pela indicação explícita de *creio* e *suponho* que indicam ao interlocutor que não posso garantir inteiramente a verdade desta afirmação.

É exatamente este o emprego do verbo que chamamos neste trabalho *achar;* em português, particularmente quando usado na primeira pessoa singular do indicativo presente. Quando digo

(96)   Eu acho que o tempo vai mudar.
(97)   Eu acho que Pedro foi ao cinema.
(98)   Pedro, eu acho, foi ao cinema.
(99)   Pedro foi ao cinema, eu acho.

eu, para imitar o que diz Benveniste (1966:264), a propósito de *eu creio* não me descrevo achando. "A operação de pensamento não é absolutamente o objeto do enunciado. *Eu creio (que...)* (e no caso *Eu acho (que...)*, equivale a uma asserção mitigada. Dizendo *Eu creio (que ...) Eu acho (que...,)* converto numa enunciação subjetiva o fato afirmado impessoalmente, a saber *o tempo vai mudar* que é a verdadeira proposição."

Neste sentido o verbo *achar$_1$* em português é um indicador modal. Seu valor semântico é totalmente pragmático, na medida em que, atenuado o grau de compromisso do falante com a verdade do que afirma, o seu papel se define, para usar uma distinção feita por Bally. (1965: 48), no nível do *modus,* isto é, da modalidade do enunciado, e não no nível do modo, isto é, do *dictum* do enunciado.

O verbo *achar,* não introduz nenhum ato ilocucionário diverso daquele que se pratica quando uma afirmação é feita. Não é, assim, um verbo performativo. É, como dissemos, um modalizador do ato de fala de afirmar, que entra no paradigma de outras indicações modais definidas da mesma maneira, sejam elas dadas por verbos ou advérbios e expressões adverbiais, *eu acho, eu creio, eu suponho, talvez, pode ser, provavelmente, não é impossível.* Em outras palavras, o verbo *achar$_1$* é um verbo de atitude proposicional, isto é, um verbo cujo papel é indicar a atitude de um indivíduo em relação a uma proposição. Esta proposição constitui, assim, o objeto da atitude mostrada pelo verbo. Quando digo, por exemplo,

(100)   João acha que Pedro foi ao cinema.,

relato não apenas a afirmação de João sobre Pedro como também indico a sua atitude de mitigada certeza relativamente ao estado de coisas que a proposição *Pedro foi ao cinema* descreve.

Mas é na primeira pessoa singular do indicativo presente que o verbo *achar$_1$* se apresenta como pura indicação modal. Perde aí todo caráter descritivo que porventura ainda possa ter, como no exemplo acima, quando empregado na terceira pessoa. Segundo observa Benveniste (1966: 263-264):

"(...) Dizendo *eu sinto (que o tempo vai mudar),* descrevo uma impressão que me afeta. Mas o que se passaria se, no lugar de *eu sinto (que o tempo vai mudar),* eu dissesse: *eu creio (que o tempo vai mudar)?.* A simetria formal é completa entre *eu sinto* e *eu creio.* Também é para o sentido? Posso considerar este *eu creio* como uma descrição de mim mesmo ao mesmo título que *eu sinto?* Descrevo-me crendo quando digo *eu creio (que...)?* Certamente não."

Em seguida, tratando de enunciados do tipo *Você é, eu suponho, Fulano de Tal, Presumo que João recebeu minha carta,* Benveniste (1966:264), considerará estas formas pessoais (*eu suponho, eu presumo,* etc.) como indicadores de subjetividade. Sua função é indicar o contexto subjetivo — dúvida, presunção, etc. — em que se dá a asserção.

O mesmo pode, sem dúvida, ser dito do verbo *achar$_2$* em português, particularmente quando empregado na primeira pessoa singular do indicativo presente. E também um indicador de modalidade, um marcador de subjetividade. Contudo, com uma diferença fundamental em relação ao *achar$_1$*. Não é propriamente um verbo de enunciação[19], isto é, um verbo que relata no estilo indireto uma enunciação, cujo conteúdo é representado pela proposição que introduz.

O verbo *achar$_2$* entra no paradigma de verbos como *afirmar, prometer, ordenar, jurar,* etc. e não de verbos como *supor, crer, presumir,* etc. E tem, como aqueles verbos, a peculiaridade de, quando usado num enunciado na primeira pessoa singular do indicativo presente, não apenas descrever a enunciação que relata e cujo conteúdo é representado pela proposição que o segue, mas a de apresentar-se como a própria ação que o seu sentido caracteriza. Vale dizer, o verbo *achar$_2$* é um verbo performativo.

Quando digo, por exemplo, *Pedro acha que o filme é bom,* as duas interpretações de *achar* são possíveis, já que estão satisfeitas o que atrás chamamos de suas condições linguísticas de felicidade. Se minha intenção for relatar uma afirmação feita por Pedro e que eu entendo dever ser mitigada do ponto de vista de seus compromissos ilocucionários com o sujeito que a fez, interpreto *achar* como *achar$_1$*, isto é, como um verbo de atitude proposicional. Se, ao contrário, minha intenção for apresentar a opinião de Pedro sobre o filme, insistindo no caráter pessoal e original de sua formulação, o que eu relato não é a afirmação atenuada de Pedro de que o filme é bom, mas a afirmação de que Pedro acha o filme bom. Neste caso, interpreto *achar* como *achar$_2$*, isto é, como um verbo de enunciação. Se isto for verdadeiro, significa, então, que haverá

---

[19] Para uma caracterização linguística mais detalhada desta distinção, ver Vendler (1970:81-4).

duas formas para representar em discurso direto o enunciado *Pedro acha que o filme é bom:*

Interpretação *achar$_1$:* Pedro afirmou de maneira atenuada: O filme é bom.
Interpretação *achar$_2$:* Pedro afirmou: Acho que o filme é bom.
ou
Pedro afirmou: Acho o filme bom.

Reencontramos, assim, a distinção de interpretações feita pela *Lógica de Port-Royal* (Cf. aqui mesmo: 197-9) para os enunciados do tipo *Todos os filósofos afirmam que a Terra é redonda.*

Por outro lado, compreende-se melhor por que só *achar$_2$* admite a contração da completiva. É que, como se pode ver pelo esquema acima, o que se relata em discurso indireto com *achaa$_2$* é o ato ilocucionário de predicação original, como chama Ducrot, praticado pelo sujeito do enunciado num momento anterior ao tempo da enunciação. *Achar$_2$* integra, deste modo, o conteúdo do enunciado e acumula ao mesmo tempo a função de indicador modal. Constitui, simultaneamente, parte da atribuição que se faz ao sujeito do enunciado e a indicação de que a sua opinião é feita sobre o fundamento de sua experiência pessoal com o objeto de sua apreciação. Portanto o núcleo da relação atributiva do enunciado *Pedro acha$_2$ que e filme é interessante* não está no verbo *ser* mas no verbo *achar,* o que transforma a proposição *o filme é interessante* em simples parte constitutiva do atributo e permite dizer, então, *Pedro acha o filme interessante.* No caso de *acham$_1$* para os enunciados do mesmo tipo, é bem outra coisa que se passa. O núcleo da relação atributiva é constituído pelo verbo *ser,* que, usado no indicativo, exerce também a função de indicador modal. Esta indicação serve para mostrar que a força ilocucionária do enunciado é a de uma afirmação, afirmação esta que será por sua vez modalizada pela indicação explícita própria do verbo *achar$_1$.* Ora, se se trata de uma afirmação é impossível contrair a proposição que aparece como completava de *achar$_1$,* pois ela constitui o objeto específico do ato ilocucionário que se pratica quando digo, por exemplo, *Eu acho$_1$ que o filme é interessante.*

Uma passagem do livro de Gardiner (1969: 223-4) é significativa a este respeito. Tratando da cópula e de seu uso em enunciados assertivos, considera que a sua função como indicador desta modalidade de enunciação pode ser melhor apreendida quando se "comparam conjuntos de palavras que contêm a cópula com outros que a omitem". "Tomemos", prossegue o autor, "a exclamação *Bonita, esta música!* Tentemos pronunciá-la, o quanto possível, como uma afirmação pura, em seguida, compará-la com *Esta música é bonita*. No último caso o falante declara abertamente, ou dá como opinião sua, que a música é bonita; no primeiro caso sua exclamação de entusiasmo apenas a implica. Para ser estritamente exato, *Esta música é bonita* também "implica" o julgamento do falante pois (...) nenhum enunciado pode realmente afirmar o seu propósito, mas só o comunica pelo método da implicação como oposto ao da descrição. Mas não há nenhum paradoxo vazio em dizer que, enquanto afirmação, o enunciado *Esta música é bonita* é explícito na sua implicação. Relativamente, e comparado com *Bonita esta canção,* declara a intenção do falante de impor esta opinião".

A autoridade e a certeza com que o falante se apresenta para o ouvinte é, portanto, indicada explicitamente pelo verbo *é*. É esta autoridade e esta certeza que, de certa forma, pelo que diz Gardiner, são subtraídas ao enunciado exclamativo.

Ora, nos enunciados com $achar_1$, ocorre também a atenuação da autoridade do falante pela atenuação de seus compromissos com a verdade do que afirma. Mas esta atenuação não modifica a qualidade do ato da fala, que permanece uma afirmação, apenas com um grau de certeza menor por parte do falante. Quando digo a alguém $Acho_1$ *que Pedro foi ao cinema,* afirmo que Pedro foi ao cinema e indico ao ouvinte que não é legítimo que me peça provas definitivas daquilo que declaro. Daí termos classificado o verbo $achar_1$ como verbo de palpite. Esta indicação é, no entanto, totalmente marginal ao conteúdo do enunciado. O mesmo se dá com enunciados que expressam um julgamento de valor, como quando digo, por exemplo, *Acho esta música bonita.*

Se considerarmos agora o enunciado exclamativo *Bonita esta música!* e pensarmos na possibilidade de sua ocorrência com o verbo *achar,* não será difícil ver que num enunciado do tipo *Bonita esta música! Eu acho,* a única interpretação possível para *Eu acho* é a de $achar_2$, isto é, aquela a que antes chamamos *apreciação* e que agora apresentamos como performativa.

Ora, as razões para a não ambiguidade desta ocorrência de *achar* são exatamente as mesmas que apontamos para a exclusividade da contração da completiva com *achar₂*, reforçadas agora pelas observações de Gardiner quanto à presença ou omissão da cópula num enunciado valorativo.

Com *achar₂* a indicação pragmática da força ilocucionária é feita, como dissemos, pelo mesmo elemento gramatical que participa também da expressão do conteúdo do enunciado, tal como acontece com os enunciados assertivos em que o verbo *ser* no indicativo é parte do *dictum* e mostra a modalidade afirmativa de sua enunciação. Na sua função pragmática, *achar₂* é, se se puder assim dizer, menos marginal ao conteúdo do enunciado que *achar₁*. É este grau de integração entre o dizer e o mostrar, entre o explícito e o implícito, entre a proposição expressa pelo enunciado e a indicação de sua força ilocucionária que *achar₂* realiza. É por realizá-la que constitui um verbo de enunciação. É por constituir um verbo de enunciação que, usado na primeira pessoa singular do indicativo presente, tem valor performativo. Dizendo *Eu acho o filme interessante*, não só me descrevo opinando sobre o filme, mas sobretudo pratico a ação descrita pelo verbo: opino original e pessoalmente a partir de minha própria experiência. É isto que diferencia o verbo *achar₂* tanto de *achar*, como de *afirmar*. A diferença entre *achar*, e *afirmar* é, como dissemos, uma diferença de grau, uma diferença quantitativa. A diferença entre *achar₂* é uma diferença de qualidade de força ilocucionária.

Quem diz *Eu acho₂ que o filme é interessante* faz mais e faz menos que uma afirmação. Faz menos porque não pretende se apresentar para o destinatário com a certeza e a autoridade próprias de quem afirma. Nisto é parecido com *achar₁*. Faz mais, porque se representa, no sentido teatral do termo, como único fundamento de sua própria opinião. Aqui a autoridade pode ser absoluta. Nisto é totalmente diferente de *achar₁*.

Referências bibliográficas

Ali, Said, M., 1964: *Gramática secundária e gramática histórica da língua portuguesa,* Brasília.
Anscombre, J. C., 1973:. "Même le roi de France est sage". *Communications,* 20, Paris, p.p. 40-82.
Anscombre, J. C., 1975: "Il était une princesse aussi belle que bonne". *Semantikos,* I *(1),* Paris, p.p. 1-28.
Anscombre, J. C. & Ducrot, O., 1976: "L'argumentation dans la langue". *Languages,* 42, Paris, p. 5-27.
Anscombre, J. C. & Ducrot, O., 1977: "Deux *mais* en français?". *Língua,* 43, Paris, p.p. 23-40.
Anscombre, J. C. & Ducrot, O., 1978: "Lois logiques et lois argumentatives". A aparecer em *Le Français Moderne,* Paris.
Arnauld, A. & Lancelot, C., 1969: *Grammaire générale et raisonnée,* Republications Paulet, Paris.
Arnauld, A. & Nicole, P., 1965: *La logique ou l'art de pensée (Lógica de Port-Royal), P.U.F.,* Paris (1ª ed., 1962).
Assis, M. de, 1962: *Esaú e Jacó. Obra completa, vol. 1,* Rio de Janeiro, p.p. 943-1091.
Austin, J. L., 1962: *How to do things with words,* Havard University Press, Cambridge.

Austin, J. L., 1970: "Truth", *in* Austin, 1970a, p.p. 117-133.
Austin, J. L., 1970a: *Philosophical Papers*, Oxford University Press, Oxford, 2ª ed.
Bally, C., 1965: *Linguistique générale et Linguistique française*, Editions Francke, Berna, 4ª ed.
Brandão, C. R., 1977: *Peões, pretos e congos — Trabalho e identidade étnica em Goiás*, Brasília.
Bakhtin, M. (Volochinov, V. N.), 1973: *Marxism and the philosophy of language*, N. York & Londres, tradução em inglês do original russo publicado em Leningrado, 1929. Tradução para o espanhol, 1976, Buenos Aires; para o francês, 1977, Paris; e para o português, 1979, ed. Hucitec, São Paulo.
Barthes, R., 1972: "To write: an intransitive verb?", *in* Macksey, R. & Donato, E. (orgs.), 1972, p.p. 134-156.
Bechara, E., 1964: *Moderna gramática portuguesa*, 9ª ed., São Paulo.
Benveniste, E., 1948: *Noms d'agent et noms d'action en indoeuropéen*, Paris.
Benveniste, E., 1966: *Problèmes de linguistique générale*, Paris. Tradução brasileira, ed. Nacional, São Paulo, 1976.
Benveniste, E., 1966a): "La nature des pronoms", *in* Benveniste. E., 1966, p.p. 251-257.
Benveniste, E., 1966b) : "Catégories de pensée et catégories de langue", *in* Benveniste, E., 1966, p.p. 63-74.
Benveniste, E., 1966c): "Les relations de personne dans le verbe", *in* Benveniste, E., 1966, p.p. 225-236.
Benveniste, E., 1966d) : "Les relations de temps dans le verbe français", *in* Benveniste, E., 1966, p.p. 237-250.
Bosi, A., 1978: "Uma figura Machadiana". *Almanaque*, 8, São Paulo, p. 45-51.
Campbell, R. & Wales, R., 1970: "The study of language acquisition, *in* Lyons, J., 1970, p.p. 242-260.
Caton, C. F. (org), 1963: *Philosophy and Ordinary Language*, University of Elinois Press, Urbana.
Chomsky, N:, 1957: *Syntactic structures*, Paris & Haia.
Chomsky, N., 1965: *Aspects of the theory of syntax*, Cambridge.
Chomsky, N., 1966: *Cartesian Linguistics*, N. York.
Chomsky, N. & Miller, G. A., 1968: *L'analyse formelle des langues naturelles*, Paris & Haia.
Cole, P. & Morgan, J., 1975-.-Syntax and semantics, vol. 3 — *Speech acts*, N. 'York.
Collingwood, R. G. 1940: *An* essay *on metaphysics*, Oxford.
Derrida, J., 1972: "Structure, sigo and play in the discourse of the human sciences", in Macksey, R. & Donato, E. (orgs.), 1972, p.p. 247-272. Ducrot, O., (et al), s.d.: "Car, parte que, puisque", mimeografado. Ducrot, (et al.), 1968: *Qu'est--ce que le* structuralisme, Paris.
Dutra, O, 1968a): "La description sémantique des énoncés français et la notion de présupposition". *L'Homme*, vol. VIII, caderno I, Paris & Haia, p. 37-53.
Ducrot, O., 1968b): "Le structuralisme en linguistique", in Ducrot, O. (et. al.), 1968, p.p. 14-96. Também em edição brasileira, ed. Cultrix, São Paulo, 1971.
Ducrot, O., 1969: "Présupposés et sous-entendus". *Langue Française*, 4 — *La Sémantique*, Paris, p. 30-43.

Ducrot, O., 1970: "Peu et un peu". *Cahiers de lexicologie*, 16, Paris, p.p. 21-52. Retomado com algumas modificações em Ducrot, O., 1972.

Ducrot, O., 1972: *Dire et ne pas dire — Principes de sémantique linguistique*, Paris. Tradução brasileira, ed. Cultrix, São Paulo, 1977.

Ducrot, O., 1973: *La preuve et le dire*, Paris.

Ducrot, O., 1973a) : "Les échelles argumentatives", *in* Ducrot, O., 1973, cap. XIII, p.p. 225-285.

Ducrot, O., 1975: "Je trouve que". *Semantikos, I (1), p.* 63-88, Semantikos Association, Paris.

Ducrot, O., 1976. "Quelques implications linguistiques de la théorie de la , supposition", *in* Parret, H. (org.) 1976.

Ducrot, O., 1978: "Présupposition et allusion", Mimeografado.

Ducrot, O., 1978a: "Présupposés et sous-entendus (reexamen)". *Les stratégies discursives,* p.p. 33-43, Presses Universitaires de Lyon, Lyon.

Fernandes, F., 1955: *Dicionário de Verbos e Regimes,* Globo, Porto Alegre, 13ª ed.

Figueira, R. A., 1974: *Verbos introdutores de pressupostos.* Tese de mestrado, Unicamp, Campinas.

Fillmore, C. J., 1970: "Verbos de jugement — Essai de description sémantique", *in* Todorov, T. (org.), 1970, p.p. 56-71.

Foucault, M. 1966: *Les mots et les choses,* Paris.

Frege, G., 1892: "Ober Sinn und Bedeutung", *in Zeitschrift für Philosophie und philosophtsche Kritik,* NF. 100, p.p. 25-50. Tradução brasileira, ed. Cultrix, São Paulo, 1978. Também tradução para o português de Luiz Henrique L. dos Santos, s.d., mimeografado.

Fuentes, C., 1972: *Cuerpos y of rendas,* Madrid, 1972.

Gardiner, A. H., 1969: *The Theory of Speech and Language,* Oxford University Press, Oxford (1ª ed., 1932).

Genette; G., 1966: "Frontières du récit". *Communications,* 8, Paris, p.p. 152-163.

Goffman, E., 1975: A *representação do eu na vida cotidiana,* Petrópolis. Gordon, D. & Lakoff, G. M., 1976: "Los postulados conversatorios", *in* Zavala, V. S., 1976, p.p. 371-401.

Granger, G. G., 1968: *Essay d'une philosophie du style,* Paris. Tradução brasileira, 1974, ed. Perspectiva, São Paulo.

Granger, G. G., 1968a): "Problèmes de signification", *in* Granger, G. G. 1968, cap. V, p.p. 111-143.

Grice, H. P., 1969: "Utterer's Meaning and Intentions". *Philosophical Review,* 78, p.p. 147-177, Cornell University, Ithaca.

Grice, 14. P., 1971: "Meaning", *in* Steinberg, D. D. & Jacobovits, L. A. (orgs.), 1971, p.p. 53-59.

Grice, H. P., 1971a: "Utterer's Meaning, Sentence-Meaning, n d Word-Meaning, *in* Searle, J. R. (org.), 1971, p.p. 54-70.

Grice, H. P., 1975: "Logic and conversation" *in* Cole, P. & Morgan, J. (org.), 1975, p.p. 41-58.

Halliday, M. A. K., 1976: "Language structure and language function", *in* Lyons, J. (org.), 1970, p.p. 140-165.

Hyppolite, J., 1972: "The structure of philosophic language according to the "Preface" to Hegel's *Phenomenology of the Mind"*, in Macksey, R. & Donato, E. (orgs.), 1972, p.p. 157-185.

Ivens, W. G., 1918: *Dictionnary and grammar of the language of Sa'a and Ulowa Soloman Islands*, Washington.

Jakobson, R., 1963: *Essays de linguistique générale*, Paris.

Jakobson, R., 1963a) : "La notion de signification grammaticale selon Boas", *in* Jakobson, R., 1963, p.p. 197-206.

Jakobson, R., 1963b): "Linguistique et poétique", in Jakobson, R., 1963, p.p. 209-248. Tradução brasileira in Jakobson, R., 1969, p.p. 118-162.

Jakobson, R., 1969: *Linguística e Comunicação*, São Paulo.

Karttunen, L., 1973: "Presuppositions of Compound Sentences". *Linguistic.: Inquiry*, IV *(2)*, p.p. 169-193, M.I.T. Press, Cambridge.

Katz, J. J. & Fodor, J. (orgs.), 1964: *The structure of language — Readings on the philosophy of language*, N. Jersey.

Katz, J. J. & Fodor; J. 1964: "The structure of a semantic theory", *in* Katz & Fodor (orgs.), 1964, p.p. 479-518.

Katz, J. J. & Postal, P., 1964: *An integrated theory of linguistic description*, Cambridge.

Katz, J. J., 1972: *Semantic theory*, N. York.

Lemos, C. T. G. de, 1978: "Jogos demonstrativos da estrutura de eventos no período pré-linguístico: seu estatuto como pré-requisito do desenvolvimento da linguagem". A ser publicado em *Conferências — 3° Encontro Nacional de Linguística, PUC*, Rio de Janeiro.

Lepchy, G. C., 1969: *La linguistique structurale*, Paris. Original italiano, Turim, 1966. Tradução brasileira, ed. Perspectiva, 1975 (2ª edição). Lévi-Strauss, C., 1949: *Les structures élementaires de la parenté*, Paris. LlM'd, Rocha, 1964: *Gramática normativa da língua portuguesa, 10:* ed., 'Rode Janeiro.

Lyons, J. (org.), 1970: *New horizons in linguistics*, Middlesex. Tradução (brasileira, 1976, ed. Cultrix, São Paulo.

Macksey, R. & Donato, E. (orgs.), 1972: *The structuralist controversy.* Baltimore & Londres. Tradução brasileira, ed. Cultrix, São Paulo, 1976.

Morris,. C. W., 1938: *Foundations of the theory of Sgns,* Chicago. Morris, C. W., 1946: *Signs, language and behavior,* Chicago.

Parret, H. (org.), 1976: *History of linguistic thought and contemporary linguistics*, Berlim & N. York.

Park, R. E., 1950: *Race and culture*, Glencoe, III, The Free Press.

Paz, O., 1972: "La Máscara y la transparencia". "Prólogo" a Fuentes, C., 1972.

Peirce, C. S., 1965A): *Collected Papers*, vol. II, Cambridge. Peirce, C. S., 1965B): *Collected Papers*, vol. VIII, Cambridge.

Peirce, C. S., 1965a): "Deduction, induction and hypothesis" *in* Peirce, C. S., 1965a), livro 3, cap. 5, p.p. 372-388. Em tradução brasileira, ed. Cultrix, 1972, p.p. 147-164.

Peirce, Ch. S., 1965b): "Two letters to lady Welby", *in* Peirce Ch. S., 1965b), p. 221, livro 2, p.p. 220-245. Em tradução brasileira, 972, p. 135-146.

Peirce, C. S., 1972: *Semiótica e filosofia (Textos escolhidos),* São Paulo.

Russell, B., 1905: "On denoting". Mind XIV, p. 479-493. Tradução brasileira, 1974, ed. Abril, col. *Os Pensadores,* p.p. 9-20.

Sapir, E., 1944: "Grading: a study in semantics". *Philosophy of science,* ' 11, p.p. 93-116. Tradução brasileira *in* Sapir, E., 1961, p.p. 161-203. Sapir, E., 1961: *Linguística como ciência.* Rio de Janeiro.

Sartre, J. P., 1969: *Que es la literatura?* 5ª ed., Buenos Aires.

Searle, J. R., 1969: *Speech Acts,* Cambridge University Press, Cambridge. Tradução portuguesa a ser publicada pela livraria e editora Almedina, Coimbra.

Searle, J. R. (org.), 1971: *Philosophy of Language,* Oxford University Press, Oxford.

Searle, J. R., 1975: "Indirect speech acts", *in* Cole, P. & Morgan, J. (orgs.), 1975, p.p. 59-82.

Silva, Ludovico, 1971: *El estilo literário de Marx,* México.

Small, G. W., 1924: *The comparison of inegality — The semântics and syntax of the comparative particles in english.* Ph. D. Dissertation; .The Johns Hopkins University, Baltimore.

Stalin, J.: *Marxism and problems of linguístics,* Pequim.

Steinberg, D. D. & Jacobovits, L. A. (orgs.), 1971: *Semantics,* Cambridge-University Press, Cambridge.

Strawson, P. F., 1971: *Logico-linguistic papers,* Methuen & Co. Ltd., Londres.

Strawson, P. F., 1971: "On Referring", *in* Strawson, P. F., 1971, p. 1-27: Também em tradução brasileira ed. Abril, col. Os *Pensadores, São* Paulo, 1975, p.p. 267-286.

Strawson, P. F., 1971b: Intention and Convention in Speech Acts", *in* Strawson, P. F., 1971b, p.p. 149-169.

Todorov, T. (org.), 1966: *Recherches Sémantiques,* Revista *Langages,* 1,Paris.

Todorov, T. (org.), 1970: *L'énonciation,* Revista *Langages,* 17, Paris.

Urmson, J. O., 1963: "Parenthetical. Verbs", *in* Caton, it. F. (org.), 1963, p.p. 220-240.

Valin, R., 1952: "Esquisse d'une theórie des degrés de comparasion . *Cahiers de linguistique structurale,* 2, Laval, p.p. 3-20.

Vendler, 2, 1970: "Les performatifs en perspective". *Langaw 17* p.p. *73-90* Larousse, Paris.

Vogt, C., 1971: *Une introduction au problème de la semantique dans la. grammaire générative.* Tese de mestrado, Universidade de Besançon.

Vogt, C. 1973: "Finalmente Peirce". *Revista de administração de empresas,* vol. 13, nº 2, Rio de Janeiro, p.p. 27-36.

Vogt, C., 1977: O *Intervalo Semântico: Contribuição para Uma teoria semântica argumentativa,* Ática, São Paulo.

Vogt, C., Fry, P. & Gnerre, M., 1980: "Las languages secretas de Cafundó" *Punto de Vista,* 9, Buenos Aires, p. 26-32.

Wittgenstein, L., 1961: *Tratactus Logico-Philosophicus,* tradução francesa, Paris. Tradução brasileira, 1968, ed. Nacional & ed. da Universidade de São Paulo, São Paulo.

Zavala, V. S., 1976: *Semântica y sintaxis en la linguística transformatoria,* II, Alianza Editorial, Madrid.